热烈庆祝中华人民共和国成立75周年!

纪念中国人民政协成立75周年!

## 编 委 会

顾　　问：计砚东　金宝仁　张庆玉　杨克武　孙长生
　　　　　高春堂　秦　学　王志民　陈学良　黄　强
　　　　　封官龙　张建友　李永杰　孙玉平

主　　编：崔德祥
副 主 编：冯　丹　李培忠
编　　委：秦绪强　李克彬　黄显臣　徐士波　王吉东
　　　　　杜　山　卢向东　崔怀文　付景光　王海军
　　　　　马志林　马宇超　运智宏

法律顾问：杨荣忠

# 浩气英名

## 杨子荣英雄事迹文史资料选辑

主编　崔德祥

哈尔滨工业大学出版社
HARBIN INSTITUTE OF TECHNOLOGY PRESS

图书在版编目（CIP）数据

浩气英名：杨子荣英雄事迹文史资料选辑 / 崔德祥主编． -- 哈尔滨：哈尔滨工业大学出版社，2024.8.
ISBN 978-7-5767-1527-9

I. K825.2

中国国家版本馆 CIP 数据核字第 2024HZ0057 号

HAOQI YINGMING:YANGZIRONG YINGXIONG SHIJI WENSHI ZILIAO XUANJI

| 策划编辑 | 李艳文　范业婷 |
| --- | --- |
| 责任编辑 | 付中英　王晓丹 |
| 出版发行 | 哈尔滨工业大学出版社 |
| 社　　址 | 哈尔滨市南岗区复华四道街 10 号　邮编 150006 |
| 传　　真 | 0451-86414749 |
| 网　　址 | http://hitpress.hit.edu.cn |
| 印　　刷 | 哈尔滨市石桥印务有限公司 |
| 开　　本 | 787 mm×1092 mm　1/16　印张　23　字数　376 千字 |
| 版　　次 | 2024 年 8 月第 1 版　2024 年 8 月第 1 次 |
| 书　　号 | ISBN 978-7-5767-1527-9 |
| 定　　价 | 98.00 元 |

（如因印装质量问题影响阅读，我社负责调换）

# 序　言

计砚东

经海林市委批准，由海林市杨子荣精神研究会编辑的这本《浩气英名——杨子荣英雄事迹文史资料选辑》即将出版面世。这是海林市党政组织和海林人民，为宣传学习杨子荣精神，为社会所做的又一项具有重大而深远意义的工作。

将近78年前[①]，在林海雪原——海林这片热土上，杨子荣及其战友们，创造了可歌可泣和彪炳史册的剿匪传奇，他们所体现的革命英雄主义精神，为我们后来的革命和建设事业提供了取之不尽、用之不竭的宝贵的精神财富。

当年，在深山老林和天寒地冻的恶劣自然条件下，在匪患猖獗、险象环生的战斗岁月里，在极度缺衣少食的艰苦生存环境中，杨子荣和他的战友们，凭胸中炽热的理想和信念，以"越是艰险越向前"的不屈不挠精神，战胜了顽匪和恶劣的外部条件，赢得了革命斗争的胜利！

作为英雄，杨子荣的事迹尤为突出，而且极具传奇色彩。1945年9月，他以29岁[②]年龄参加八路军，至1947年2月牺牲，在仅仅一年半的短暂时间内，他参加了十多次战斗，并且创造了在杏树村战斗中只身一人深入虎穴，不费一枪一弹劝降400多个土匪，以及后来在夹皮沟以6人小分队活捉三代恶匪"座山雕"等25名土匪的孤胆英雄壮举！杨子荣真不愧为"特级战斗英雄"和"大智大勇的一代英豪"！

几十年来，海林市党政组织和海林人民，从没有忘记杨子荣和他的战友们，没有忘记他们为了海林人民的翻身解放和美好生活，所做出的英勇奉献和牺牲。在海林市城区内，有两条街道分别被命名为"子荣街"和"英雄街"，人

---

[①]杨子荣生前所在部队于1946年2月进驻海林，至2024年应为78年。
[②]虚岁。

们每每行至此处都不由得肃然起敬。在当年杨子荣送葬队伍经过的英雄街上，有一处房屋"老二团驻地"，至今仍被作为剿匪斗争遗迹挂牌保护。

没有老二团副政委曲波后来为怀念当年的剿匪斗争和牺牲的战友而写的长篇小说《林海雪原》，就没有人知道这段光辉的历史，也没有杨子荣的名满天下。因而海林市委、市政府，于2010年在办公楼前的人民广场为曲波竖立了一座紫铜雕像。当时黑龙江省各级媒体都做了报道，主题都是：曲波又回到了林海雪原！

建在海林城区东山上的杨子荣烈士陵园和杨子荣纪念馆，被海林几届党政组织多次改造修缮，不断充实新的展出内容，现在已成为"全国爱国主义教育基地"。每年前来参观拜谒的人络绎不绝，更是本地党政机关干部和中小学生进行爱国主义和革命英雄主义教育的最佳场所。

在海林杨子荣纪念馆有一件特殊展品——山东省牟平县杨子荣纪念馆1991年7月落成时，当时的海林县委和县政府赠送的一面锦旗，内容是"牟平沃土养育赤子，海林大地铸造英雄"，道出了山东省牟平县和黑龙江省海林县，因英雄杨子荣而联结起的特殊渊源。

然而，当杨子荣的英雄事迹在他牺牲20多年以后，通过小说、电影和京剧等艺术形式的宣传，已经名扬天下的时候，无论是海林党政组织和人民，还是他当年的部队战友都无法确切地说出英雄的家乡在哪里。因而在海林的纪念馆里专辟"杨子荣身世之谜"展区，详细介绍了海林党政组织在1969年以后根据周恩来总理的指示，几次组团派人去胶东半岛寻找杨子荣故乡的曲折过程。最终确认英雄杨子荣是山东省牟平县嵎峡河村人，原名杨宗贵，参军后改名为杨子荣，谜团方大白于天下。

愿杨子荣浩气英名永在！

愿杨子荣不朽精神长存！

2024年7月

注：作者系海林市原政协主席。

# 海林市情简介

海林市位于黑龙江省东南部，素有"林海雪原""中国雪乡""中国虎乡""中国猴头菇之乡"的美称，是著名侦察英雄杨子荣战斗和牺牲的地方，一本书和同名电影《林海雪原》、一部戏《智取威虎山》，使海林响誉全国。海林行政区域面积8712.3平方千米，辖8镇，112个村和1个国家级经济技术开发区。境内有3个森工局和2个国有农场。截至2023年底，域内总人口约29.2万人，有朝鲜、满、回、蒙等27个少数民族。

地理位置优越。海林地处东北亚经济圈中心区域，在哈牡一小时经济圈核心区，是牡丹江市的"西大门"，东出海参崴、南下图们江、连接俄日韩的商贸枢纽，周边有4个国家一类口岸，是承接海参崴—绥芬河—哈尔滨的必经之路。立体化的现代交通体系日趋完善，铁路、公路、航空四通八达，哈牡高铁在境内设立海林北、横道东2个站点，距牡丹江机场仅20千米，机场开通10多条国际国内航线。

文化底蕴深厚。海林旧石器时代晚期就有人类生息繁衍，是满族发源地之一，为清宁古塔将军治所和驻地。有16处商周以来的历史遗址，被誉为黑龙江三大历史文化亮点的金源文化、渤海文化、宁古塔流人文化在海林都留有印迹。2023年发掘汉魏房址5座、清代砖石墓5座，丰富了牡丹江地区考古年代序列。1948年成立海林县，行政区划几经更迭，1992年撤县设市。

自然资源富集。海林地貌特征为"九山半水半分田"，属长白山支脉张广才岭东麓至锅盔山西麓，森林覆盖率达78%，高于全国平均水平52个百分点，活立木蓄积量1.6亿立方米。境内分布大小河流144条，总长度2930千米，占全省河流总长度的3.2%。水能风能资源充沛，水能蕴藏量560万千瓦，风能蕴藏量200万千瓦，建成了莲花水电站、荒沟电站等一批国家重点水电项目。矿产资源富集，现已探明金、铁、矿泉水、地热等各类矿藏36种，资源开发潜力巨大。

旅游风光秀美。拥有"雪虎山水情"五大特色旅游资源，有威虎山、佛手山、中国雪乡3个国家森林公园和莲花湖省级地质公园。有AAA级以上景区14个，8个景区入选"全省一百个最值得去的地方"，是全国12条红色经典旅游线路之一。2023年海林全力打造全域、全季旅游品牌，大力发展冰雪经济，中国雪乡、横道河子小镇持续火爆"出圈"，央视新闻、人民日报、新华社等主流媒体刊发报道80余次，外交部发言人汪文斌发文称赞横道河子小镇，"横道河子是一个冰雪覆盖的浪漫小镇，位于哈尔滨周边，中国东北的又一个必去之地"。2023年累计接待游客812万人次，旅游收入45.4亿元。

产业体系完整。瞄准新质生产力发展方向，立足海林现有产业基础和特色，打造"4211"产业提升工程升级版。加快装备制造产业高端化、差异化、精细化发展，稳步打造先进装备制造基地；着力延伸食品加工产业链条，提升食品产业能级；充分释放中草药资源优势，做大做强生物医药产业，加速构建支柱产业集群。大力推动林木加工产业向高端精品发展，产品向高端方向迈进；集聚新材料产业新势能，打造具有核心竞争力的新材料生产加工基地；积极发展风能、水能等清洁能源，打造全省新能源示范基地，加速构建主导产业集群。加快推进数字产业化和产业数字化，推动域内电商产业矩阵式发展；丰富拓宽供应链金融服务领域，为市场主体注入金融活水；充分释放商贸服务型物流枢纽城市功能联动区优势，培育更具竞争力的枢纽型产业，加速构建新兴产业集群。

社会事业繁荣。2023年海林市科技、教育、文化、体育、卫生、民族宗教等方面事业蓬勃发展，荣获国家中小学智慧教育平台应用示范县、全国平安渔业创建示范县、全省基础教育综合改革示范区、保育教育质量提升试验区等荣誉称号55项。横道河子镇获评黑龙江特色气候小镇，新安朝鲜族镇成功创建2023年全省民族团结进步示范单位。

2023年，地区生产总值完成135.48亿元，同比增长4.5%；农林牧渔业总产值完成62.48亿元，同比增长2.6%；规上工业企业增加值同比增长14.1%；社会消费品零售总额完成62.43亿元，同比增长7.4%；固定资产投资额同比增长8.8%；实际利用内资完成18.68亿元，同比增长45.1%；公共预算收入完成6.6亿元，同比增长51.2%；外贸进出口总额完成5.04亿元。

海林市情简介

远眺海林

海林市林海广场全景

篆刻《越是艰险越向前》
作者 / 孙茂林

# 目　录

## ■ 杨子荣英雄事迹资料

- 3　双百人物评选揭晓
- 5　100位为新中国成立作出突出贡献的英雄模范人物事迹
- 6　人民英模：杨子荣——林海雪原铸英魂
- 8　《中国人民解放军英雄模范名录》第二册 / 总政治部组织部
- 9　《中国人民解放军第四野战军战史》第118页
- 10　《陆军第三十八集团军军史》第239页
- 11　杨子荣——永远的传奇 / 夏洪平
- 13　杨子荣大事年表
- 16　杨子荣主要家庭成员
- 17　以少胜多模范战例　战斗模范杨子荣等六人　活捉匪首坐山雕
- 19　杨子荣侦察班　计捉坐山雕
- 21　杨子荣抓住坐山雕　老百姓纷纷来慰劳
- 23　战斗模范杨子荣等活捉匪首坐山雕
- 24　为杨子荣同志复仇
- 26　特级侦察英雄杨子荣

## ■ 杨子荣英雄事迹的调查和回忆文章

- 43　杨子荣英雄事迹联合调查小组工作总结汇报题纲
- 49　杨子荣烈士遗物明细（附：文物登记卡）
- 53　关于对历史反革命分子孟同春定案处理的批复
- 55　我的胞弟杨子荣 / 杨宗福口述　王树山整理
- 64　讲讲俺弟杨子荣
- 66　忆侦察英雄杨子荣同志 / 孙大德口述　啸海记

| 71 | 忆侦察英雄杨子荣 / 孙大德 |
| 80 | 忆杨子荣同志 / 孙大德 |
| 83 | 当年杨子荣排的最后一位生者——魏成友 |
| 89 | 我记忆中的侦察英雄杨子荣 / 王敬之讲述 |
| 95 | 姜国政谈杨子荣 |
| 98 | 杨子荣当年的二三事 / 王日轩 |
| 101 | 一次特殊的战斗 / 姜国政 |
| 113 | 杏树村与杨子荣 / 柳垂堤（范垂政） |
| 116 | 王希克致海林党史办的信二则 |
| 120 | 关于人民解放军东北军区特级侦察英雄杨子荣烈士事迹的回忆 / 黄夷 |
| 126 | 随"少剑波"、杨子荣剿匪的岁月 / 李逸清 姜守浩 |
| 130 | 送别子荣 誓死报仇 / 尚保仁 |
| 132 | 曲波同志回忆杨子荣烈士事迹片断 / 曲波讲述 |
| 136 | 关于《林海雪原》 / 曲波 |
| 140 | 机智和勇敢从何而来 / 曲波 |
| 145 | 关于文学的真实与生活的真实 / 曲波 |
| 152 | 寻找英雄杨子荣 |
| 156 | 谁是杨子荣（报告文学） / 谷办华 |
| 162 | 回忆侦察英雄杨子荣 / 刘崇礼 |

## 杨子荣英雄事迹有关背景资料

| 175 | 东北局东北民主联军总司令部关于剿匪工作的决定 |
| 179 | 本军分区一年战斗总结 |
| 180 | 牡丹江军分区一九四六年冬季森林剿匪几点经验总结 |
| 187 | 自卫军扫清牡省南部匪患 彻底歼灭马匪两千 |
| 189 | 宁安万人公审大会 枪决郑逆云峰 |
| 190 | 牡省治安益趋巩固 南北大军会师柳树河 围歼顽匪活捉匪首 缴获各种炮三十余门俘房千余 |

| | |
|---|---|
| 193 | 国民党反动派土匪政策完全破产　人民自卫军屡战屡捷　牡丹江全境匪患肃清 |
| 195 | 某团急袭五林残匪　毙俘匪团长以下百余 |
| 196 | 仙洞区二千群众复仇　枪决匪特张德振等　该犯等曾抗击我军　杀害群众无数 |
| 197 | 我军恢复东宁后　给予匪部打击甚重 |
| 198 | 东宁绥阳剿匪全胜　匪首吴家三虎一死一俘一降 |
| 200 | 林总司令通令全军　嘉奖本区剿匪部队 |
| 201 | 解放绥阳东宁两县　我军剿匪综合战果 |
| 203 | 在我军连续清剿威力下　惯匪吴二虎投降 |
| 204 | 中央胡子头吴二虎投降经过 |
| 205 | 吉林省府工作队员活捉巨匪吴大虎 |
| 206 | 牡丹江军分区特别军事法庭布告 |
| 207 | 磨刀石驻军展开政治攻势　动员匪属寻夫索子 |
| 209 | 海林、世环镇各界人士热烈慰劳剿匪战士 |
| 211 | 新海县政府正式成立　召开各区乡代表大会 |
| 213 | 我军剿匪胜利　沿途群众纷纷慰劳 |
| 215 | 海林各界代表参加　驻军召开模范大会 |
| 216 | 二支队保持我军光荣传统　爱护群众感动老百姓热诚拥军 |
| 220 | 谢文东残匪图南窜吉林　中埋伏匪团长毙命 |
| 222 | 林总司令暨本军分区首长传令嘉奖我剿匪部队 |
| 224 | 山市杨木顶子捉匪十五　毁灭匪巢全胜而归 |
| 225 | 牡丹江军区一支队、二支队部分领导人名录 |
| 229 | 我军在牡丹江地区剿匪作战中牺牲的部分烈士名单 |
| 230 | 牡丹江剿匪 |
| 233 | 土匪分布情况 |
| 238 | 1946—1947年牡丹江地区剿匪斗争大事记 / 高尊武　李建华 |
| 243 | 海军支队的战斗历程 / 刘金凯　宫野进　解志一 |

## ■ 杨子荣英雄事迹有关问题的考证及其他资料

- 277  杨子荣与威虎山的原型 / 李其山
- 279  杨子荣墓琐记之一 / 王作文
- 285  从可信的文史资料中寻找杨子荣牺牲的前后经过 / 崔德祥
- 289  关于对杨子荣杏树村战斗中"领导的劝降信"的考证 / 崔德祥
- 294  掀开尘封的史料 寻找罪恶的"座山雕" / 崔德祥
- 298  天大的误会——小说《林海雪原》中"许大马棒"的原型原来是匪首张德振 / 崔德祥
- 300  小说《林海雪原》"胡彪"的原型——东宁巨匪"吴家三虎" / 崔德祥
- 304  英雄杨子荣曲折离奇的身后事 / 崔德祥
- 308  《英雄杨子荣》序 / 谷办华
- 312  《英雄杨子荣》后记 / 谷办华
- 317  牡丹江军区
- 319  杨子荣英雄侦察连简介
- 321  杨子荣排简介
- 322  杨子荣烈士陵园简介
- 325  杨子荣纪念馆简介
- 327  牟平杨子荣纪念馆简介 / 张凌波
- 331  山东省烟台市牟平区文化街道嵎峡河村简介
- 332  英雄杨子荣事迹简介

## ■ 附 录

- 347  存 目
- 349  《海林地名志》选录 / 海林市地名志编纂委员会

## ■ 版权说明  352

## ■ 后 记  353

# 杨子荣英雄事迹资料

书法《越是艰险越向前》
作者／张戈

2009年9月11日《人民日报》第一版

# 100位为新中国成立作出突出贡献的英雄模范人物
# 100位新中国成立以来感动中国人物

# 双百人物评选揭晓

新华社北京9月10日电 为推动群众性爱国主义教育活动深入开展，迎接新中国成立60周年，经中央批准，中央宣传部、中央组织部、中央统战部、中央文献研究室、中央党史研究室、民政部、人力资源和社会保障部、全国总工会、共青团中央、全国妇联、解放军总政治部等11个部门联合组织开展评选"100位为新中国成立作出突出贡献的英雄模范人物和100位新中国成立以来感动中国人物"活动。活动自5月中旬启动以来，广大干部群众积极响应、广泛参与，纷纷通过各种形式提名推荐候选人。7月20日至8月10日，根据提名情况确定的150位为新中国成立作出突出贡献的英雄模范人物候选人和150位新中国成立以来感动中国人物候选人，向社会公布并接受群众投票。20天时间内，群众参与投票总数近1亿。在投票评选的基础上，经过有关部门审核、组委会评审组专家投票等程序，最终选出100位为新中国成立作出突出贡献的英雄模范人物和100位新中国成立以来感动中国人物。现予公布。

100位为新中国成立作出突出贡献的英雄模范人物名单（按姓氏笔画排序）：

八女投江、于化虎、小叶丹、马本斋、马立训、方志敏、毛泽民、毛泽覃、王尔琢、王尽美、王克勤、王若飞、邓萍、邓中夏、邓恩铭、韦拔群、冯平、卢德铭、叶挺、叶成焕、左权、白求恩、任常伦、关向应、刘老庄连、刘伯坚、刘志丹、刘胡兰、吉鸿昌、向警予、寻淮洲、戎冠秀、朱瑞、江上青、江竹筠、许继慎、阮啸仙、何叔衡、佟麟阁、吴运铎、吴焕先、张太雷、张自忠、张学良、张思德、旷继勋、李白、李林、李大钊、李公朴、李兆麟、李硕勋、杨殷、杨子荣、杨开慧、杨虎城、杨靖宇、杨闇公、肖楚女、苏兆征、邹韬奋、陈延年、陈树湘、陈嘉庚、陈潭秋、冼星海、周文雍和陈铁军夫妇、周逸群、明德英、林祥谦、罗亦农、罗忠毅、罗炳辉、郑律成、恽代英、段德昌、贺英、赵一曼、赵世炎、赵尚志、赵博生、赵登禹、闻一多、埃德加·斯诺、夏明翰、格里戈里·库里申科、狼牙山五壮士、聂耳、郭俊卿、钱壮飞、黄公略、彭湃、彭雪枫、董存瑞、董振堂、谢子长、鲁迅、蔡和森、戴安澜、瞿秋白。

**100位新中国成立以来感动中国人物名单**（按姓氏笔画排序）：

丁晓兵、马万水、马永顺、马恒昌、马海德、中国女排五连冠群体、孔祥瑞、孔繁森、文花枝、方永刚、方红霄、毛岸英、王杰、王选、王瑛、王乐义、王有德、王启民、王进喜、王顺友、邓平寿、邓建军、邓稼先、丛飞、包起帆、史光柱、史来贺、叶欣、甘远志、申纪兰、白芳礼、任长霞、刘文学、刘英俊、华罗庚、向秀丽、廷·巴特尔、许振超、达吾提·阿西木、邢燕子、吴大观、吴仁宝、吴天祥、吴金印、吴登云、宋鱼水、张华、张云泉、张秉贵、张海迪、时传祥、李四光、李春燕、李桂林和陆建芬夫妇、李素芝、李梦桃、李登海、杨利伟、杨怀远、杨根思、苏宁、谷文昌、邰丽华、邱少云、邱光华、邱娥国、陈景润、麦贤得、孟泰、孟二冬、林浩、林巧稚、林秀贞、欧阳海、罗映珍、罗健夫、罗盛教、草原英雄小姐妹、赵梦桃、钟南山、唐山十三农民、容国团、徐虎、秦文贵、袁隆平、钱学森、常香玉、黄继光、彭加木、焦裕禄、蒋筑英、谢延信、韩素云、窦铁成、赖宁、雷锋、谭彦、谭千秋、谭竹青、樊锦诗。

全国"双百"评选活动组委会
2009年9月10日

2009年7月20日《人民日报》第二十七版

# 100位为新中国成立作出突出贡献的英雄模范人物事迹

## 079. 杨子荣（杨宗贵，1917—1947）

男，汉族，山东省牟平县人，中共党员。杨子荣13岁时随父母闯关东，先后在鸭绿江上当船工，在鞍山、辽阳一带当矿工，因此对东北的三教九流、风俗人情、行帮黑话等都有所了解。1943年春，因反抗日本工头，被迫跑回山东老家。1945年参加八路军。同年10月随部队开赴东北，被编入牡丹江军区第2团某部炊事班当战士，不久调到战斗班当班长。1946年1月加入中国共产党。由于在战斗中的突出表现，荣立特等功，并被团里评为战斗英雄，后提升为侦察排排长。1947年1月下旬，所在部队得到号称"座山雕"的匪首张乐山在海林县境内活动的线索，遂派他带领5名战士化装成土匪吴三虎的残部前去侦察。杨子荣等人到达夹皮沟的山林中，几番巧妙地与"座山雕"的坐探接触，经过用黑话联络，取得了土匪的信任，打入其隐居地。2月7日，一举将"座山雕"及其联络部长刘兆成、秘书官李义堂等25个土匪全部活捉，创造了深入匪巢以少胜多的战斗范例。为此，团里给杨子荣记了三大功。同年2月23日，在继续追剿丁焕章、郑三炮等匪首的战斗中英勇牺牲。东北军区司令部追授他"特级侦察英雄"的光荣称号，其生前所在排被命名为"杨子荣排"。

2009年8月26日《人民日报》第二版

# 人民英模：杨子荣——林海雪原铸英魂

长篇小说和同名电影《林海雪原》及现代京剧《智取威虎山》中的主角——侦察英雄杨子荣，是根据解放战争时期东北民主联军牡丹江军区第2团在深山老林剿匪的真人真事塑造的英雄形象。

杨子荣，原名杨宗贵，1917年出生于山东省牟平县一个贫苦农民家庭。13岁时随父母闯关东，来到安东（今丹东）一带。在父亲病死他乡之后，杨子荣只身一人四处谋生，先后在鸭绿江上当船工，在鞍山、辽阳一带当矿工，因此对东北的三教九流、风俗人情、行帮黑话等都有所了解。这些生活经历，对他在后来的剿匪斗争中的侦察行动提供了很大帮助。1943年春，因反抗日本工头的压迫，被迫跑回山东老家。

1945年9月，杨子荣参加八路军，任胶东军区海军支队第5中队炊事班炊事员。同年10月随部队开赴东北，被编入牡丹江军区第2团第7连。1946年1月加入中国共产党。3月任第7连第1班班长。不久，牡丹江军区展开剿匪行动。在这次行动中，杨子荣只身闯入土匪盘踞的杏树底村，与匪首巧妙周旋，不费一枪一弹使土匪400余人投降，缴获机枪10挺、火炮3门、掷弹筒8具、长短枪300余支和大批弹药。由于在战斗中的突出表现，他荣立特等功，并被团里评为战斗英雄。不久调到团部任侦察班班长，后提升为侦察排排长。在此期间，杨子荣关心战士疾苦，深得大家爱戴和拥护。他带领战友们在穆陵、东宁等地多次参加剿匪战斗，每次都身先士卒，勇敢战斗，取得了一个又一个胜利，留下了许多富有传奇色彩的故事。

1947年1月下旬，团部得到匪首"座山雕"在海林县境内活动的线索。"座山雕"本名张乐山，15岁落草为寇，18岁当上匪首，历经清末、张作霖和伪满洲国3个时期，老谋深算，诡计多端。东北民主联军进驻牡丹江地区后，对这股土匪进行了多次围剿，消灭了大部人马，"座山雕"身边仅剩二三十个亲信。

杨子荣自告奋勇，带领5名战士化装成土匪吴三虎的残部前去侦察。他们到达夹皮沟附近的密林后，巧妙地与"座山雕"的坐探接触，经过用黑话联络，取得了土匪的信任，打入匪穴。2月7日，一举将"座山雕"及其联络部长刘兆成、秘书官李义堂等25个土匪全部活捉，创造了剿匪战斗中以少胜多的模范战例。为此，团里给他记了三大功。2月19日，《东北日报》以《战斗模范杨子荣等活捉匪首座山雕》为题，对他的英雄事迹进行了详细报道。

2月23日，在追剿丁焕章、郑三炮等匪首的战斗中，杨子荣冲在最前面，由于他的枪栓被严寒冻住而未能打响，被土匪的子弹击中胸部，英勇牺牲，时年30岁。3月17日，全团指战员、驻地群众、军区首长、地方领导和各界代表上千人齐集朝鲜族小学操场，为杨子荣举行了隆重的追悼会。在他的墓碑上镌刻着8个大字："英名永在，浩气长存。"为表彰杨子荣的英雄事迹，东北军区司令部授予他"特级侦察英雄"光荣称号，其生前所在排被命名为"杨子荣排"。

# 《中国人民解放军英雄模范名录》第二册

## （1946年—1948年）

总政治部组织部

第79页：

  杨子荣，男，汉族，山东省牟平县人。1917年出生，1945年入伍，1946年加入中国共产党。1947年合江军区授予他"侦察英雄"荣誉称号，授予称号时任东北民主联军牡丹江2团侦察排长。1946年春节前，2团在牡丹江地区执行剿匪任务，在实行小分队作战中，杨子荣和同志们边侦察边打，并注意发动群众，共同战斗。从1945年5月至1947年春，他身经10多次战斗，和战友们一道生擒了土匪头子许家"四杰"。土豆甸子只身入匪穴，袭击奶头山，智取小炉匠。在大拉子①密林中生擒三代恶匪"座山雕"（即张乐山），并消灭了许大马棒等几十股惯匪。

  原载于《中国人民解放军英雄模范名录》，解放军出版社1991年第1版，第1次印刷。

---

①应为"大砬子"。

# 《中国人民解放军第四野战军战史》第118页

1947年2月7日,牡丹江军区第2团直属侦察排排长杨子荣等6人,化装成土匪,深入海林县夹皮沟匪窝,一举将"东北先遣军"第2纵队第2支队司令、"坐山雕"张乐山以下25名残匪全部活捉。杨子荣荣记三大功。2月23日,杨子荣在海林夹皮沟山区剿匪中壮烈牺牲。牡丹江军区司令部、政治部授予他"特级侦察英雄"光荣称号。

原载于《中国人民解放军第四野战军战史》,解放军出版社1998年10月第1版,2008年3月第4次印刷。

7月,二团成立侦察排,杨子荣当了侦察排长。8月1日,全团召开表彰大会,图为各种模范合影。后排左四为杨子荣。

# 《陆军第三十八集团军军史》第 239 页

牡丹江军区 1、2 团的前身是 1944 年 11 月 5 日，汪伪海军驻刘公岛起义人员 600 余人组成的胶东军区海军支队。1945 年 10 月 25 日奉命挺进东北后，改编为东北人民自治军辽南 3 纵队第 2 支队。1946 年初 2 支队进入牡丹江地区，将下属两个大队扩编成 1、2 团。1946 年 7 月改为牡丹江军区 1 团、2 团。部队挺进东北后，主要在吉林之舒兰、榆树、拉林、五常，后东进至黑龙江之牡丹江一带转战剿匪，成绩卓著，和兄弟部队一起，先后剿灭郑云峰、马喜山、谢文东等股匪。他们一边剿匪，一边发动群众，建立民主政权，对巩固我东北根据地的后方，配合前线部队作战，起到了积极的作用。著名的侦察英雄杨子荣，就是牡丹江军区 2 团的侦察排排长。他浑身是胆，大智大勇，既是侦察英雄，又是战斗英雄，在杏树村独闯敌寨，不费一枪一弹，劝使 400 多敌人缴械投降；在蛤蟆塘一带深入虎穴，活捉顽匪"座山雕"张乐山以下 25 名匪徒，牡丹江一带的人民有口皆碑。

——陆军第三十八集团军军史编审委员会 2008 年 8 月

2007年6月30日《解放军报》第二版

# 杨子荣——永远的传奇

## 夏洪平

"以最深的敬意,献给我英雄的战友杨子荣、高波等同志。"

这是原牡丹江军区二团副政委曲波根据自己和战友们东北剿匪的亲身经历,创作的长篇小说《林海雪原》全书的第一句。1957年9月,小说出版,立即引起强烈反响。此后,根据小说改编的同名电影和现代京剧《智取威虎山》相继问世,几乎在全国的每一个城镇和乡村上演。

一个名叫杨子荣的侦察英雄,从此化为一段传奇,深深沉淀在一个时代的记忆里。

回忆起这位传奇般的战友,81岁高龄的刘成斋老人思维格外清晰:"浓眉大眼、长方脸、高颧骨,还有点络腮胡子⋯⋯"那时,刘成斋任牡丹江军区二团三营七连副指导员,杨子荣则是七连的一名战士。

"杨子荣的传奇战斗故事,三天三夜也说不完。"刘老的讲述把我们带回那个年代。1946年3月20日,杨子荣随部队在杏树沟追击李开江匪部。为了不误伤老百姓,杨子荣只身一人进村劝降,软硬兼施,最终没费一枪一弹,让400多名土匪放下武器。战后,杨子荣被团里评为"战斗模范"。刘老说,这次"单刀赴会"斗智斗勇的较量,比"智取威虎山"还要惊心动魄,但曲波当时因伤没能参加战斗,所以在小说《林海雪原》中没有记载。

从刘老那里,记者了解到关于杨子荣身世的传奇故事:杨子荣牺牲后的26年时光里,关于英雄的身世一直是个"谜"。周恩来总理曾亲自指示:一定要查清英雄的身世。直到1973年,通过一个偶然的线索,人们终于解开了这个"谜"——杨子荣本名杨宗贵,老家在山东牟平县宁海镇圩峡[①]河村。

---

[①] 应为"嵎峡"。

1945年杨宗贵报名参加八路军时，家乡还处于敌我交替控制状态，为了不给家里人带来麻烦，他报名时用了化名"杨子荣"，此后便与家人失去联系。

英雄虽已逝，精神励后人。

盛夏时节，杨子荣生前所在的北京军区某机步师装甲侦察连官兵，深入太行山腹地展开一场挑战生理极限的野战生存训练。6天6夜，走、打、吃、住、藏，全部在沟谷纵横、毒虫肆虐的密林中。训练结束，官兵们都瘦了一圈，但个个斗志高昂。指导员邓春利深有感触地告诉记者："'不怕流血牺牲、越是艰险越向前'的杨子荣精神，是官兵们永远的财富。"

# 杨子荣大事年表

1917年3月3日，杨子荣出生于今烟台市牟平区文化街道嵎峡河村一个贫苦农民家庭，取名宗贵，字子荣。

1920年春天，随父母闯关东，当年秋随母亲返回家乡。

1925年入本村小学读书，1929年因学校关闭辍学。

1929年父亲托人将杨子荣带到安东（今辽宁省丹东市一带）读书。

1931年，到安东东坎子大沙河北崖志昌永（矿房）学徒做童工。满徒后，在岫岩、海城和鞍山一带做季节性缫丝工，也给一些大户作①过"护院"。

1938年底，到千山（即东鞍山）采矿所作②"佣员"。

1943年春，因反抗日本工头的压迫，被迫跑回山东老家。

1943年7月25日与武宁街道邵家沟许万亮结婚。

1945年9月18日，在雷神庙兵站以字"子荣"代名参加八路军，被编入胶东军区牟平独立营，后被编入胶东军区海军支队第5中队，任炊事班炊事员。

1945年10月24日，海军支队开抵龙口，接受了渡海抢占东北的任务。同月25日，随部开赴东北。

1945年10月27日晨，海军支队在辽宁庄河县登陆，旋即改番号为"东北人民自卫军辽南三纵队二支队"。11月7日部队离开庄河县一直北上，边走边扩军，12月底到达五常。途中杨子荣一人就扩军30多名，被评为扩军模范。

1945年11月至1946年1月3日，先后随部队参加攻克乌拉街、朝阳、榆树、五常等地的战斗。

1946年1月上旬，二支队下属两个大队扩编为团，杨子荣被编入牡丹江军区第2团第7连。

1946年1月，杨子荣加入中国共产党。

---

① 应为"做"。
② 应为"做"。

1946年2月2日，随部抵达海林。不久，杨子荣去新安镇侦察敌情，发现一个屋子里有7名土匪，他机智勇敢地将其全部活捉，初步显示出非凡的胆略和才能。

1946年2月9日，在二团召开的第一届模范大会上，杨子荣被评为11位战斗模范之一。①

1946年2月15日，二团留守海林的部队侦悉东北国民军三营营长孙江、副官李子恒预谋叛变，杨子荣进入拥有百余人枪的孙江司令部，敦促其放下武器，拒降者就地缴械。

1946年2月中旬至3月中旬，随部参加牡丹江地区消灭郑云峰、马喜山匪帮的战斗。

1946年3月，任牡丹江军区第2团第7连第1班班长。中旬，参加全歼属于谢文东、李华堂系统的叛军原三十六团的战斗。

1946年3月26日，杨子荣随部参加林口县杏树村战斗，只身入匪巢劝降成功，400多名土匪全部投降。战斗结束后，杨子荣荣立特等功，被评为战斗英雄，在二团被誉为"孤胆英雄"，并从七连调到团部，担任团侦察班班长，开始了英雄的侦察战斗生涯。

1946年5月中旬，杨子荣参加亚布力后堵歼灭许福、吴余久匪股的战斗，奉命两次化装进村侦察，摸清了敌情，确保了战斗胜利。

1946年5月下旬，杨子荣参加歼灭王枝林匪部战斗，杨子荣和孙大德抓了三个"舌头"，摸清了敌情，全歼匪军。

1946年6月，杨子荣去绥芬河侦察匪情，前后三次捉来"舌头"，使团领导及时掌握了土匪情况，最后又为首长出谋划策，活捉了"姜左撇子"，全歼了王枝林旅最后一个营——"姜左撇子营"。这次战斗后，杨子荣因为在2月以来的剿匪战斗中侦察功绩显赫，被评为团的"战斗模范"。

1946年6月19日，杨子荣和团作战参谋陈庆带侦察班到海林县新安镇一带侦察匪情，夜间遇到土匪袭击二营。杨子荣机警地用一支驳壳枪挡住了土匪的进攻，和二营同志一起保卫了营部。

1946年6月，杨子荣参加八面通战斗。

---

①存疑，从杨子荣留下的照片看，应是在八一和十一两次获得奖励。

1946年7月23日，杨子荣在宁安县南金场一带侦察，歼灭了九彪刘亚杰残匪400余人。

1946年7月，二团直属侦察排成立，杨子荣任排长。

1946年9月，马希山带着残存的几百骑，败退到十道梁子，疲惫不堪，正投村做饭。杨子荣在山上见村子里升起了炊烟，便担着一桶水，大模大样地串村侦察，掌握了全部情况。晚上，敌人还在梦中，马棚被炸，骑兵的"腿"被截断了，乱作一团。我军大部队适时赶到，全歼了马希山残匪。

1946年10月，杨子荣参加攻打盘踞穆棱县大沙河子土匪的战斗。

1947年2月7日，杨子荣等6人化装成土匪深入匪穴，活捉三代惯匪"座山雕"张乐山以下残匪25人，杨子荣荣记三大功。2月19日，《东北日报》以《战斗模范杨子荣等活捉匪首座山雕①》为题，对他的英雄事迹进行了报道，称这次剿匪战斗为"以少胜多创造范例"。

1947年2月23日，在新海县北部闹枝沟追剿丁焕章、郑三炮等匪首的战斗中英勇牺牲，时年31岁②。

1947年3月17日，海林各界一万多人在朝鲜族中学操场为杨子荣举行了追悼大会，并将其灵柩安葬在海林东山。牡丹江军分区授予他"侦察英雄"称号，其生前所在排被命名为"杨子荣排"。

1957年1月，牟平县人民委员会确认杨宗贵为失踪军人。

1958年11月13日，杨宗贵被确定为革命牺牲军人。

1969年，根据周总理的指示，解放军第38军、东北烈士纪念馆、海林县民政部门联合调查杨子荣籍贯，确定杨子荣为牟平县失踪军人杨宗贵。

2009年，中央宣传部、中央组织部等11个部门联合开展"双百"人物评选活动，杨子荣入选"100位为新中国成立做③出突出贡献的英雄模范人物"。

原载于《牟平红色印记丛书第三辑——全国"双百"人物杨子荣纪念文集》，黄海数字出版社2013年4月第1版。

---

①《东北日报》上的标题为"坐山雕"。
②虚岁。
③应为"作"。

# 杨子荣主要家庭成员

父亲杨世恩 1887 年出生，1922 年因生活所迫去东北逃荒，1940 年被日寇抓去孙吴县当劳工后失踪。

母亲宋学芝 1886 年出生，1966 年在家乡病故。

妻子许万亮 1919 年出生，1951 年在嵎峡河病故。

女儿 1944 年出生，六个月后夭折。

杨子荣兄弟姐妹共 6 人：

姐姐（行一）杨宗山（英子）1907 年出生，嫁大窑街道尹宋周村尹传贵，建国①后在黑龙江省孙吴县农场②工作。

哥哥（行二）杨宗福 1913 年出生，2000 年在家乡病故。

嫂子唐淑玉 1922 年出生，2012 年去世。

弟弟（行四）杨宗华 1919 年出生，1922 年夭折。

大妹（行五）杨宗松（松子）1920 年出生，嫁武宁街道陡崖子村曲广秀，1982 年病故。

小妹（行六）杨宗卿（卿子）1926 年出生，嫁高陵镇双山埠村王明惠，1952 年病故。

养子杨克武 1945 年出生。

原载于《牟平红色印记丛书第三辑——全国"双百"人物杨子荣纪念文集》，黄海数字出版社 2013 年 4 月第 1 版，2013 年 4 月第 1 次印刷。

---

① 应为"中华人民共和国成立"。
② 应为"林场"。

中华民国三十六年（1947年）二月十三日《牡丹江日报》第一版

# 以少胜多模范战例
# 战斗模范杨子荣等六人　活捉匪首坐山雕

## 贼匪全部落网　匪窝棚亦被摧毁

【本报讯】我×团战斗模范杨子荣同志（便衣排排长）奉命于二月二日率五名同志，前往蛤蟆塘一带侦查[①]匪情，他们以机智巧妙的方法，查清了敌匪的窝棚，遂于二月七日勇敢大胆的[②]深入敌匪巢穴，将匪首坐山雕等全部捕获，创造了"以少胜多"的模范战例，兹将其战果综合如下：

一、俘匪首"蒋介石东北第一战区挺进第二纵队第二支队司令"张乐山（即坐山雕）、联络部长刘兆成、秘书官李义棠、连长刘忠汉以下廿五名。

二、缴步枪六支、子弹六百四十发，粮食千余斤，其他物品一宗。

短评

## 活捉坐山雕

我分区某团战斗模范杨子荣等六同志，勇敢机智，深入匪巢，一举将惯匪蒋家东北第二纵队第二支队司令"坐山雕"张乐山以下二十五名，全部活捉，创造我分区部队以少胜多歼灭股匪的战斗范例。我们除向这六位为人民立功的杨子荣等同志，致以崇高敬意之外，并望我们继续努力，为人民立更多更大的功劳。

杨子荣等同志这一次所以能取得这样重大的胜利，首先是由于他们坚决完

---

①应为"察"。
②应为"地"。

成上级所给予的剿匪任务。正当大家忙着过旧年的时候,他们接受任务,出发剿匪,一周间不辞冻馁,不顾疲劳,日夜搜索侦察,发挥高□①顽强勇敢的精神,才取得以少胜多的光□胜利。其次,他们不但勇敢,并且在完成剿匪任务中积极创造新的方法,不但和土匪斗力,并且深知土匪的狡猾,与匪斗智,行动秘密,布置周全,不轻举妄动,才能使顽悍如坐山雕者,也插翅难飞,不能不束手就缚。我们深望全分区所有剿匪部队,都能学习杨子荣等同志的精神,坚决完成肃清土匪的任务,为人民多多立功。

①一个空格的字看不清,下同。

中华民国三十六年（1947年）二月十六日《牡丹江日报》第四版

# 杨子荣侦察班　计捉坐山雕

## 赵　拓

七十几岁老土匪张乐山，报字"坐山雕"，自"荣任"中央军东北第一战区挺进第二纵队副司令，即盘据于海林北沟，不时出没于一、二、三部落屯，头道沟三道沟，红甸子一带，到处抢掠老百姓的粮食、衣服、财物，有很多老百姓到沟里打柴被他们把马抢走，或把棉衣剥去，苦打一顿，还说："回去告诉翻身会，告诉八路军来打我们吧，老爷在这里等着你们，你们老百姓都和八路军一条心没有一个好东西。"还有海林本街农会会员徐秀斋，去年十月天到北沟里去打野鸡，被这帮土匪抓住枪毙了，并且还说："抓住你们这穷棒子□①了，□②不客气，看你们还要翻身。"因此海林地区老百姓纷纷请求驻军为民除害。我军当即派杨子荣带勇

①②两个空格的字看不清。

士五名进山搜剿。经过十二天挨冷受冻的生活,用一般人想不到的计策,一枪没打,终将该匪□①一网打尽。计活捉匪首张乐山以下连长一名、秘书一名、排长一名,其他八名,共十二名。②缴获大枪××支、子弹××发,食粮、乌拉鞋、司令部关防及长戳文件等若干。至此海林北沟一带土匪全部肃清。现在海林地区老百姓都带着笑容说:"这以后到沟里打柴火种地可就不怕啦!"

---

①一个空格的字看不清。

②现场实际活捉25名,回到团部经过审讯,根据每个人的情况采取不同的处理方法,当时就应该有被遣返释放的人员。因为在山里,有些猎人和伐木工人是被裹挟成为土匪的。下一篇同此。

中华民国三十六年（1947年）二月十九日《牡丹江日报》第一版

# 杨子荣抓住坐山雕　老百姓纷纷来慰劳

### 老胡子坐山雕的罪恶

【海林通讯】海林地区老百姓提起北沟的老胡子坐山雕无不切齿，过去他们抓住农会会员就杀，如模范村工农会会员徐秀斋去年十月天到沟里去打野鸡被他们抓住枪毙了。两个火锯匠到沟里拉板子被□①害死了，剥棉衣、抢牲口、抢粮食、勒索款子更是经常的事。如头道沟、二道沟、三道沟、红甸子一带，每垧地摊一百几十元，粮食四十斤，其他酒、猪肉、白面等物品都在其内，吓的②老百姓不敢去沟里打柴火、种地。如去年沟里很好的庄稼苗都荒芜了。军队、民兵、保安队等曾经多次搜剿，始终找不到□□几个胡子的踪迹，他们在山里建筑了许多秘密窠棚，当我们搜剿时，它③们就藏起来。我们一走，它们又照常的④活动，有时分散，有时集中，施展他们那一套老胡子经验，盘踞着北山沟和靠近山沟的屯子。在政治上利用三番子拉拢地痞流氓、地主等坏家伙，给他们侦察报告情况，作⑤他们祸害人民的爪牙，所以他们消息相当的灵活。

### 老百姓的欢欣和慰劳

"北沟十二名胡匪被六名侦察员活抓住了！"这话哄动⑥了海林街。老百姓都要求看看老胡子副司令坐山雕。本月十一日上午十时，海林街男女老少，拥挤到大众学校有两千多人，把十二个土匪拉到台子上，由曲副政委讲话后，老百姓纷纷提出控诉，因有其他关系暂未能决定处理。经解释后，老百姓又纷

---

①一个空格的字看不清，下两个空格同。
②应为"得"。
③应为"他"，下同。
④应为"地"。
⑤应为"做"。
⑥应为"轰动"。

纷要求先出出气,群众把那个最坏的胡子刘连长和林外交员狠狠的①打了一顿。

会后老百姓都一致的②赞扬着杨子荣等六同志的模范事迹,模范村、新海村、光复村(海林街)、敖头村的老百姓,自动的③募捐买袜子、手巾、肥皂、牙粉等物品,八千元慰劳金,三封慰劳信,民兵整着队,打着锣鼓来慰劳。县政府、翻身会分别请客,感谢为民除害的功臣。军分区首长写信附两万元嘉奖。对这些慰问和奖励,杨子荣等六同志丝毫没有表现骄傲的态度。

(赵 拓)

①②③应为"地"。

中华民国三十六年（1947年）二月十九日《东北日报》第一版

## 以少胜多　创造范例

## 战斗模范杨子荣等活捉匪首坐山雕

### 摧毁匪巢　贼匪全部落网

【本报讯】牡丹江分区某团战斗模范杨子荣等六同志，本月二日奉命赴蛤蟆塘一带便装侦察匪情，不辞劳苦，以机智巧妙方法，日夜搜索侦察，当布置周密后，遂于二月七日，勇敢深入匪巢，一举将蒋记东北第二纵队第二支队司令"坐山雕"张乐山以下二十五名全部活捉，创造以少胜多歼灭股匪的战斗范例。战斗中摧毁敌匪窝棚，并缴获步枪六支，子弹六百四十发，粮食千余斤。

中华民国三十六年（1947年）三月二十五日《牡丹江日报》第四版

# 为杨子荣同志复仇

我们的优秀排长，战斗模范杨子荣同志在黑牛背后沟的森林中剿匪光荣的①牺牲，他虽死了骨头还是硬的。他为人民英勇果敢不怕牺牲的精神，永存在我们全体同志的脑海中。

数次的剿匪战斗中杨排长都表现了无比的英勇。有了艰苦的任务，他自己去，总是照顾同志们的疲劳，怕同志们吃亏。每一次战斗都是他在最前面带着我们冲锋，全排同志在他的带领下，也做到了排长冲到那里②大家就冲到那里，每次都打胜仗。现在提起我们牺牲的排长来，同志们都要流下眼泪。

这次在黑牛背后沟的森林中与可恨的土匪战斗，我们首先包围了敌匪的窝铺，杨排长奋勇当先，堵住敌匪的门口，迫匪交枪，不幸被万恶的郑三炮开枪

---

① 应为"地"。
② 应为"哪里"，下同。

击中了他的腹部,杨排长便光荣的①牺牲了,全体同志都滚滚的②流下悲痛的热泪来,一致的③呼喊着:"坚决为排长报仇!打!冲!把胡子消灭干净!报仇!报仇!"

全体同志化悲痛为力量,不顾生死的④向敌人猛拼,枪弹、手榴弹,像倾盆大雨似的向敌匪窝棚里猛打,棚盖被我们打掉了,四个万恶的胡匪被解决了。

啊!我们的排长,你的死是革命的损失,侦通排好像失去了爹娘一样,你的仇,我们已经给你报了,请你安息吧!全体同志在继承你的勇敢精神,在更进一步的⑤将胡匪消灭干净,打跨国民党的进攻!安息吧!排长。

（孙立真、赵显功口述,王希良整理）

---

①②③④⑤应为"地"。

# 特级侦察英雄杨子荣

## 一

炮弹落在村边,"哐"地①一声,把围墙炸开一个大口子,部队踏着硝烟冲进村去。土匪仓皇溃逃,跑不及的便都跪到地上,举起双手投降。

战士们一边把俘虏往一起赶,一边指着被土匪烧毁后还在冒烟的民房和被土匪打死的无辜百姓的尸体以及坐在废墟上呜呜哭泣的老人,愤愤地斥骂道:"你们看看,这就是你们作的孽!"

俘虏们蜷缩着,谁也不敢吱声。

跟在队伍后面进村的,是一个挑着炊具的30岁上下的老兵,衣服油渍不怎么整洁,可瘦精精的长条脸上长着两道浓眉,两只大眼炯炯有神,仿佛看一眼就能看到人心里去。

此刻,他的眼眶里湿漉漉的,心里酸酸的,眼前的情景使他心颤。他放下挑子,蹲在一位白发苍苍的老人身边,想说些什么,又不知该怎么说。他默默地站起来,和同志们一起帮助掩埋乡亲们的尸体。

连长似乎已顾不得许多,忙着找排长们了解连队的伤亡情况。这院村②是打下来了,可连队的伤亡也不小,特别是一班班长负了重伤,使他很痛惜,仗还在继续打,连里常当尖刀的一班不能没有班长。

指导员见连长愁眉苦脸的,便对连长说:"老王,别发愁啊,这不有一个现成的在那里嘛!"

"在哪?"

指导员笑笑,不紧不慢地说:"这人在挺进东北时宣传扩军,一路上他一

---
① 应为"的"。
② 应为"板院村"。

人就扩了30多,大队曾评他为'扩军模范'。打乌拉街(在吉林省永吉县北,松花江东岸),咱过不了江,他主动雪夜出去找来了船。五常县城一打开,就被发展入了党,他还说自己当兵才3个月,让支部……"

"哎呀",连长一拍脑门,噗哧地笑了,"哎,你看我这人,怎么就没想到他呢?嗯,行!行!"

不大会儿,那个挑炊具的老兵杨子荣便接受了连长、指导员的任命:任一班班长,立即到职!

## 二

杨子荣,原名杨宗贵,字子荣。1917年1月28日(农历正月初六)出生在山东省牟平县宁海镇嵎峡河村一个贫苦农民家庭。1943年秋,杨子荣与武宁乡肖家沟的姑娘许万亮结婚。他曾加入民兵组织,积极支前,先后参加了解放牟平城和烟台市的战斗。[①]1945年9月,苦大仇深的杨子荣参加了八路军——胶东军区海军支队(后整编为山东军区第二支队,亦称田松支队)。10月,随部队到达东北,编入牡丹江军区二团三营七连炊事班当战士,1946年春加入中国共产党。他这个老兵其实并不老,到他被宣布担任一班班长的这一天,当兵才6个多月。只因为他快30岁了,比连长、指导员年龄还大些,因此全连上下都叫他老兵。

当然,这老,也不排斥他的阅历丰富、办事老成方面的因素。连这次挺进东北在内,他已经是三闯关东了。4岁那次是由父母亲用手拉着,12岁那次就已经是独闯黑土地了。他在安东(今丹东)志昌永缫丝厂当童工,在鸭绿江口放排拉纤,在大户人家护院,在鞍山、千山矿上做劳工,什么样的苦都吃过,什么样的人都会过。1943年,他逃离东北,回到山东老家。

不要说在这七连,就是在整个牡丹江二团,恐怕也没有人比他闯荡的地方多。他熟悉人情世故、乡风民俗、野史轶闻、行帮黑话,肚子里的掌故、传闻、

---

[①]《杨子荣英雄事迹联合调查小组工作总结汇报题纲》:"通过与贫农座谈和走访亲友,查出杨宗贵与杨子荣的情况的相同点14个,不同点仅限曲波同志说是民兵而且有战斗。""按曲波同志的回忆,杨子荣同志入伍前当民兵时有过许多动人事例,而从我们在山东调查的杨宗贵这个线索来看有些出入。为了更加完美革命英雄形象,为了加强当前战备教育,在曲波同志定稿的时候,把杨子荣当民兵的情况加了上去。"

办法，就成串成串的。加之他小时候读过几年私塾，《三国》《水浒》里的故事记得烂熟。每逢行军休息，宿营驻扎，他几句话一说，便惹得大家哈哈大笑，疲劳困乏就会随着笑声飘然而去。

打仗，他给出招；遇难，他给排忧；做饭，他尽心尽职，对上上下下是知冷知热，吃亏让人，在全连人的眼里，他实实在在是一位仁慈的兄长。"老兵"，也就成了他的代名词。

就在他当班长的当天黄昏，他所在的七连随同一营，在团政治处主任王日轩和教导员朱绪庆的带领下，会同团机炮连一部及军区十四团一个连，奉命连夜出发，偷袭聚集在杏树底村的残匪。据军区通报，逃进这村里的土匪约400来人，没有统一指挥，最大的头目就是几个连长、副连长。

第二天拂晓，部队接近杏树底村，发现土匪已有准备，便改偷袭为强攻。

杨子荣带领的一班为七连的尖刀班。他们冲在队伍的最前面，被土匪火力压制在离围子100多米的一条小沟里。他想："这一强攻，免不了山炮、迫击炮一阵轰击，村里老百姓也会跟着吃苦。这不行，得想想办法。现在和连里联系很困难，我自作主张了。"于是，他把枪交给身边的战士，说："我进村去，劝土匪投降。"

战士一听急了，连忙说："班长，那怎么行？土匪心狠手辣，太危险了！"

杨子荣说："为救老百姓，就是死了，也值。"接着，他叮嘱道："我走后，赶紧回去一个人向连里报告。"说完，呼地站起来，右手挥着一条白毛巾，一边朝西卡子门跑，一边高喊："弟兄们，不要开枪，我要找你们当官的讲话！"

前沿突然站起个人来，敌我双方全都一愣，不知道出了什么事，便都停止了射击。

杨子荣班里的战士趁机爬起来，飞快地跑回连指挥所，报告了杨子荣的劝降计划。

杨子荣已跑到西卡子门附近，围子里的土匪还在发愣。一个匪军官看杨子荣手里举着白毛巾，突然醒悟过来，惊喜地朝匪兵们叫喊："来投降的，来投降的！快开门，让他进来！"

## 三

杨子荣一跨进卡子门，匪兵的枪口便对准了他的胸膛。

"你是来干什么的?"匪军官逼问。

杨子荣指着我军阵地方向坦然自若地回答:"我是那边的代表,你们被包围了,我来劝你们投降!"

匪军官冷冷一笑,说:"我看你是活腻味了,跑这里找死来了!"

杨子荣威风凛凛地回答:"要怕死就不来,来了就不怕死!你们也不睁眼看看,就凭你们这么几个人,几支枪,就能挡住我们的进攻?我倒是为了你们的活路才来的!"

杨子荣往前跨了几步,朝围过来的匪兵们大声地说:"弟兄们,形势明摆着,打下去,对你们这里的谁也不好。我们的规矩你们也知道,只要你们放下武器,我保证你们的生命安全!"

"住嘴!少来这里宣传!"匪军官一边说着,一边扬手,"走!跟我到连部去。"

杨子荣知道土匪头子都是惯匪,而匪兵大都是被迫的,比较容易争取,便不顾匪军官的阻拦,大着嗓门又说:"弟兄们看看周围山头、村子已经被包围得水泄不通。想活命的,跟我找你们连长去!"

杨子荣一边跟着匪军官往连部走,一边支楞①着耳朵,倾听身后跟来的匪兵和百姓们的议论:"……咱村的郭连长、康连长好说点,一家老小都在这,就怕青背的许大虎、北甸子的王洪宾他们不干……"

杨子荣越听心里越有底。他决定进一步利用矛盾,擒贼先擒王,先制服许大虎、王洪宾。

匪军官把杨子荣领进一个院子,看看匪连长们都不在,便让几个匪兵看着杨子荣,自己去找匪首们去了。

杨子荣看院子里的匪兵和乡亲越聚越多,喊喊喳喳,议论纷纷,都有降意,便跳到一个碌碡上,继续大声宣传:"……打下去不但要被消灭,百姓们也跟着遭殃……"说得匪兵和百姓个个动心。

这时,场上有人埋怨:"咱村的邱会长哪里去了,这种时候还不出头?"

杨子荣一听,觉得可以利用,便向人群问道:"哪位是邱会长?"

人们把一个四五十岁的男人推到跟前,那人点头哈腰地告诉杨子荣:"在

①应为"支棱"。

下邱振伦，老总有事，尽管吩咐，在下一定效劳。"

杨子荣威严地说："我本人不需要你效什么劳。但我要提醒你，你既为一村的会长，就要为全村老小的身家性命负责，好好地劝本村的郭连长和弟兄们放下武器。"

邱会长连连点头，一口答应。杨子荣便让他去找几面白旗，准备插到围子上去。

杨子荣正继续宣传，4个匪首提着手枪走过来，一个膀大腰圆的家伙用手枪顶住杨子荣的胸口，气势汹汹地吼道："住口，不许你在这里扰乱军心，煽动百姓！"

杨子荣两手往腰里一叉，上下打量了一下面前的匪首，单刀直入地说："这么说，你就是许大虎了？"

许大虎一听，下意识地退后一步，说："我就是，怎么的？"

杨子荣不理他，换了换口气，说："哪位是本村的郭连长？"

其中的一位点了点头。

杨子荣又用目光扫视其他两位，厉声地命令他们放下武器。

许大虎舞动着手枪，吼道："别找死！"

杨子荣仰头哈哈大笑，说："告诉你姓许的，怕死我就不这样来见你，大不了我一个人头换你们一大堆脑袋！你别充硬汉了，就你们几个，不行！"

杨子荣转脸对村民们说："乡亲们，青背村的许大虎和北甸子的王洪宾不同意缴枪，要在你们村打到底，你们看怎么办？"

百姓们一片哗然："让他们带人回自己村去打！"

匪兵们也大都用责备的眼光看着几个匪首。

这时，邱会长正抱着几面白旗过来，也劝几个匪首："识时务者为俊杰，还是和了吧。"

许大虎气急败坏地把枪顶到邱会长的脑门上，口里骂道："老子毙了你！"

邱会长吓得倒在地上。

杨子荣见郭、康二头目盯着许大虎，似有不满之意，便机警地说："许大虎，有本村的郭连长在这里，你逞什么能？！"

杨子荣这一激，激得郭连长心头的火苗直冒。你许大虎在老子的地面上欺负本村维持会长,这简直是对自己的侮辱,便大喝一声:"姓许的,别太放肆了!打狗还得看主人呢!"

许大虎把枪一比划,厉声问:"你想咋的?"

郭连长毫不示弱,也把枪对着他,反问:"你敢咋的?"

群众和匪兵都骚动起来。

杨子荣一看双方大有火并之势,心想不好,如果双方打起来,不但劝降要失败,还要伤着百姓,便急中生智,对场院上的匪兵喊道:"弟兄们,不要白送命了,愿意交枪的,把枪放到这里来!"

一个十四五岁的小匪兵经杨子荣这么一喊,"咚咚"跑过去,嘴里喊着"我缴枪,我缴枪",到跟前把枪一扔,又跑回原地。

邱会长和百姓们见有带头的,都呼喊着:"欢迎弟兄们缴枪!"

匪兵们纷纷跑过去缴枪,有的老人拉着儿子过去缴枪,有的女人嘴里说着"你还要这烧火棍干啥",干脆夺下男人手里的枪,替他们去缴。

许大虎等匪首看大势已去,连连跺脚,无可奈何地把枪扔到地上。

杨子荣见劝降成功,立刻命令郭连长到围子上插白旗,命许大虎集合队伍,把枪架好,搬去鹿砦、木障,开门迎接部队进村。

这时,围子外面的我军已等得十分心焦。杨子荣自8点来钟进去,已过了两个多小时,外面一点信息得不到,急得团、营首长脑门子上汗珠子直淌。忽见围墙上插了白旗,首长们兴奋异常,命令司号员吹号发令,部队浩浩荡荡地开进村去。

同志们看到400多土匪列队站立着,各种枪炮架得整整齐齐,齐声称赞:"杨子荣真了不起!"

朱教导员紧紧握住杨子荣的手,连声称赞他为人民立了大功。

杨子荣脸红红地对营首长说:"请什么功啊,我这次行动没来得及事先向首长请示报告,应该检讨。"

朱教导员连忙说:"杨子荣同志,事实证明你没有错,你做了我们想到而没能做到的事,一定要给你请功!"

杏树底村战斗胜利结束了。它是牡丹江北路剿匪的转折点,此后,我军乘胜连夜向柞木台子追击,残匪慑我军威,纷纷投降。北路剿匪部队于3月28

日与合江部队在柳树河子胜利会师,打通了海林以北牡佳铁路交通线。

## 四

杨子荣因为在杏树底村战斗中出了名,被调到团里去当侦察班长。

杨子荣领着他的侦察班四出奔波①,查清海林西边的亚不力②后堵驻有号称"许氏四杰"的许福、许禄、许祯、许祥股匪,领着部队一举歼灭了这股土匪,使牡丹江西边的匪患也得到了消除。

到了5月,牡丹江东面的东宁、绥阳、绥芬河等地的惯匪王枝林勾结保安部队,进行叛乱。军区刘贤权副司令亲自率领牡二团大部、一团三营(欠八连)和十四团一部等部队前去清剿。东进部队首先攻下穆棱,继而激战马桥河、细鳞河,解放绥阳,一直打到中苏边境的绥芬河,接着南下攻占了东宁。但匪旅长王枝林不知去向,只剩下人称"江左撇子"的惯匪江开山率领的一个营往北逃进了深山。

杨子荣奉团长之命,明察暗访,搞清了江开山的下落,向团长汇报说:"团长,我捉了3个俘虏,问清楚了,江左撇子的队伍向老蔡营子逃去了。"

团长让杨子荣先吃饭休息,自己带人去打听老蔡营子的方位。

天黑后,部队悄悄出发。后半夜到了离老蔡营子60里许的河西屯。团长命令部队秘密驻扎下来,又派杨子荣去老蔡营子侦察敌情。

杨子荣带着侦察员和向导立即出发。到离老蔡营子二三里的地方,他让二人在那里等着,自己先进去看看。

他悄悄地来到村边,围着屯子转了一圈,看到屯子四周是两丈多高的围墙,围子的四个角上都修了大炮楼。杨子荣看南北卡子门边有哨兵站岗,便从东边围墙的缺口处爬进屯去。

屯里有三排民房,整整齐齐的,家家户户都点着灯,他便贴着墙根往北走。正走着,忽听身后传来踢踢蹋蹋③的脚步声,他连忙闪到暗处。

来人是一个背枪的家伙。杨子荣见他走进东北角的那栋民房。跟着屋里便传出"起来,起来,换岗了"的声音。

---

① 应为"四处奔波"。
② 应为"亚布力"。
③ 应为"踢踢踏踏"。

不大会儿,屋里走出来5个背枪的人,朝叫岗的家伙来的方向走去了。

杨子荣看看四下没人,便踮着脚尖也朝那栋房子走过去。推开门一看,半边炕上空着,半边炕上睡着人,便大步走过去,使劲推了推炕边上的一个土匪:"起来,换岗了!"

土匪迷迷糊糊地起来,穿鞋、背枪。

杨子荣赶紧退出门外,见土匪跟在后面,便扭过头去,只顾往前走。到豁口处,杨子荣看看周围没人,待土匪跟到身边,突然一转身,以匣枪顶到土匪胸前,命令土匪爬出豁口,将其押到村外,会合侦察员,连夜赶回团部河西村。团长一看杨子荣他们抓来了俘虏,问清了老蔡营子里驻着的就江左撇子那个营,十分高兴,决定亲自带两个连,轻装奔袭。

下午4时,部队出发。王团长看杨子荣日夜奔波,太辛苦了,便让他留下休息。

部队经过一夜行军,拂晓前赶到离老蔡营子三四里的地方。正要展开,忽然前面枪声大作。团长一愣:莫非是中了敌人埋伏?便让作战参谋上前察看。

正在这时,杨子荣突然出现在团长面前,报告说:"团长,我刚抓了一个俘虏,是江左撇子的亲信副官。原来敌人发现少了人,怕我们追来,也在天亮前转移,不料和咱们遭遇了。枪声一响,敌人散到林子里去了。"

"原来是这么回事。"团长一听,焦急地说,"敌人一散,就不好打了。"

杨子荣凑到团长跟前,小声对团长说:"团长,我有个建议:咱们把队伍埋伏在周围,让这副官出去喊话,叫江左撇子的部队过来集合,咱就等着抓活的。"

团长听完大喜,连忙命令部队围成一个大口袋。杨子荣用枪逼着江左撇子的副官大喊:"弟兄们!是自己人打误会啦!江大队长在这里,快到这里来集合!"

这副官喊了一遍又一遍。不大一会儿,匪徒果然三三两两地过来,来一个被捉一个,来一对捉一双。最后,连江左撇子自己也来了,稀里胡涂[①]地当了俘虏。

天亮的时候,二团顺顺当当地解决了王枝林匪部的最后一个营,活捉了江

---

[①]应为"稀里糊涂"。

左撇子。

王团长看看杨子荣，突然想起来，便问："哎，杨子荣，我不是让你在家休息吗？"

杨子荣笑起来："哎呀，团长，队伍在前边打仗，我在家睡觉，能睡得着吗？"

王团长听了既高兴，又感动，心想如果杨子荣不来，真不知这仗打成啥样呢！

## 五

1946年7月，军区部队整编。二团成立了侦察排，杨子荣当上了侦察排长。在团里10月份组织的评选战斗模范活动中，选出的11个战斗模范，他荣登榜首。

他领着侦察员们出入于山林之间，引导部队剿九彪，抓丁五，逮刘大楞子，捉一撮毛，堵击谢文东，激战沙河子，竭尽全力地为剿清残匪而奔忙。

下雪了，1947年的春节来到了。牡丹江一带的大股土匪全被剿灭，只有一些土匪骨干藏进了深山老林。老百姓总算能过上一个好年了。

然而就在这年根，海林镇模范村农会主席贾润福收到了一封土匪索要20件棉衣、10袋白面、3日内必须送到胡家窝棚的恐吓信。二团得知后，团首长们分析情况，认为从土匪索要东西的数量来看，土匪人数不会太多；从指定送东西的位置来看，匪巢也不会太远，就在海林北部山区。

王团长判断说："这伙土匪，很可能就是号称'座山雕'的张乐山带的那一股。"又说，"这事还真不大好办。派大部队进去，前几次都扑了空；派小部队进去，一时又不知上哪里去找，我们在明处，他们在暗处，而且踏雪声大，容易暴露目标，没等你到跟前，他早跑了。再说，时间长了也坚持不了，给养带不了那么多，又容易冻伤。"

"让杨子荣想想办法吧。"

杨子荣不声不响地憋了3天，最后提出了这样一个破敌方案：带5个侦察员，化装成土匪，深入虎穴，探明匪巢，然后见机行事。

团首长一听，认为太冒险，"座山雕"是一个有名的惯匪，老奸巨猾，稍露马脚便有生命危险，让杨子荣重新考虑。

杨子荣胸有成竹，摆出了完成任务的条件，说他熟悉土匪黑话，深知匪伙内情，选的孙大德、魏成友、赵宪功、孙立真、耿宝林5人都是个顶个的棒小伙子。"就让我们去吧！"杨子荣诚恳地要求。

首长们看他说得有理有据，信心十足，一时也没有别的更好的办法，便同意了杨子荣的方案，并嘱他随机应变、胆大心细，遇事多商量，弄清情况后，立即回来报告。

杨子荣一行6人于1月26日（正月初五）夜出海林北行，进入茫茫无际的完达山脉。

几天转下来，没有找到一丝土匪的蛛丝马迹。带的饭团也不多了，大家的心里都有些着急。

夜里雪地露营后，杨子荣看大家情绪不高，恳切地劝大家："你们都相信我老杨，狐狸窝肯定就在附近。"

大家听杨子荣说得这么有信心，也都鼓起劲来。他们清楚排长的本事，相信排长。

第二天早晨，他们到达蛤蟆塘一带。傍晚的时候，他们正在一块空地上走，只听林中传出"梆梆梆"三声。

杨子荣心头一喜，小声地对大家说："注意，有人'叫棍儿'。"

杨子荣迅速地观察了地形，大步走到一棵树下，也用棍子在树上敲了三下。等了片刻，没有动静，便果断地带人朝发出声音的方向走去。

走着走着，发现一丝微弱的灯光，到近处一看，原来是一座工棚，里头有十几个人躺在炕上睡觉，炕头上坐着一个四五十岁的男人在抽旱烟。

杨子荣上前拱拱手，用黑话打招呼："娘家失火了，想借问个道，找小孩他舅去。"还说自己是吴三虎的胡副官，带弟兄们来投靠三爷。

那人不理不睬。

杨子荣看他卖关子，想了想，便领着人退出屋，故意在屋外大声骂街："咱们不能在一棵树上吊死，去投别的山头。"

一会儿，屋里的那男人出来，自称姓孟，[①]是这里的工头，劝他们先找个地方避避风，暖和暖和。说着，转身进屋拿出一把斧子、一把锯子和一柄小锹、

---

[①] 《牡丹江军分区一九四六年冬季森林剿匪几点经验总结》："坐山雕的外用连（联）络员是林把头、荣大个。"

半桶苞米面和一些盐,交给杨子荣一行提着,把他们领到了20多里外的一个空工棚,接着不阴不阳地走了。

杨子荣6人估计孟工头去给"座山雕"报信,耐着性子在工棚里等了3天。眼看粮食吃完了,正在着急,孟工头来了,领着他们到夹皮沟老百姓家"赶"吃的,自己在一边观察。在确信他们是一路人之后,这才把杨子荣领到一个屯子,与"座山雕"派来的刘副官会见,相约正月十六请杨子荣一行上山入伙。

事情来得太突然了。杨子荣想回去报信已来不及,遂和大家商量:为人民的利益不怕牺牲,就咱们6个人干,闯进去,端他的老窝。杨子荣说出一条计来。

## 六

2月6日(正月十六)下午,土匪刘副官和一个姓刘的连长来了。杨子荣指挥战士,下了这两人的枪,并把他们捆绑起来,怒气冲冲地说:"你们把我们弟兄撂在这里挨冻受饿,十几天没人管。你们两个小子是不是把三爷拨给我们的给养独吞了?差点把我们弟兄饿死!"

两个土匪连叫"没有",说是三爷要考察他们是不是自己人。

杨子荣说:"老子不跟你们打嘴仗,待见了三爷再分辩。如果委屈了你们,兄弟我给你们赔不是。如果真是三爷不够意思,老子就走人。天下这么大,哪里不能活人?"说着,押二人上路。

一路上,两个土匪虽被捆着,但见杨子荣仍和他们说说笑笑的,深信这不过是误会,脚不停步地领着"这吴三虎的胡副官"带的5条好汉往匪窝里奔。

约走了30多里,来到一座山卡,土匪的哨兵跑出来问:"什么人?"刘副官回答"自己人"。侦察兵们跟上去,趁岗哨不注意,一下就把枪给缴了。

岗哨"唉唉"了半天,看刘副官二人也被绑着,莫名其妙。

刘副官告诉:"一点误会,一会就明白了。"说着,又领着大伙来到一座窝棚前。刘副官指着窝棚说:"到了,三爷在里边等着。"

杨子荣6人一听,让孙立真、赵宪功、耿宝林在外看守着,自己领着孙大德、魏成友进屋去"会三爷"。

他们到房前,杨子荣一脚把门踢开,大喊一声"不许动",端着枪冲进屋去。孙大德、魏成友也跟着冲进去,占住东北、西南两个屋角,3支匪枪对准里面躺着的7个土匪。

炕头上躺着的白头发、黑脸膛、鹰钩鼻子、白山羊胡子的瘦小老头，正是座山雕。他一见陌生人进来，眼露凶光，伸手从枕头底下掏枪。

杨子荣一个箭步过去，踩住座山雕的手，把枪掏了出来。

杨子荣看土匪人多，决定继续演戏。他斥责座山雕太不讲义气，差点把弟兄们饿死。

座山雕一听，明白了：这些人是由刘副官联络来入伙的那股人。于是干笑一声，辩解说："自己人，别误会，现在风声很紧，考验你们是不是共军。"

杨子荣厉声说："考验也不是这么个考验法，这么多天晾着，实在是寒心了，请三爷给领个路，去投吉林国军。"

黑洞洞的枪口逼着，座山雕等无奈，乖乖地让杨子荣他们给捆上，牵着出了屋，会同先被捆住的刘副官等6人，带路往南。

待走到离海林不远的山林边，座山雕说："海林驻着共军一个团部，就送到这里吧。"杨子荣还让往前走。座山雕没法，只好又走。

到了山下，天已经大亮了，远远地看到有两辆拉木头的大车停在山口，座山雕说："那是共军的大车，再不能往前走了。"

杨子荣笑一笑，说："那正好，卸他们几匹马骑上，走得更快些。"

土匪刘连长感到不妙，挣脱杨子荣手里的绳子扭头就跑，被杨子荣一枪打中腿部，倒在地上。

赶大车的，正是二团首长派来接应杨子荣的。他们听到枪声，便往这边跑过来，一边跑，一边对口令。

座山雕见杨子荣他们和来人对口令，大吃一惊，结结巴巴地问："你们……"

杨子荣哈哈笑起来："不瞒你说，张三爷，张司令，兄弟我们就是共军的侦察员，你落网了。"

座山雕一听，一下子瘫坐在地上，长叹一声，悲哀地说："唉，真晦气！张大帅没整了我，他死后，就数我有名了；日本人也没对付了我，这次却叫你们几个土八路把我给逗了，真窝火……"

侦察兵们听了，都笑起来。

活捉座山雕的消息传开，整个海林镇都沸腾起来了。牡丹江军分区首长也赶来祝贺。二团召开庆功大会，给杨子荣记两大功，给5个侦察兵各记一大功。

在庆功会上，指战员和群众热烈鼓掌，要求杨子荣讲话，介绍经验。

杨子荣实在推不过，这才脸红红地走到台前，笑一笑，说："我说心里话，小经验还没总结出来，大经验嘛，只有一句话，就是为人民的利益生死不怕，对付敌人就一定神通广大。"

## 七

就在《东北日报》刊登杨子荣率5人化装土匪深入虎穴，活捉国民党先遣军第二纵队第二支队司令座山雕的第二天，即2月20日，侦察排长杨子荣又踏上了新的征程。

这一天，二团接到军区司令部的命令，据海林北部梨树沟一带的群众反映，附近深山里有一伙土匪活动，很可能就是被我多次搜剿漏网的土匪李德林残部，命令二团立即派部队进山清剿。

杨子荣闻讯后，不顾疲劳，主动请战，经团首长同意后，又带领他的侦察班前去侦察匪窝。

为保险起见，团首长确定由副政治委员曲波，带小分队随后跟进，边侦边剿，尽快肃清残匪，安定百姓。

杨子荣带着5个侦察兵找到土匪藏身的那个马架房的时候，天已经快亮了，隐蔽接敌已不可能。他决定自己打头，成一路爬过去。他爬到了离门不远的地方，马架房的门突然开了，出来一个土匪东张张，西望望，到房后小便，后返回屋里。

杨子荣飞身跃起，靠到门框边，一脚踹开屋门，喝令："不许动，举起手来！"

马架房里藏着李德林匪部漏网的匪首刘俊章、副官丁焕章（外号丁疤拉眼）、惯匪郑三炮等7人。他们正吃饱喝足，准备到别处再押一处地窖。见屋门开了，门口立着个端枪的，顿时乱作一团。

丁疤拉眼拖着伤腿，生怕同伙扔下他跑了，声嘶力竭地叫嚷："都给我打，谁跑就毙了谁！"

杨子荣听到屋里的响动，连忙扣动匪枪扳机，但由于天气太冷，撞针失灵，没有打响。

土匪孟老三被丁疤拉眼一吓，从呆愣中醒来，慌慌张张朝门口开了一枪，然后夺门而出，朝林子里逃去。

这一枪正打在杨子荣的胸口上。他晃了几晃，倒在了门旁，鲜血流到雪地上。他手扶门框撑起身，左手捂住胸部的伤口，右手掏出手榴弹，但怎么也举不起来。

孙大德扑上来，把他抱住，使劲地朝门旁挪了挪，连声喊道："排长！排长！"

杨子荣瘦精精的脸煞白，下颏的胡须显得更长。他吃力地睁开眼，看了看亲爱的战友，抬手指了指马架房。完达山脉深处闹枝沟的风雪吞没了他留给人世的最后4个字："……大德……任务……"

后边的侦察兵们冲上来，见排长被打倒了，端起匣枪朝马架房拼命射击，凄厉的枪声撕碎了1947年2月23日这个清晨的宁静。

土匪们疯狂抵抗。剿匪小分队循着枪声赶过来。经过一阵激战，将屋里的土匪全部消灭。

他去了，带着遗憾。他还有许多事要等打完了这一仗去做呢，包括给他远在胶东牟平县的老母和妻子设法捎封信。

## 八

杨子荣牺牲后的第23天，牡丹江二团在驻地海林镇朝鲜族中学操场上，为杨子荣烈士举行公祭安葬大会。牡丹江军分区首长宣布了将英雄生前所领导的排命名为"杨子荣侦察排"的命令。随后，东北民主联军司令部又授予杨子荣"特级侦察英雄"的荣誉称号。

1947年3月17日，杨子荣的遗体被安葬在海林镇边的东山坡上，墓前竖立着一块3丈多高的木质纪念碑。

然而，遗憾的是，纪念碑碑文上没有记载英雄的籍贯，因为除他自己，谁也不知道。部队里没有人知道他在家的名字叫杨宗贵，正如村里人没有人知道他在部队的名字叫杨子荣一样。宗贵是他的名，子荣是他的字，他是以字代名当兵的。

这无论如何是对不起长眠在林海雪原里的英雄的。

英雄生前所在部队的指战员们坐不住了。

英雄牺牲地海林县的人民群众也坐不住了。

杨子荣是胶东口音，于是派人一次次地到胶东大地上去寻找，又一次次地失望地回去了。但牟平县宁海镇一位民政干部说，前些年峃峡河有位老太太来打听他儿子杨宗贵的下落，说自参军以后没有音信。杨宗贵是不是杨子荣？

1973年，原牡丹江二团副政治委员曲波找到1946年10月拍摄的一帧团的战斗模范的合影，并将合影中杨子荣的形象单独翻拍放大，辗转寄给牟平县民政局。民政局长为慎重起见，又带上别人的3张照片，到峃峡河村，请杨子荣的近邻、村干部和老人们辨认，人们一下就指着其中的杨子荣的照片说："这是俺村杨宗贵。"

民政局长赶到杨子荣的哥哥杨宗福家，拿出4张照片让他看。杨宗福的眼睛发直，捡出兄弟的照片，呆呆地看了许久。"宗贵兄弟……"他轻轻地呼唤着，眼泪如断线的珠子，簌簌而下。

民政局长告诉杨宗福："你家宗贵就是革命现代京剧《智取威虎山》里的那个杨子荣啊！"

杨宗福一下子愣了，喃喃地说："真的？这是真的！"他终于哭出声来。

这个认定，未免太晚了些。这时，杨子荣的妻子许万亮怀着不释的思念，已经去世21年。母亲宋学芝也已谢世7年，弥留之际，她曾对杨宗福说："匣子（广播）里老说杨子荣杨子荣的，是不是俺家宗贵？"宗福曾劝说母亲："俺兄弟哪能到了那份上！"

杨宗福看着弟弟的照片，想起弟妹和老母去世时的情景，不由得嚎啕大哭。突然，他拿着照片冲出门去，直奔村西老母和弟妹的坟地。他一边跑，一边哭喊："……娘，这是真的，这是真的……"

（北京军区政治部组稿　谷办华撰写）

原载于《解放军烈士传——第十集　解放战争时期》，长征出版社1994年12月第1版，1994年12月第1次印刷。

# 杨子荣英雄事迹的调查和回忆文章

篆刻《越是艰险越向前》

作者 / 韩冬

# 杨子荣英雄事迹联合调查小组工作总结汇报题纲①

县革委常委：

现将我小组四个月的工作总结提纲汇报如下：

调查组在海林县革委的正确领导下，在中国人民解放军四八〇〇部队首长的亲切关怀下，经过四个月的深入细致的调查，现在胜利结束了。这次调查工作是及②全国广大工农兵群众的迫切要求，是及③无产阶级革命的需要，是继续深入地开展活学活用毛泽东思想的需要，是当前战备工作的需要。四个月来的收效之大，感处④之深是难以书尽的。下面分四个方面汇报：

一、调查工作过程。

二、杨子荣英雄事迹的材料形成。

三、调查小组的思想革命化。

四、下步工作意见。

## 调查过程

调查组首先分别在杨子荣战斗过的地方，海林柴河等地，通过走访老贫农、土改干部及知情者，了解了杨子荣密切联系群众和在深山老林中与恶匪搏斗的情节，核实了杨子荣同志英勇壮烈牺牲的经过。接着在沈阳广播电台会见了知情者胡俊杰同志。

5月18日，4793部队姜副政委⑤，在三支两军工作非常紧张的情况下，于北京中国科学院亲自主持召开了杨子荣同志生前首长与战友座谈会。与会的

---

①应为"提纲"，下同。
②③应为"应"。
④应为"触"。
⑤原三十八军副政委姜国政同志。

有曲波、孙达德①、姜国政、刘从礼及调查组全体。会上，同志们都对海林县革委能派出专人调查收集杨子荣事迹表示感谢和支持。会上曲波同志比较全面地畅谈了英雄杨子荣同志是在什么情况下参加了中国人解放军，以及参军后杨子荣在毛泽东思想大学校里又如何成长的。其中主要阐明了当时的历史背景。

至于英雄杨子荣的具体战斗事迹，仅以这些同志的阐述还完成不了任务②。与此同时全体与会的同志又提出了很多知情人的线索，如：

陈　庆：原二团参谋，现保定驻军。

王日轩：原二团政治部主任，现旅大市保卫组主任。

王静枝③：原二团团长，现茶淀农场。

王希克：原二团政委，现总后军需部。

宋希才：原二团七连指导员，现新疆。

史国德：原二团文化干事，现北京海军工程处。

姜德水④：原二团宣传干事，现长春市公察⑤法。

魏成有⑥：原二团侦察排战士，现北京八宝山沙⑦石厂。

会上做出了调查方案，同时，部队决定派出两名杨子荣生前所在部队的同志参加联合调查。

会后，小组分三方面，先后到大连、长春、天津等地历经半月时间全部走访了上述同志，基本掌握了杨子荣生平事迹。但是杨子荣家乡却谁也不清楚。

查找英雄家乡的工作是从6月6日开始的。

6月6日，烟台地革委办公室范贵曾同志接待了我们，取得了烟台地革委领导后，小组分别到牟平、荣成、乳山、文登四县进行发动群众工作，大打了一场人民战争。

当时山东中心工作是贯彻落实中央十条和紧张的"三夏"工作。正当此时

---

①应为"孙大德"。
②仅仅依靠这些同志的调查，还不能完成任务。
③应为"王敬之"。
④应为"姜得水"。
⑤应为"检"。
⑥应为"魏成友"。
⑦应为"砂"。

查找英雄家乡小组到胶东，各县便大借了这一东风，以此作为狠抓革命、猛促生产的动力。

调查工作共分两个阶段。

第一阶段是发动。各县先后发出查找英雄家乡的通知达一万多份。同时还利用大字报、广播、黑板报等一切宣传工具，进行宣传。并通过学生、教员、职工干部各种会议进行发动，很快便掀起高潮，几天之内便达到了家喻户晓、人人皆知。

第二阶段是核实线索。这个阶段工作也比较艰巨，由于发动群众，大打人民战争，近一个来月便得到了一百多个有关杨子荣家乡的线索。调查组的同志每天要跑一百多里路，走几个大队进行核实。正当工作有困难时烟台地革委派来了革命干部苗沛云同志前来共同参加战斗。各县也都指定专人参加调查组一起工作。在工作中我们树立了以①乳山县、冯家公社、武宁公社、西于家大队、高月臣同志等样板。同时间小组又走访了杨子荣生前战友13名，为查找英雄家乡提供了真实线索。

7月5日，经烟台地革委批准，在牟平召开了杨子荣生前战友座谈会，战友们对英雄的家乡进行了回忆，统一了认识，杨子荣1945年9月从牟平参军，当时他爱人送他到牟平，家有母亲，还喂一头小黑毛驴。杨子荣身高1.75②，浓眉、双眼皮、蒜头鼻子、厚嘴唇、有轻微的连鬓胡须、高颧骨、尖嘴巴、红脸膛。家庭出身是贫下中农，家在牟平西南七八里路。

根据战友们的回忆与肯定，各组同志集中了兵力，在牟平打歼灭战。从档案中查到在牟平城西南七八里路，1945年参军的共3人，其中杨宗贵烈士系牟平城关公社于③峡河大队人，1945年9月参军。为了证实杨宗贵烈士是不是杨子荣，小组分三组七进于峡河。通过与贫农座谈和走访亲友，查出杨宗贵与杨子荣的情况的相同点14个，不同点仅限曲波同志说是民兵而且有战斗。

在杨宗贵的身上，我们做了过细的工作，为了证实杨宗贵是不是杨子荣，7月11日又召开第三次杨子荣生前战友回忆座谈会。同时把杨宗贵的哥哥和妹妹也请来，对杨宗贵的外貌和具体情况一一地进行了审核，战友们一致认为

---

①此处疑为多字。
②应为"1.75米"。
③应为"嵎"，下同。

杨宗贵很像杨子荣。

为一切从维护革命样板戏，对革命英雄负责，对革命事业负责，小组两次去鞍山、丹东、济南调查了杨宗贵的简历，7月20日向姜付①政委、曲波同志进行了汇报。首长对杨宗贵的线索很满意，认为这次调查做得很细，确实做到家了，特别是当看了杨宗贵小妹杨宗海②的照片后，就更加肯定，一致认为杨宗贵烈士就是闯龙潭、入虎穴的杨子荣。8月3日向县革委副主任□祥同志作了汇报。□祥同志指示：订③与不订家乡要听取部队和曲波同志意见。曲波同志再三肯定百分之八十像杨子荣，但是目前还是不要订杨宗贵是杨子荣。提出四点建议。具④我们分析主要是现在的家庭不理想。部队首长根据曲波几点意见，作了三条指示：

一、宣传杨子荣主要是宣传毛泽东思想。整理他的事迹主要是参军后，要突出毛主席的建军路线。

二、一切从维护革命样板戏角度出发。

三、要有利于抓革命、促生产。

1969年8月8日，部队派刘科长代表县革委及4793部队到烟台地区做结尾工作。

8月12日在烟台地区革命委员会，决定杨子荣的家仍然暂定胶东半岛。

（略）

## 材料的形成

搜集整理杨子荣同志生平事迹的素材，是我们这次调查的一项主要工作。调查组在调查家乡的同时，解放军刘栋同志将前所调查的杨子荣英雄事迹整理成初稿。

这个初稿共分五部分：

一、杨子荣同志的出身与当时的时代背景。

二、在攻无不克、战无不胜的人民解放军这所毛泽东思想大学校的哺育下，杨子荣同志迅速成长的过程。

---

①应为"副"。
②《杨子荣家庭主要成员》为杨宗卿。
③应为"定"，下同。
④应为"据"。

三、杨子荣胸怀朝阳、浑身是胆，一不怕苦、二不怕死，一往无前的革命气概（历次战斗事迹）。

四、杨子荣同志和他带领的侦察排，充分运用毛主席"人民战争"思想的伟大法宝，密切联系群众，紧紧依靠群众，善分敌友，团结同志等光荣传统。

五、记述了今天在杨子荣战斗过的地方，在党和毛主席的英明领导下，特别是经过三年来的战斗洗礼，人换思想、地换貌，到处呈现出毛泽东思想灿烂光辉的一片蒸蒸日上的景象。

初稿形成后，我们请曲波同志进行了修改，按曲波同志的回忆，杨子荣同志入伍前当民兵时有过许多动人事例，而从我们在山东调查的杨宗贵这个线索来看有些出入。为了更加完美革命英雄形象，为了加强当前战备教育，在曲波同志定稿的时候，把杨子荣当民兵的情况加了上去。

关于智取威虎山的情况，初稿仅限于孤立的智取，没有讲清牡二团的军事部署和有机配合的基础。后经曲波同志的几宿辛勤劳动，把杨子荣同志依靠光芒无际①的毛泽东思想，依靠广大人民群众二团全体指战员的智慧和力量，生擒三代恶匪座山雕的孤胆大智描绘了出来。

此外，曲波同志还把杨子荣攻打刘维章、丁焕章、郑三炮等土匪的战斗中，英勇壮烈牺牲的场面加了上去。通过这场肉搏的描写，就更加充分表现了杨子荣最敢于刺刀见红的一不怕苦、二不怕死的革命英雄气概，同时也纠正了某些人误认为杨子荣在智取威虎山时就牺牲了的模糊印象。

在文章整理上，初稿有些情节不突出，前后重复、文字不精炼②、逻辑性差，所以在第二次修改时就没有分段，这样文章结构就比较严密，看起来也比较完整、细统③。

至于杨子荣家乡问题，在文章里面没有讲详细，首长的意图是时间早晚的问题。这里面主要因为杨宗贵没有什么直系亲属了，再则就是杨宗贵的哥哥杨宗福现在还没有具备英雄亲属的先进思想水平，还有待于对他帮助、教育。

上述问题是经我们几次向姜付④政委和曲波同志汇报后提出来的，首长认

---

① 疑为"光焰无际"。
② 应为"练"。
③ 应为"系统"。
④ 应为"副"。

为已圆满的①结束了，该做的工作已做到家了。

## 小组思想革命化（略）

## 下步工作意见

一、关于杨子荣事迹的宣传

1.请县常委审查并定稿"胸怀朝阳的革命英雄杨子荣"的生平事迹材料后印发。

提出的问题：（1）是否把家乡确定下来。

（2）民兵一段要不要。

（3）小故事还有的未核实。

2.向全县发出向英雄杨子荣学习的决定。

二、关于维修杨子荣烈士墓

1.主办单位：工交革委、海林公社

2.关于经费：民政局解决

3.维修计划：维修按原碑设计增高到七米二

4.时　　间：十月份

三、关于筹建杨子荣烈士纪念馆

1.主办单位：工交革委、文教革委、海林公社

2.经　　费：由民政局历年结余解决材料款

3.木　　材：请林业局支援

4.运　　输：由工程公司负责

5.用　　工：全部义务

6.时　　间：与烈士墓同时进行

杨子荣英雄事迹调查小组<br>一九六九年九月

---

①应为"地"。

杨子荣烈士陵园档案　1989 永久 16

# 杨子荣烈士遗物明细（附：文物登记卡）

| 项　目 | 遗物来源 | 现　状 |
|---|---|---|
| 大头鞋 | 1966年9月份从墓中出土 | 日本军用大头鞋，只有底和皮邦 |
| 铜扣子 | 1966年9月份从墓中出土，3个 | 已成为黑色 |
| 大衣钩 | 1966年9月份从墓中出土，2个 | 已成为黑色 |
| 擦枪油瓶 | 1966年9月份从墓中出土，1个 | 内疑似有半瓶油 |
| 皮带 | 杨子荣战友1969年5月 | 牛皮带钢环扣 |
| 皮靰鞡 | 曲波同志1969年 | 高帮皮靰鞡，底有补皮 |

注：文物登记卡为馆藏品，故保持原貌，对内容未做修改。

# 文物登记卡

附表编号：　　　　　　　　　　　　　　　　　　　填写日期：　　年　　月　　日

| 收藏单位 | 海林市革命烈士陵园管理站 | | | | | |
|---|---|---|---|---|---|---|
| 现登记号 | 藏品总登记号 | | | | | |
| 名　　称 | 杨子荣入殓时穿大头鞋 | | | | | |
| 原　　名 | | | | | | |
| 文物级别 | 未定级 | | | | | |
| 文物类别 | 皮革 | | | | | |
| 质　　地 | 单一质地 | 有机质 | 皮革 | | | |
| 年　　代 | 中国历史学年代 | 中华民国（1912～1949） | | | | |
| 具体年代 | 1947年 | | | 文物来源 | 采集 | |
| 质量范围 | 0.01～1 kg | | | 具体质量（非必填） | 0.962 | kg |
| 完残程度 | 残缺 | | | 保存状态（非必填） | 状态稳定，不需修复 | |
| 包含文物数量 | 一套 | | | 实际件数 | 2 | |
| 外形尺寸（cm）（非必填） | 通长 26 | 通宽 11 | 通高 10 | 具体尺寸（非必填）（cm） | | |
| 入藏时间范围 | 1966～1976 | | | 入藏年度（非必填） | 1975年 | |
| 著者 | | | | | | |
| 版本 | | | | 存卷 | | |
| 鉴定意见 | 鉴定人（签名）：　　　　　　　　　　年　月　日 | | | | | |
| 备注 | | | | | | |

# 文物登记卡

附表编号：　　　　　　　　　　　　　　　　　　　　　填写日期：　年　月　日

| 收藏单位 | 海林市革命烈士陵园管理站 | | | |
|---|---|---|---|---|
| 现登记号 | 藏品总登记号 | | | |
| 名　称 | 杨子荣入殓时衣服上衣钩 | | | |
| 原　名 | | | | |
| 文物级别 | 未定级 | | | |
| 文物类别 | 铁器、其他金属器 | | | |
| 质　地 | 单一质地 | 无机质 | | 铁 |
| 年　代 | 中国历史学年代 | 中华民国（1912～1949） | | |
| 具体年代 | 1947 | | 文物来源 | 采集 |
| 质量范围 | <0.01 kg | | 具体质量（非必填） | 0.006　kg |
| 完残程度 | 残缺 | | 保存状态（非必填） | |
| 包含文物数量 | 单件 | | 实际件数 | 1 |
| 外形尺寸(cm)（非必填） | 通长 5 | 通宽 0.4 | 通高 | 具体尺寸（非必填）（cm） |
| 入藏时间范围 | 1966～1976 | | 入藏年度（非必填） | 1975 |
| 著者 | | | | |
| 版本 | | | 存卷 | |
| 鉴定意见 | 鉴定人（签名）：　　　　　　　　　年　月　日 | | | |
| 备注 | | | | |

# 文物登记卡

附表编号：　　　　　　　　　　　　　　　　　　　　　填写日期：　　年　月　日

| 收藏单位 | 海林市革命烈士陵园管理站 | | | |
|---|---|---|---|---|
| 现登记号 | 藏品总登记号 | | | |
| 名　　称 | 杨子荣入殓时衣服上扣子 | | | |
| 原　　名 | | | | |
| 文物级别 | 未定级 | | | |
| 文物类别 | 其他 | | | |
| 质　　地 | 单一质地 | 无机质 | 其他无机质 | |
| 年　　代 | 中国历史学年代 | 中华民国(1912～1949) | | |
| 具体年代 | 1947 | | 文物来源 | 采集 |
| 质量范围 | <0.01 kg | | 具体质量（非必填） | 0.005　kg |
| 完残程度 | 残缺 | | 保存状态(非必填) | |
| 包含文物数量 | 单件 | | 实际件数 | 2 |
| 外形尺寸(cm)（非必填） | 通长 3 | 通宽 0.3 | 通高 | 具体尺寸（非必填）(cm) |
| 入藏时间范围 | 1966～1976 | | 入藏年度（非必填） | 1975 |
| 著者 | | | | |
| 版本 | | | 存卷 | |
| 鉴定意见 | 鉴定人（签名）： | | | 年　月　日 |
| 备注 | | | | |

海林县革命委员会文件（海革定字〔69〕第37号）

# 关于对历史反革命分子孟同春定案处理的批复

柴河公社革委会：

你公社报来《关于对历史反革命分子孟同春定案处理的报告》收悉。

经审查，孟同春，原名孟连振，外号孟老三，系黑龙江省宁安县人，贫农成分。

该分子于1946年10月在我县黑牛背的"闹枝沟"参加中央胡子，在其小地窝棚给匿藏的残匪营长丁焕章、副营长刘维章、排长郑三炮等九名土匪做饭、运粮。1947年2月初某天早晨，孟匪接受丁焕章的指意，为土匪安排更隐蔽的地方匿藏，在即将出发时，正值我中国人民解放军牡丹江军区二团副政委曲波同志带领的追剿小分队赶到了附近。为避免惊匪逃窜，决定由侦察排长杨子荣带领孙大德、褚光彩、魏成有（友）等几名战士先摸上去，堵住群匪，切断退路，用"瓮中捉鳖"的方法，一网打尽。当摸到地窝棚时，杨子荣同志猛拉开房门，吓令①不许动！但因天寒枪冻未打响，匪营长丁焕章见势下令开枪，此时孟匪首先开一枪，将我人民英雄侦察排长杨子荣同志打倒。孟匪即乘隙逃窜。杨子荣在身负重伤的情况下，仍坚持投弹还击时，又中土匪两弹而光荣牺牲了。

在文化大革命清理阶级队伍运动中，孟在党的政策教育下，主动的②坦白交待了反革命罪行，认罪态度较好。

就上述事实，根据中央十人小组《关于反革命分子和其他坏分子的解释及处理的政策界限的暂行规定的补充解释》第四条的精神，和"坦白从宽、抗拒

---

①应为"喝令"。
②应为"地"。

从严"的政策,定为历史反革命,(代上①帽子)交群众监督改造。

特此批复!

海林县革命委员会(印)

一九六九年七月二十五日

---

①应为"戴上"。

# 我的胞弟杨子荣

## 杨宗福口述　王树山整理

特级侦察英雄杨子荣是我的胞弟,他乳名吉子,学名杨宗贵,字子荣。我的字叫子禄。兄弟俩的名和字连起来,就是福、贵、禄、荣。不过,我和宗贵的字,以前很少有人知道,也不想让大伙知道。旧社会,咱穷人的地位低,称呼咱的学名,就觉得挺体面了,什么字呀号呀的,没啥用场,传出去倒觉得不好意思。宗贵在关东混过事,曾用过他的字。据近邻于洪典说,宗贵参军时说过要改名,也就是以字代名了。因此,他的战友很少有人知道他叫杨宗贵。近邻秦景信说:"1943年,杨宗贵从东北回来后,我见过他有个手印,刻的就是'杨子荣'三个字。他告诉我,'子荣'是他的字,这个印不常用,是在东北千山领工钱专用的。"我兄弟姊妹共6人。姐姐乳名叫英子。旧社会,大多数女人是没有学名的。30年代和40年代,她曾在辽宁省安东(今丹东)志昌永矿房(缫丝厂)做过矿工(缫丝工人)。嫁给大窑乡尹宋周村尹传贵。后来,他们迁居黑龙江省孙吴县,建国后①,在孙吴县农场工作。宗贵是总排行老三。比宗贵年龄小的还有一个弟弟和两个妹妹。弟弟叫杨宗华,民国9年(1920)生,民国11年,我母亲第二次带他去安东时,途中病饿而死。大妹,乳名松子,嫁武宁乡陡崖子曲广秀。小妹,乳名卿子,嫁高陵镇双山埠村王明惠。王明惠曾在胶东军区汽车队当过兵。1945年9月骑摩托车去龙口执行任务时,曾与杨宗贵相会。那时,杨宗贵所在部队在龙口集结,准备开赴东北。

杨宗贵比我小4岁,民国6年(1917)3月3日(农历二月初十)出生在嵎峡河杨家街故居,就是我现在居住的房子。杨家街,以前叫杨家庄,因为门

---

① 应为"新中国成立后"。

前有棵三四抱粗的老槐树，树干中间有一个洞，能容纳三四个人。现在老槐树没了，杨家街和杨家庄也不是原来那个样子了。

民国8年，父辈分家，我们家分得8亩山埯薄地和五六亩山岚。那年大旱，庄稼歉收，分得的粮食，不到春节时就吃光了。第二年一开春，母亲就拉起了讨饭棍；姐姐领着我满山遍野挖野菜。一家6口，总是三尺肠子空着二尺半。母亲宋氏，一生刚强，宁肯饿死，也从不登财主门借贷和讨要。父亲杨世恩，有一手出色的瓦工技术。可是，那年月，能够填满肚子就算是富户了，有钱盖新房的人家太少了。父亲蹲在家里，看着全家人忍饥挨饿，整天价唉声叹气。

俗话说："死逼梁山下关东。"民国9年春天，我们全家六口背乡离井逃荒到安东郊外大沙河。

父亲在大沙河后沟联络了几名瓦工，开办了个瓦匠作坊。那时安东的建筑活也很少，父亲的收入很难养活六口人，就连喝大磋子①和高粱米粥，也难保不断顿。当年秋后，母亲又领着我和宗贵、宗华返回峿峡河。父亲和姐姐留在安东。姐姐到志昌永纩房做童工。这时，我8岁，宗贵4岁，宗华不足2岁。

回家后，母亲又当爹，又当娘，拉着我们兄弟3人过日子。农忙时，她拖儿带女耕种8亩山埯薄地；农闲时，她穿街走巷"割零剪"（贩卖绣花用的针线、布头之类用品），为了赚点买咸盐打火油钱，她爬山越岭跑遍了周围的村村户户。

我和宗贵，还有宗华，从出生那天起，就跟着母亲吃苦受难。我八九岁时，就帮母亲料理庄稼地里的活。宗贵帮母亲照看宗华，宗华死后，他帮母亲刷锅、做饭。六七岁时，还要挖菜、拾草。母亲去安东探望父亲和姐姐时，就把我和宗贵两人留在家里。"穷人的孩子早当家"，一点不假。我和宗贵什么活都是自己动手，做饭，洗衣，喂猪，喂鸡，就像母亲在家时一样，该干什么就干什么。

宗贵9岁时，母亲把他送进本村小学，跟秦夕之先生读书。我们杨家，从清朝道光年间由高陵（镇）后沟迁到峿峡河，到"世"字辈，四代人都没进过书房门。母亲说，就是一天吃一顿饭，也要供宗贵读几年书，杨家也算有了识字的。

---

① 应为"大楂子"。

宗贵读书很用功，也很聪明。他读过的书，能从头到尾背得滚瓜乱①熟，也能从头默写到尾。秦先生特别喜欢他，经常个别教他一些知识。宗贵对新问题总"打破沙锅②问（纹）③到底"，有时还和先生"辩嘴"。也爱管闲事，打抱不平，经常给先生招惹麻烦。

那时候，穷人家的孩子，放学或放了假，必须回家干活，或拾粪，或拾草，反正闲不着，也不允许凑在一起玩。他的那些伙伴都愿意跟他在一起拾柴草。旧社会，穷人多，山岚少，秋后就拾掇得精光，就像用舌头舔过一样，孩子们拾点草很不容易。可是，一旦空手回家，是要挨家长训斥的，有时还可能挨打。为了不空手，又不得不到地主老财山岚里弄一点。办这种事，必须躲过看山的。如果被看山的抓着，是要挨打或是挨骂的，要不就拿走你的拾草工具。看山的，是财主们花钱雇的，当然要为财主效力。不过，财主山岚多，全村只有一个看山的，顾了南山，顾不了北山，顾了东山，顾不了西山。每次要去财主山岚拾草了，宗贵就给伙伴们"了高"。远远看见看山的来了，他吆喝一声，孩子们就急急忙忙溜走了。一旦被看山的抓着了，宗贵就向看山的讲道理，说孩子们拾把草不容易，财主山岚里的柴草白白烂掉太可惜。看山的觉得他说的句句在理，无可奈何，只得作罢，让孩子们把拾到的草拿走。

民国18年春天，军阀刘珍年和张宗昌、褚玉璞在咱胶东混战，老百姓不得安宁，牟平县城周围是重灾区。三四月间，张褚联军四五万人重重包围牟平城，此后又激战于牟平城，老百姓受尽蹂躏，学校一律停课。父亲托人把宗贵领到安东读书。这年宗贵13岁。15岁时，他到东坎子大沙河北崖志昌永做童工。做童工，要托人说情，拜师傅，同时要立契约：学徒三年，白吃白干，不拿工钱；师傅可以任意打骂，因此而出现的任何问题，如打伤或自杀，师傅概不负责。

童工每天必须像熟练工一样纩完8条丝（960粒茧），而且还必须保证数量和重量。如果质量不合格，或者8条丝的重量比中流的轻三钱，挨师傅打骂是小事，按厂方规定是要开除的。因不能保证缫丝质量和重量挨打挨骂而自杀的童工太多了。安东有个元宝山，在元宝山自杀的人太多了，谁也数不清。童

---

①应为"烂"。
②应为"砂锅"。
③应为"璺"。

工们总是提心吊胆，小心翼翼，每天要连续干十七八个小时活，还要侍候师父，如起早打洗脸水，每天三顿给师傅打饭，等等。每天都是起五更、睡半夜。纩工一律睡在纩机底下。童工们都是穿着衣服睡觉，这是为了起床方便，也可以尽量多睡一会儿。纩工们身上的虱子多的①成堆，大都害疥疮病。纩房地下，到处是臭蛹子，蛆虫满地乱爬，臭虫更是成群结队，把人咬的②很难入睡。

宗贵心灵手巧，做事认真，又很会尊重和侍候师傅，因此很少挨打受骂。可是，纩房的规矩太严，三年时间也吃了不少苦头。他成人后，在任何条件下都能适应，这三年学徒生活是有关系的。

民国25年，宗贵满徒，成了一名出色的纩丝能手，每天总比别人扣盆早，而且出丝质量好、分量重，每月可拿12元钱。就是这一年，他回家动员我也去安东缫丝。开始，我不想跟他去，听老人说："南跑北奔，不如搂草拾粪。"后来，觉得跟他学徒，同样拿工钱，是件好事，也就同意了。启程那天，母亲天不亮就煮好饺子。吃完饭，母亲把为我们补好的单衣和夹袄包袱交给我，把200个铜子（即铜元）包交给宗贵，要我们路上做零花钱。宗贵高低不收母亲的钱，又从准备的路费中拿出几元钱留给母亲。这天傍晌，我们步行到烟台，住到父亲的朋友曲大爷家里。第三天，曲大爷用舢板把我们送到大船上。

到安东志昌永纩房后，未料到纩房不但不招收新工人，而且连老工人的工钱也由12元降到7元。怎么办呢？宗贵与把兄弟文常商议，决定到蛤蟆塘小纩房另找工作。我们兄弟三人，挑着行李走到沙河镇火车站，打了三张票（每张两块钱），到了蛤蟆塘。这时才知道，"九一八"事变后，东三省的缫丝业就遭受日本帝国主义的统制与摧残，所有柞丝成品都是由日本帝国主义掌握，大部分运往日本推销。那时有伪满柞蚕会社，具体负责对缫丝业的统制，直至40年代倒闭。蛤蟆塘纩房的工资比安东更少，每月只给6元钱。我们三人干了三个半月，挣了9元钱。我不会纩丝，活计由他俩代做。此后，我们又到了三家子。步行70余里，半夜宿在一个老乡家里。主人特地为我们做大碴子③干饭，熬酸菜，饱饱地吃了一顿饭，安安稳稳地睡了一大觉。第二天，又步行到红旗岭，以后又到岫岩。岫岩纩房初掌柜不在家，我们一直等了他十多天。二掌柜

---

①②应为"得"。
③应为"大楂子"。

告诉我们,初掌柜回来也没法招用新工人,因为他们的买卖也濒临倒闭。二掌柜的送我们50元钱作①路费,兄弟三人又返回安东。

回安东后,宗贵、文常和我都找不到工作。宗贵和文常到码头上干零活。姐姐托杨把头把我留在志昌永,每月给3元钱。我不会纩丝,有劲没处使,连饭钱也挣不出来,所以只干了半个月就辞去纩房活。姐姐省吃俭用,领工钱时给我块八角的。就这样,我在安东呆了几个月。冬天,我到山里劈样子,挣了20元钱。

大年初一,宗贵回到后沟。我一见到他就大发脾气,埋怨他不该把我鼓动到东北来。宗贵不吭声,见我执意要回家,送我十几元作②路费。过了正月十五,宗贵拜托文登籍老初,搭他的"瓜蒌"(一种帆船)回到家乡。

民国27年,我与唐淑玉结婚,宗贵特意回家一趟。两年后,他又把母亲接到东北,住了将近一年。母亲回乡后,日本人招收难民,实际是抓劳工,父亲受骗到孙吴县。从此,他就没了音信。

我回乡后,很长时间不知宗贵的下落。以后听说他在岫岩、海城和鞍山一带做季节性纩丝工,也给一些大家大户作③过"护院"。1938年底,经他的把兄弟闫喜全介绍到千山(即东鞍山)采矿所作④"佣员"。千山采矿所是振兴公司管辖的一个矿场,开采建筑用硅石。振兴公司矿工分三种:一种是招募工人,俗称"劳工",或"苦力",是由大把头或小把头各处招募的,受把头管辖。这些工人,多半来自山东、河北、奉天(主要辖地是今辽宁省)和当地失业农民。其中有长工,也有临时工,流动性很大。第二种是"辅导工人",实际是被监禁的所谓"犯人"。第三种是"特殊工人",主要是被俘抗日军民。"辅导工人"和"特殊工人",是没有任何自由的,始终在刺刀和皮鞭的逼迫下过着人间地狱的生活。招募工人是在把头的监督下劳动。采矿所的工人属于招募工人。杨宗贵开始负责统计和领取、分发采矿工人的工资。由于他办事认真,很得上司信任。后来,上司把采矿所招收新工人的事,也交给宗贵办理。当时,鞍山周围失业的纩丝工人很多,先后经杨宗贵介绍到千山采矿所的老乡,将近200人。

千山采矿所表面上属于振兴公司,实际是日本帝国主义的"南满州铁道株

---

①②③④应为"做"。

式会社"（简称"满铁"）的傀儡或"代办"。杨宗贵逐渐发现了这个秘密。从此，他就变着法子对付公司，让大伙少干活，"磨洋工"，或特意制造事故停工停产。当时，工人们流传着这样一句话："糊弄鬼，糊弄鬼，糊弄一会儿是一会儿。"爆破时，常常采用"冲天炮"和"飞炮"，听起来声音不小，实际等于白放。有时专门等到上司到采石场时点火放炮，为的是把他们吓跑。

杨宗贵管辖的这帮老乡，谁想欺负他们也不成。振兴公司的"二鬼子"，多次为这类事吃过苦头：他变着法子逼"二鬼子"们赔过礼，请过客。乡亲们对杨宗贵都很亲近，就连那些"二鬼子"也不得不"敬"他三分。

民国31年（1942），姜格庄于青回家探亲时，宗贵托他打听家中的情况。第二年春节后，宗贵返回家乡。当年7月25日（农历六月二十六日①）结婚，对象是武宁乡邵家沟许万亮，比宗贵小三岁。结婚后的第二年4月生了一个女孩子。这孩子仅仅活了6个月。出生后患惊风，用偏方治好的，10月旧病复发死去的。那时大人得病也很少请医取药，小孩得病，治疗就更马虎了。这年我不在家，到千山避难，没有见到这死去的侄女。

我到千山避难的过程是这样的：民国32年（1943）腊月的一天傍晚，驻牟平城的一个"二鬼子"叫永和车铺的姜掌柜找人把一个"二鬼子"太太送到尺坎据点。我那时是"跑车的"（用自行车带人，俗称"带脚"）。姜掌柜叫我跑这趟脚，言明加一倍脚钱——给两元钱。我不愿意干，可又不敢不干。我到尺坎时，就大黑天了。在尺坎吃了夜饭，住了一宿。第二天吃了早饭，尺坎的一个"二鬼子"交给我几封信，要我送到高陵、下雨村、北台和牟平据点，给5元钱。我没上过学，不识字。可我琢磨，这几封信一定有什么秘密。以前，我跑脚的时候，也经常为咱八路军了解敌情，通风报信。我出了尺坎村，没有直接向南走，而是向东折，把信送到咱们的七区队。七区长我认识。我从车把筒里把信抠出来交给他。他见信后，寻思好长时间，最后派了两个便衣，把我送到县人民政府，说这样是为了我的安全，避免敌人抓我。那时，咱们县政府驻埠西头乡和观水乡交界的山村里。我在县政府一直住了十多天，"过堂"十几次。这时我才知道，那几封信是尺坎的鬼子约定高陵、下雨村、北台和牟平

---

① 应为"农历六月二十四日"。

的鬼子包抄咱们的地方武装的。至于鬼子为什么要我送信，我就不晓得他们是何名堂了。七区把我送到县政府，不仅是为了我的安全，也是为了查明这些信的真伪，以便采取相应行动。

我在回家的路上遇到大风雪，一连走了三天，腊月三十日晚上才走到家。我的脚冻坏了，走路很困难。淑玉烧水要给我烫脚，宗贵见了连忙阻止，说那样会把脚烫坏。他打来冷水，亲自给我用冷水透脚。

我回家来，全家人很高兴，也很慌张。宗贵告诉我，"二鬼子"几次来抓我，并威胁说，我回家后必须立即向他们报告，否则，满门杀头。宗贵主张，去东北避难。当天夜里，我先到烟台。第二天天不亮，他陪同母亲、松（子）妹、唐淑玉和女儿克梅也到了烟台，然后乘船，把我们送到千山附近鸡鸭屯。宗贵托人为我们租了两间半房子，还交给我一个小本子，说如果口粮不够，就拿这个小本子到千山"老虎班"（破碎机班），领焦饼吃，不用开钱，等他回来再结账。那时，我与宗贵已经分居（家）。一切安置好，他就回家了。有人说，我们兄弟间的关系不和睦，完全是胡说八道。

民国34年（1945）春天，他又到东北把母亲和妹妹接回峎峡河。同年8月，牟平城解放了。9月18日（农历八月十三日），宗贵参了军。第二年春天，我全家从鸡鸭屯迁回峎峡河。

宗贵参军前与母亲居住在一起。土改时分得3间草房、5亩耕地、6亩山岚。宗贵在家种地时，总共有十几亩地、十几亩山岚，喂着一头黑毛驴。据说，他参军时最担心家里没人割驴草。庄稼人有这样一句话："男人的驴，女人的鸡。"意思是，男人爱惜驴，好让它耕地搬运；女人爱惜鸡，好让它生蛋卖钱。后来，这头小毛驴卖掉了。军属代耕，养毛驴也没大用场。

宗贵参军后一直没有音信。后来有人谣传说宗贵开了小差，也有人说他当了土匪。

开小差或当土匪，都是大逆不道的事。为了弄清事实真相，村干部三番五次"审讯"我母亲，还挨过枪把子。以后，又不明不白地停止了军属待遇，不享受代耕了。那时候，我母亲已经60多岁了，弟妹患痨病，经常卧床不起。在这种情况下，耕种、修锄、收割这些庄稼活当然由我负责了，有些家务活则由唐淑玉料理。

母亲秉性刚直，她怎能忍受这不白之冤呢？她根本就不相信宗贵会开小差，也肯定宗贵不会当土匪。为了不受窝囊气，她多次到牟平县政府和文登专署申冤。每次去文登都是步行，来回200多里路，不要人送，也不要人接，自己背着干粮。回来时，专署派人送，她不用；发路费，她不收。这场"官司"一直打到1956年（一说是1957年）。那年，根据上级指示，宗贵被列为"失踪军人"，我母亲享受烈属待遇。

现在，人们在谈论杨子荣剿匪，活捉"座山雕"的事迹时，不免提起我母亲打官司那码事。据说，为了说明什么"遗传性"，有人还对我母亲的性格做过研究，当然也调查过她的"事迹"。这样，她用孝棒打地主老财的事，也就像传奇故事一样传开了。其实，那是把她逼出来的：

那年我奶奶去世，向西山墓地拉灵柩，必须经过刘××的庄稼地。道太窄，走不开，难免踩青苗。刘××领着一伙子人堵着路不许灵柩通过。这不是仗势欺人么①？我母亲与他们讲理，可他们蛮不讲理。我母亲发火了，拎起一根哭丧棒，就朝那伙人"打"去。人们传说，"谁挨了孝棒打，谁就掉'时运'，必然倒霉"。那伙子人怕挨孝棒打，一哄而散，跑得远远的。

母亲常对我们说，坏人总想欺负好人，好人切不可老老实实受欺负，不然，坏人就得寸进尺；只要你不怕坏人，他想欺负你也不敢过分。母亲就是这样不怵硬，这一点，宗贵很像她。母亲活到84岁，1966年去世。

有人说，宗贵在东北千山时与"胡子"（土匪）有关系，而且说得有鼻子有眼的：一天夜里，一帮胡子抢一家"大户"，被护院的发现了，打了一排子枪。胡子们急忙撤退，其中一人腿上受伤，躺在路旁。杨宗贵救了他的命，治好了伤。这胡子为了报答宗贵的恩情，经常送钱送东西。

宗贵从未对我说过这码事，我们家的人也从没见过当胡子的。宗贵当过护院，是否救过什么人，我说不准。即使真有那码事，怎么知道那帮子人是胡子呢？据说"七七"事变后，中共北平特别支部和锦州地区工作委员会都派人到鞍山一带搞地下工作；人民自发抗日武装也不少，杨宗贵也许与这些人有交往。

也有人说，我弟妹许万亮改过嫁，后来又被退回来了。事情的真相是这样

①应为"吗"。

的：村里追查杨宗贵的下落，为了避免挨整，她与母亲就分居了，然后声扬要改嫁，回到娘家邵家沟。这样，许万亮就不算杨宗贵的家属了。这是一出假戏。

弟妹1951年病故。她如果知道杨宗贵没有开小差，也没有当土匪，而是当了全国闻名的特级侦察英雄，应当会含笑九泉。埋葬她的时候，是我的大儿子杨克武披麻戴孝抓土的。这样，克武就算是宗贵的过继之子。

1968年3月，我送克武参加中国人民解放军。今年4月，我又送孙子金刚入伍。我的胞弟杨宗贵为建立新中国立下战功，我希望我的子孙为保卫祖国做出贡献。

1989年6月
（来源：烟台市牟平区档案馆馆藏资料）

原载于《牟平红色印记丛书第三辑——全国"双百"人物杨子荣纪念文集》，黄海数字出版社2013年4月第1版，2013年4月第1次印刷。

1999年1月7日《大众日报》第八版

# 讲讲俺弟杨子荣

一个偶然的机会,得知杨子荣的故乡在山东省烟台市牟平区宁海镇嵎峡河村。英雄的同胞大哥至今仍守着杨子荣住过的院落和睡过的那个土炕。

85岁高龄的杨宗福老人拄着双拐把我们迎进了屋。当我们告诉他《林海雪原》要重拍,杨子荣的英雄形象将要再现银幕时,老人显得很激动:"老片子我看过多遍了,不全面。你们认识导演吧?替我跟他说几个杨子荣的故事吧!"

杨子荣有文化,但从不给家里写信。杨子荣兄妹6个,杨宗福是老大,杨子荣是老二。杨子荣自小聪明伶俐,母亲一直偏爱他,在杨子荣父亲去关东后,杨母让家人吃糠咽菜,硬是供杨子荣念了4年书。后来,由于军阀混战,杨子荣被迫中断了学业。但杨母不甘心,又把他送到东北,在他父亲那里读了两年书。杨子荣后来在剿匪中能够反应机敏、智勇双全,与他读书多、有文化不无关系。但是,有文化的杨子荣自打1945年参军后,从未给家里人写过一封信。这事儿当时一直困扰着杨宗福和杨子荣的妻子许万亮的心。直到杨子荣牺牲后数年,杨宗福才想明白:"弟弟干的是便衣,生怕给家里写信泄了密呀。"

杨子荣一次乔装侦察,导致家人一度被当作了"匪属"。杨子荣当年参军时,没跟谁商量就报了名。杨子荣走后,由于没有通信联系,家人从此再也没有他的消息,但村里一直把他爱人当军属待。后来,本村闯关东回来的人说:"在下城子一带看到杨家老二了,戴着皮帽,穿着棉袄,匪里匪气的。"于是,杨家人因此被村里当作了"匪属",他兄妹6人都受到连累,直到杨子荣牺牲后,政府找到烈士的家里,村里人才知道当时的杨子荣是在乔装侦察。

英雄的妻子许万亮到死也未弄明白丈夫在东北干了些啥!杨子荣入伍那年已和许万亮结婚4年,曾生有一个闺女,但没满周岁就夭折了。传闻杨子荣当了"土匪"后,许万亮的日子就更难过了。当时温饱问题已不是最让许万亮着急的大事，最让她感到艰难的是那些来自乡邻的指责、蔑视和打击。

但是，许万亮一直坚信，在鸭绿江上拉过纤、在鞍山挖过煤、给大户人家护过院的丈夫决不会去当土匪。至于丈夫究竟干了些啥，许万亮也说不清。1952年，也就是杨子荣牺牲后的两年（有误，编者注），忧思成疾的许万亮也离开了人世。临终前，许万亮手里还攥着结婚时杨子荣给她买的那把梳子，流着泪说丈夫不会当土匪。

电影演了许多年，家乡人却不知道杨子荣就是乡亲杨宗贵。杨子荣本名叫杨宗贵，子荣是他的号，当地人只知道杨家老二叫杨宗贵。尽管杨家后来享受了烈属待遇，但当地人仍不知杨子荣为何许人。所以，电影《智取威虎山》《林海雪原》演了许多年，当地人看了许多遍，却不知道英雄就是他们的乡亲杨宗贵。直到十几年前，真相才逐渐被当地人所知。

杨宗福说："宗贵闯过了那么多的生死关，却在牡丹江剿匪的最后一仗中牺牲了。那是个冬天，他带着一帮战士第一个冲进了土匪窝子，他一勾扳机，不想枪栓冻死了，土匪就乘机乱枪把他打倒。要是那一仗挺过来……"

老人抹起了泪眼……

1959年6月26日《黑龙江日报》第三版

# 忆侦察英雄杨子荣同志

## 孙大德口述　啸海记

**编者按**：孙大德同志即小说《林海雪原》中的侦察员孙达德。下面发表的是他对于《林海雪原》中的侦察英雄杨子荣同志的回忆。

我十九岁那年，日本鬼子把我从家乡吉林蛟河抓到汪清县当劳工。在日本兵的皮鞭、皮靴脚下我们挨过了三年。1945年12月初解放，1946年1月，我在宁安参加了从胶东来的八路军田松支队的二团。七天以后，我就被调到团部当侦察员。团部侦察排一共十八个人，排长是杨子荣。他高高的个子，很瘦，一双眼睛闪闪发亮，脑子灵活，嘴也来得快，打仗沉着勇敢，使一支"大肚子"，二十响的快慢机，是个老侦察员出身的。他对我们很爱护体贴，全排同志都信任他，尊敬他。不管碰到什么困难，他总是很乐观，从来不皱一下眉头，整天嘻嘻哈哈的，笑话挺多。有一次我问起他的家庭情况，他说："父母早死了，老婆在胶东被日伪军捉去杀了，两个小孩也不知那里①去了！"他一转机灵的眼睛说："不说这些了。老孙，咱们穷哥们，为了自己的解放，为人民打天下，一心一意完成党和人民交给我们的任务，什么牺牲、困难，我们侦察员听也不爱听。"说到这里，他又哈哈笑起来了，他向我讲了侦察员的任务。听他这一讲，我就更加决心当侦察员啦！

有一天，杨子荣独个儿出去，天黑时回来，一个人押了十八个土匪。十八支步枪的枪机都存在老乡家里，叫我去拿回来，我很快就完成了任务。从这时起，团部每次布置任务，杨子荣总是叫我说："孙长腿，走，出发了。"我跟

---

①应为"哪里"。

杨子荣出发摸土匪窝共有十四次。为了便于了解土匪情况，我俩常常化装成土匪。第一次因为我不懂土匪的黑话，杨子荣叫我装哑巴，当他的"马弁"，他来同土匪搭话。后来我向他学会了不少黑话，他就要我装土匪"一撮毛"。你看，我左腮这里不是有一撮寸多长的毛吗？①杨子荣办法真多，什么办法都想得出来，我们二团，谁都知道杨子荣。我打心眼佩服他，他对我要求也很严。

有一次，二团住在海林县，我一个人化装成老乡去侦察土匪情况。到海林县的山坡下的偏脸子村的时候，我找到熟悉的老太太家弄点饭吃，饭菜刚拿上桌，门口进来一个女人，圆圆的黄脸，头上包一块手巾，身穿蓝布衣服，一屁股坐在我对面，对老太太说：

"我饿了，也给我吃吧！"说着她就拿起饭碗盛饭吃了，就好象②在家里一样。

"你是这家的吗？我怎么没看见过你？"我一边吃一边问她。

"我是东村的，这是我舅母家。"那女的看老太太一眼反过来问我，"我也不认识你呀！"

"前几年我在这里帮工，常在这里搭伙。"我保持警惕，不露底细。

那时，老太太对我使个眼色，叫我出去到院里帮她抬水缸。她老人家轻轻告诉我："她是'蝴蝶迷'，快抓住她。"

我猛一下从腰里抽出匣子枪，猛穿③入屋里，嘿！"蝴蝶迷"从窗口跑啦！我跳下窗口，爬上山坡，穿树林子，连"蝴蝶迷"的影子也没有了。

回来后，杨子荣连批评带教导我说："老孙，我们当侦察员的，眼睛和脑袋可不能有半点麻痹呀！你不要太死心眼，多动动脑子才能圆满地完成任务。"

又有一次老百姓报告说有一股土匪到了马厂。杨子荣带我去侦察土匪情况。我俩天黑前赶到了马厂，二百多土匪吃了顿午饭就跑了。杨子荣同一个老头谈了几句话后，拉着我到老头的猪圈，看看一头一百四五十斤的大肥猪，又在猪圈周围转了一阵，然后领我到猪圈后面的草棚子蹲下，他说：

"咱俩在这里隐蔽好了，不要惊动任何人，连老头也在内。等一会我们抓

---

①原文如此。
②应为"好像"。
③应为"蹿"。

土匪。"

"抓土匪？"我真摸不着头脑，土匪能回到这里让我俩抓吗？

"能来，他们要回来抓猪，最多也不超过十个人，咱俩抓活的，好了解这帮土匪内部详细情况。"他很有信心地说。

黑夜，马厂静悄悄，一点声音也没有。我俩伏在草棚里，不说话，一动也不动，四只眼睛盯着猪圈。到了十一点多钟，果然来了八个土匪，还推着一辆小车。到了猪圈就抓猪，猪嗷嗷叫，老头被惊醒了，跪着向土匪求告。杨子荣悄悄吩咐我说："咱俩该动手了。你对付小车旁边那四个，我负责猪圈那四个。"

我俩跳出草棚，我大喝一声："不许动！"我身边那家伙后退一步，伸手举枪，我朝他大腿打一枪，他倒在地上直哼哼，还有三个都丢下枪举起手来。杨子荣那边四个也缴枪投降了。

"你怎么知道土匪会回来抓猪的？"我还是想不出为什么杨子荣能估计得那么准，事后禁不住又问他。

"老头说过，土匪看了三次猪，却没有抓走。我分析是土匪路过马厂，急着吃饭赶路，来不及杀猪，大白天赶路带着猪走也不方便。到了住地，这帮土匪眼看着肥猪能不吃吗？我估计，他们晚上一定回头来抓。"他慢慢的[1]讲给我听，我心里的结才算解开了。

抓了土匪"座山雕"之后，大股土匪基本肃清了，我们部队奉上级命令调到野战军去，参加保卫解放区，消灭蒋匪帮的战斗。1947年3月间，我们正住在海林县练兵，准备上前线。一天，有一个姓刘的老乡来报告，说惯匪头子郑山炮他在奶头山被我们打断了腿，带着六个土匪、四颗[2]匣子枪、六挺轻机枪，在山坡挖了个窝堡藏着。郑山炮妄想过了冬天，养好了伤，再招兵买马，重做匪首。姓刘的老乡还自愿给我们带路。

团政委带着小分队出发，杨子荣带着我和四个侦察员走在前面。我们从海林县坐火车到柴河，再从二道河子[3]沟步行到了大牛圈屯[4]，摸黑再走二十公

---

[1] 应为"地"。
[2] 应为"支"。
[3] 应为"头道河子"。
[4] 应为"黑牛背屯"。

里,看到一所破房子,走了不多远,大雪盖路封山,四下一片白茫茫,我们迷路了。那时,天快亮了,我们只好折回破房子休息。那晚天真冷,跑了一身大汗,冷风一吹,棉衣冻得硼硬硼硬①,我们就在破房子里烤火取暖。杨子荣烤了一会火,心里总是不安,就带着姓刘的老乡在野外转来转去,终于发现了土匪上山的脚印。他连忙叫我和孙小胖②跟他快撵。团政委带着小分队在后面。不一会,我们撵了十几里到了个山坡,发现一个土匪正进土木棚里去,杨子荣说:"我们动作快点,把门堵住,这土匪可能发觉我们跟踪来了。"他说着,我们就三脚两步跑到门口。杨子荣在门左边,我和孙小胖在门右边,把枪对准了木门,杨子荣猛一下拉开门,大喝一声:"缴枪,不许动!"

我们的眼睛被白皑皑的雪刺得发花,朝黑木棚里看去,刹时黑洞洞的啥也看不见。土匪不但在里面不哼气,还"拍啦③!"一声拉机枪柄。杨子荣的"大肚子"和我的转盘枪一齐搂火。糟了,我俩的枪都因为烤火起霜出水后,又走了一路,弹簧被冻住了,两支枪都没有打响。这时,郑山炮端起机枪朝左门框一梭子扫出来,正好打中杨子荣的肚子,他双手一抱肚子倒在雪地上,白皑皑的雪地被鲜血染得通红,杨子荣抬起头,伸出血淋淋的右手指着木棚说:

"老孙,这是任务……"他只说了半句话,就咽气了。

我们完成了战友的遗志,终于把郑山炮和六个土匪全部消灭了。可是我们敬爱的排长,剿匪斗争中的战斗模范杨子荣同志却在牡丹江剿匪最后的战斗中光荣牺牲了!我们没有用铁锹,而是每人抓把土,抬块石头,把亲爱的战友杨子荣同志埋在海林县和牡丹江市中间那个山坡上。同时埋葬的还有在夹皮沟牺牲的高波同志(在新安镇战斗牺牲的机枪班长马路天)。团长和团政委以及全团同志,还有自动来参加葬礼的成千上万的海林县人民,我们挥泪向敬爱的杨子荣同志告别。

从此,我们二团侦察排命名为杨子荣侦察排。两天后,我们就出发参加了"三下江南"的伟大的战役。

---

①疑为"梆硬梆硬"。
②应为"魏成友",下同。
③应为"啪啦"。

团政委说过,杨子荣同志这样的英雄是不会死的,他永远活在我们的心里。真的,我永远忘不了杨子荣,十几年来,不管在解放战争的每次战斗中,或者是在社会主义经济建设中,一遇到困难我就会想到杨子荣同志,并从他身上获得克服困难的勇气、智慧和力量!

海林市杨子荣烈士陵园革命烈士纪念碑

# 忆侦察英雄杨子荣

## 孙大德

人民英雄侦察兵杨子荣的形象永远活在我们心中。每当我回忆起为党、为人民牺牲的排长杨子荣同志的时候,确实使我心情不能平静下来。曲波同志在《林海雪原》一书中歌颂了这位不朽的人民战士。当然小说和真事,不能完全一样,那里又概括了其他事情,有艺术加工,但,真实的杨子荣同志确实是一位值得我们学习的智勇双全的独胆英雄。从1946年起,我在他的领导下,于牡丹江一带剿了一年多蒋帮土匪。我们一起生活过,战斗过,他为党、为革命事业作①出的英雄事迹,使我永生难忘。

1942年我十九岁,日本鬼子把我从家乡的吉林省蛟河县抓到黑龙江省的汪清县当劳工,我们不分白天黑夜地砍大树,抬石头,挖山洞,顿顿都是橡子面,身上只披着破麻袋,天天在日本兵的皮鞭、皮靴下过日子。1945年苏联红军出兵东北,和八路军、新四军与抗联部队一起,消灭了日本关东军,我们获得了彻底的解放。1946年1月初,我在牡丹江的宁安县参加了从山东北上到东北来的八路军田松支队的第二团,团长姓王,政委是曲波同志。

我在连队里当了七天战士。团部参谋见我是东北人,从小爬高山,钻森林,两条腿跑路特别快。就把我调到团部当侦察员。一到二团团部的侦察排,我先去见排长杨子荣,还没等我举手向他敬礼,他一把紧紧地拉着我的右手,笑着说:

"好呀!好呀!你是当地人,路熟人熟,我们正需要这样的侦察员!"

"我,我……"我一时结结巴巴地说不出一句话来。仔细地看看我们的排长,二十七八岁,高高的个子,人有些瘦,红黑黑的脸,两道浓黑的剑眉,下

---

① 应为"做"。

面是一双闪闪发光的眼睛。我看着他，他也从头到脚地打量着我。互相看了一会儿，杨子荣转过身来，在自己背包里抽出一双新布鞋、一条新毛巾交给我，他说：

"这是胶东人民的慰劳品，拿着用吧！"

杨子荣像对老战友一样欢迎我这个新战士，登时我的心头热呼呼的。

侦察排有两个班，一共十八个人。杨排长是全团出名的战斗模范。对下级爱护体贴，脑子灵活，嘴也来得快，性子开朗、豪爽，整天嘻嘻哈哈的，笑话挺多，从来不皱眉头。打仗时沉着勇敢，他腰上那支"大肚子"二十响快慢机，打出去的子弹准能咬着敌人。他常常一个人外出侦察，碰上十个八个的敌人便衣队，他不慌不忙，应付自如。遇上三个两个匪特，他准能缴枪抓活的。

我来这里工作第三天的晚上，杨子荣找我闲谈，问我几岁？在家里干什么的？家里还有什么人？当过兵没有？我都作①了回答，我也问起他的家庭情况，他说：

"父母早死了，我参加了八路军，老婆在胶东乡下被日伪军捉去杀了，两个小孩也不知哪里去了！"他转转机灵的眼睛，又说："不谈这些了。老孙，咱们穷人，为了自己的解放，为了人民打天下，什么个人呀，家庭呀，困难呀，都是小事情，不值得一提。"

"想不到，你也是受过苦的！"我长长地叹了一口气。

"嘿！什么苦不苦？我不爱说，也不爱听。"他又哈哈地笑起来说，"参加革命是为了全人类的解放事业，是最光荣的。党领导我们直朝胜利走，还有什么苦不苦？人人无私心，个个光明磊落，生活在革命大家庭里，还能不欢乐吗？"接着，他告诉我，抗日胜利了，八路军、新四军来到了东北，可是蒋介石却收买了日本鬼子的国兵、伪警察、土匪、地主、流氓、地痞来打我们共产党，坑害人民。这里牡丹江一带最大的蒋帮土匪就是谢文东、李华堂、马喜山几股。剿灭土匪是我军目前的紧迫任务，我们侦察员是部队的耳目，对付地头蛇的狡猾土匪，我们侦察员的任务重大。

"我没当过兵，更没有当过侦察员呀！"我心有点不摸底。

---

①应为"做"。

"不要紧，学着干，我们都是从实战中转出来的。"杨子荣拍拍我的肩背鼓励我。

从此以后我就跟杨子荣和老侦察员们学打匣子枪、手枪，扔手榴弹。学习化装农民或小贩子，学习一些军事常识和侦察特技。

有一天早晨，杨子荣独个儿出去，天黑回来，他一个人，左手拿着手榴弹，右手提着二十响"大肚子"，押回来十八个土匪。他把十几支土匪步枪的枪机都存在老乡家里，土匪自己背着步枪和子弹乖乖地跟着他回部队来。杨子荣回到排里后叫我趁着黑夜，去把枪机拿回来。翻山越林七八十里，我天亮前就完成任务。从这次起，团部每次布置任务，杨子荣总是叫我说：

"走，孙长腿，跟我出发。"

我的腿和一般人一样，并不太长，只是我跑路比别人快些。那是团部女卫生员刘波同志给我取的别号，我还给她的别号是"小白鸽"。杨子荣常常鼓励我说："侦察员的腿不仅要长，最好是飞毛腿。多多苦学苦练，好做个出色的侦察员。"

杨子荣带我出去摸土匪窝，共有十四次，每次最少抓三两个，最多抓二三十个，没有扑过一次空。为了便于了解土匪情况，我俩常常化装成土匪，第一次因为我不懂土匪的黑话，杨子荣叫我装哑巴当他的"马弁"，他自己同土匪搭黑话。后来他教我学了不少黑话，并要我装土匪"一撮毛"。

因为我左腮上长过多长的黑毛。这次在杨排长的亲自领导下搞得很成功。

一次，我们二团驻在海林县，我一个人化装成打柴的老乡去侦察土匪情况。到了山坡下的偏脸子村，肚子饿了，我到一个熟悉的老大娘家里弄点饭吃。饭菜刚拿上桌，门口进来一个女人，圆圆的黄脸，头上包一块毛巾，身穿蓝布衣服，一屁股坐在我对面，对老大娘说：

"我饿啦！给我点饭吃吧！"说着就拿起饭碗盛饭吃了，好像在自己家里一样随便。

我看她两眼。心想，这家老大娘只有自己一个人呀！她是谁？想到这里我就问她：

"你是这家的吗？我怎么没看见过你？"

"我是东村的，这是我舅母家。"那女的一边吃饭一边回头看看老大娘，又反过来问我,"我也不认识你呀!"

"前几年我在这儿帮工,常在这里搭火。"我保持警惕,不露底细。

当时,老大娘朝我使个眼色,插上话来:"老孙,到院里帮我抬水缸。"我放下正吃着的半碗饭,跟着走出房子,她老人家紧张地一手拉着我,轻轻地说:"她是'蝴蝶迷',快抓住她。"

我猛一下从腰里抽出匣子枪,一个箭步冲入屋里,嘿!"蝴蝶迷"从窗口跑啦!我跳出窗口,爬上山坡,穿过树林子,连"蝴蝶迷"的影子也没看见。

回到侦察排,我向杨子荣作①了汇报,他静静地听我讲完了,然后平心静气地说:

"敌人同你一个桌子吃饭,还让她跑了,这是一次错误,应该吸取教训。当然你这是第一次独个儿出去侦察,还可原谅。下次可不能再麻痹了。"

"没想到土匪婆娘的胆子还不小呢!"我也顺便找点借口来下台阶。

"敌人终是敌人,不仅胆子像狼,而且也特别狡猾。"杨子荣不放过这个机会教育我,又说:"应该好好总结一下这次教训,以后就少出漏子②了。"他帮助我分析我这次侦察的缺点:"第一,我出去侦察土匪情况,能抓着一个'活口'回来,那才是个活情况,才是完满完成任务。这个思想不明确,就是碰到了敌人也抓不着。第二,见到一个生人,脑子里首先就分析一下,这个人是干啥的?不管是老的少的,男的女的,先看看他的行动、举止、讲话、习惯,是敌人呢?是自己人?还是一般的老百姓?看不出来,你就先说一句我军的常语,或说一句土匪的黑话,套一套他,就可看出对方是什么人了。第三,老大娘在你正吃着饭时,叫你出去抬水缸,你也不看看老大娘的语气和行动是否正常,为什么不能吃完饭再抬呢?只要稍为③动一下脑子,就能领会到,这个女人可能有问题。第四,你出屋跟老大娘说话的工夫,也不过半分钟吧!'蝴蝶迷'能跑得那么快吗?你这个长腿撵上去,影子也找不着?那就是说,她爬出窗口不是直从山坡跑的,而是从左或右跑的,也许是躲藏在什么地方了。你应该一跳出窗口,先朝山坡一看,看不着就不用追上去了,因为在山坡下朝上看

---

① 应为"做"。
② 应为"娄子"。
③ 应为"稍微"。

不着,爬上去也不会找到她的,而是应该在偏脸子村老大娘家的左右周围搜索。"

杨子荣说得非常具体,有条有理,把我第一次失败的原因分析得清清楚楚,打开了我的思路。他最后连批评带教导地说:

"老孙,我们当侦察员的,眼睛和脑袋可不能有半点麻痹呀!不要太死心眼,多动动脑子才能圆满地完成任务呀!"

是的,我也直埋怨自己,长着个脑袋为什么就不用,这是我一辈子的一次严重教训,给工作造成很大损失,心内很不安。当然这次事件杨子荣同志对我的深刻教育,也是我一生也忘记不了的。

这件事情过了不久。一天,团部接到老百姓报告:说有一股土匪到了马厂。杨子荣带我去侦察这批突然而来的土匪情况。我俩一口气赶到马厂,二百多土匪吃了顿午饭就跑了。杨子荣同一个老头谈了几句话后,拉着我到老头的猪圈附近,看看一头一百四五十斤的大肥猪,又在猪圈周围转了一阵,再领着我在马厂看了半天大路小道,然后向老头告别回部队。走出马厂几里地,太阳西下,天已黄昏,杨子荣又带我回到马厂,悄悄地领我到老头猪圈后面的草棚子蹲下,他对我小声地说:

"咱俩在这里隐蔽好,不要惊动任何人,连老头在内。等一会儿我们抓土匪。"

"抓土匪?能来吗?"我真摸不着头脑,土匪能回到这里让我们抓吗?

"可能回来抓肥猪的。"杨子荣很有把握地说。

"我们只有两个人,土匪有二百多!"我越听越糊涂。

"嘿!抓一口肥猪要二百多人来吗?最多不超过十个人。咱俩要抓活的,好了解这帮土匪的内部情况。"杨子荣正说着,老头从屋里走出来到猪圈转了一会儿,嘴里叽叽咕咕的,不知道念些什么。杨子荣碰碰我,表示我俩不再讲话了,免得惊动老头。

一轮弯月露了一下面,很快就被乌云遮住了。深夜,马厂静悄悄的,漆黑一片,我俩伏在草棚的草堆里,不说话,一动也不动,四只眼睛盯着猪圈,枪上了顶膛火。到了十一点多钟,果然来了八个土匪,还推着一辆小车。到了猪圈就抓猪,猪嗷嗷叫,老头跑出屋子来向土匪哀求说:

"行行好,我只有这么一口猪。"

"我们一口也没有，老子想吃肉啦！你慰劳咱哥们算了。"一个土匪嬉皮笑脸地说。

"你们抢了这口猪，我可活不了啦！"

"不想活吗？上吊去。"另一个土匪连骂带踢地对付老头。另四个土匪正在七手八脚地抬着肥猪上小车。这时，杨子荣轻轻地吩咐我说：

"该动手了，你对付小车旁那四个，我负责老头那边四个。"

我俩同时跳出草棚，大喝一声："不许动！"我前面那家伙后退一步，伸手举起步枪，我眼明手快，朝他大腿给了一枪，他倒在地上直哼哼，还有三个都丢下枪举起手来。

杨子荣那边没响枪，有两个家伙刚要动手反抗，杨子荣一脚踢在一个人的小肚子上，又一拳打了另一个的脑袋，大声喝道："不想活啦！举起手来！"另外那四个也缴了枪。

老头把肥猪放回猪圈，一个劲地说："八路军是神兵，是神兵啊！"

两个土匪把准备来推肥猪的小车，推着大腿受伤的土匪，另外五个的步枪也放在小车上。我俩高高兴兴地胜利归来。

"你怎么知道土匪会回来抓猪的？"我还是不明白为什么杨子荣能估计得那么准，回到侦察排禁不住又问他。

"老头不是说过吗？土匪在马厂吃饭时，看了三次猪，都没有抓走。我分析是土匪路过马厂，急着吃饭赶路，来不及杀猪。二百多人大白天带着肥猪赶路也不方便。到了住地，这帮饿死鬼般的土匪能眼看着一口大肥猪不吃吗？我估计，他们晚上一定回头来抓的。"杨子荣慢慢地讲给我听，我心里的结才算解开。

剿匪的战斗，一个胜利接着一个胜利，到1946年底蒋帮土匪大部分被我军歼灭，匪头谢文东、李华堂都被活捉。散匪如同惊弓之鸟，有一小部分逃窜到深山密林中躲藏过冬去了。这年的年三十，老乡们都在大操大办要安安稳稳愉愉快快地过个除夕。杨子荣却带着我和四个侦察员，化装成被打散的土匪九彪部下，到冰天雪地的老爷岭密林去。在那儿和土匪混了十几天，①杨子荣自称是九彪副官，我是"马弁"。混熟了，趁土匪不提防，把国民党的东北挺进

---

①应为2月2日至7日，共5天。

第二纵队第二支队司令、惯匪"座山雕"张乐山和二十六个[①]土匪，全都活捉了。回到团部得到上级表扬，给杨子荣同志记了两大功，我们每人记一大功。

这时，我们部队奉上级命令调到东北野战军去，参加保卫解放区、消灭蒋匪军的战斗。1947年3月间，我们部队正驻在海林县练兵，准备上前线。一天有个姓刘的老乡来报告，说惯匪头子郑山炮在奶头山被我们打断了腿，带着六个土匪、四支匣子枪、六挺轻机枪，在山坡上挖了个窝棚藏着。郑山炮妄想过了冬天，养好了伤，再招兵买马，重做匪首，杀害人民。那姓刘的老乡劲头十足，三番五次地要求给我们带路捉郑山炮。

曲政委带着小分队出发了，杨子荣还是带着我和四个侦察员先走。我们从海林县坐火车到柴河，再从二道河子沟[②]步行到大牛圈屯[③]，摸黑再走二三十里，过了一间破房子，走不多远，下了两天的大雪盖路封山，四下一片白茫茫，我们迷了路。那时，天快亮了，我们只好折回破房子休息。这天晚真冷，我们跑了一夜路，满身大汗，冷风一吹，棉衣冻得硼硬硼硬[④]，我们就在破房子里烤火取暖。杨子荣一面烤火，一面沉思，突然他跳起来，说：

"你们烤吧！我得好好找路，不然小分队马上跟上来了，到哪儿休息呀！再说天亮前我们不找到路，给郑山炮发现了我们，那就更麻烦了。"他说完就带着姓刘的老乡，顶着刺骨的寒风，在野外转来转去。

杨子荣终于发现了土匪上山的脚印。他连忙叫我和孙胖子（魏成友）跟他快撵，留下三个侦察员等曲政委带着小分队赶快跟着我们的脚印上山。我们小跑步追了十几里，到了一个山坡，发现一个土匪正跑进土木棚里去。杨子荣对我们说："咱们动作快点，把木棚门堵住，这个土匪已发现我们跟踪来了。"

我们三个飞快地跑到木棚门口。杨子荣在门左边，我和孙小胖（魏成友）在门右边，把枪对准了木门。杨子荣向我们打个招呼，表示准备开火。然后猛一下拉开木门，大喝一声："缴枪，不许动！"

我们的眼睛被白花花的雪刺得发花，朝木棚里看去，立时黑洞洞的啥也看

---

[①] 应为25个。
[②] 应为"头道河子沟"。
[③] 应为"黑牛背屯"。
[④] 疑为"梆硬梆硬"。

不见。土匪在里面不吭气,"啪啦!"一声拉机枪柄。显然,土匪不肯缴枪,还想顽抗,我们得先下手,杨子荣的"大肚子"和我的转盘枪一齐搂火。糟了,我俩的枪都因为烤火起霜出水后,又走了一路,弹簧被冻住了,两支枪都没有打响。刹时,郑山炮端起机枪朝左门框"哒哒哒"扫出来,正巧一颗子弹打在杨子荣同志的身上,他一手捂住伤口一手抽出手榴弹,一咬牙想把手榴弹扔进去,用力过猛,他昏迷过去。他倒在雪地上,白皑皑的雪地,被鲜血染得通红。

我一个箭步窜过去,取出急救包替他包扎,杨子荣抬起头来,伸出被鲜血染红了的右手,指着木棚说:

侦察英雄杨子荣牺牲地(任金凤提供)

"老孙,你管我干什么!里面是敌人,消灭它!……"

孙小胖(应是魏成友)和我气得眼通红,牙齿咬得"咯咯"响。我将四个手榴弹捆成一束,扔到木门边,转身滚下山坡。手榴弹把木门炸飞了。孙小胖的转盘枪朝木棚里猛扫,我窜①上去,又扔了两颗手榴弹进去,把土匪炸得吱吱哇哇乱叫。

郑山炮被我们消灭了。可是我们敬爱的排长、剿匪斗争中的战斗模范杨子荣同志,却在牡丹江剿匪最后的战斗中,为人民流尽了最后的一滴血,献出了自己的光辉的生命。

我们没有用铁锹,而是每人抓把土,抬块石头,把亲爱的战友杨子荣同志埋葬在海林县和牡丹江市公路中间那个山坡上。同时埋葬的还有在夹皮沟牺牲

---

①应为"蹿"。

的高波同志。

王团长、曲政委及我们全体战友一致挥泪默哀。安息吧！我们最敬爱的英雄杨子荣同志。

从此，我们二团侦察排命名为杨子荣排。

两天后，我们全团整装出发，开赴到解放战争的最前线，参加了东北著名的"三下江南"战役，直到解放全东北。

杨子荣同志没有死，他永远活在我们的心里。他的高贵品质和优良作风一直保留在我们团队里。他永远是我们学习的榜样。十几年来，不管在解放战争的每次战斗中，或者是在社会主义经济建设中，一遇到困难，我就想起杨子荣同志，并从他身上获得克服困难的勇气、智慧和力量！

啸海整理，原载于《文艺红旗》杂志1960年9月号。

# 忆杨子荣同志

## 孙大德

十多年来,我一直系着杨子荣同志牺牲前留下的一条皮带,晚上解下它,早上系上它。好象①子荣同志永远在我身边,他的音容笑貌和光辉的品质,总是鲜明地刻在我的心上。

子荣同志是我的引路人。十六岁的时候,我给日寇抓去当劳工,1945年参加了人民军队,子荣同志看我身强腿快,建议调我到他的侦察排当侦察员。以后在他直接带领下学习、战斗,直到他牺牲为止。

1946年8月1日,他介绍我加入了中国共产党。我要填表的那天,他反复教育我,说:"共产党员要吃苦在前,享福在后,时刻要把党交给你的任务看得重于生命。"他说得那么认真、那么恳切,每一句话好象都有着千斤的力量。

子荣同志就是一个吃苦在前、享乐在后的模范。几次艰难的战斗,他都是走在最前面。为了消灭惯匪座山雕,他曾冒着生命危险四次深入威虎山。第四次是带领我们六个人化装成土匪潜入威虎山的。北方的数九寒天,白雪茫茫,子荣同志率领我们在雪海里艰难地向威虎山挺进。一路上,林密仰面不见天,雪深俯首不见地。天黑了,有时睡在雪窝里,一场暴雪把我们埋住了半截;有时我们围着篝火取暖,几天几夜在学讲土匪的黑话,疲劳、饥饿袭击着我们全身。这时候,子荣同志把自己的大衣脱下来,轻轻地披在同志的身上。他饿了,捧把雪吃,把仅有的一个窝头留给其他同志。

他化装成土匪副官胡彪进入威虎山,插到敌人心脏里,我们几个助手在山上一个雪洞里埋伏接应,听他调遣。一天,他出来向我们伸了三个指头,那就

---

①本文中"好象"应为"好像"。

是再等三天就可内外策应消灭座山雕了。①

三天不算长，但我们蹲在雪洞里，没有吃的，特别是子荣同志在虎穴里还要等三天，那真是不知要遇到多少艰险和困难啊！我们忘记了严寒和饥饿，都在为子荣同志的安全忧虑。三天的时间好象比三百年还要长，我们盼呀等呀，等呀盼呀，这一天终于来到了，我们冲进威虎厅，配合子荣同志抓到了这个五十年来横行霸道的惯匪座山雕。

记得当时冲进威虎厅以后，我一看俘虏那么多，黑压压一大片，而我们只有七个人，又是几天几夜没有吃饭了，浑身发软，眼冒金星，我担心押不住那么多的俘虏，便向子荣同志提了个建议：留下七个大头头，咱们每人盯他一个，其余的干脆全毙了。子荣看了看我，问道："冲锋的时候，你在战场上喊过什么话？"我愣了一下，没加思索地说："缴枪不杀！"他说："对呀！现在这些人放下了枪，咱们能只留下七个，其余的全毙了吗？"我不以为然地回答："咳！那是战场上的口号嘛！"这时，子荣同志非常认真地批评我："咱们党从来就是说到哪儿做到哪儿，口号就是行动！"事后他又耐心地对我说："孙大德同志，你在什么时候都不叫苦，都说有办法，这点我要向你学习。不过，我得批评你，有时你脑门一热，往往不从党的方针政策、群众利益去考虑问题，那是会犯大错误的。象②刚才你出的'绝招儿'，就会给咱们的军队带来很坏的影响。"

他就是这样忠心耿耿地执行党的政策、关心同志成长的。

子荣同志不仅有勇有谋，而且是非常谦虚的。在智取威虎山时，他克服了许多困难，随时都有掉脑袋的危险，但是，象③每次战斗完了一样，他只向上级报告："任务完成了！"从来不炫耀自己在完成任务中如何去克服困难的。他在威虎厅中的许多动人的事情，都是后来从土匪口供里知道的。上级认为他智取威虎山有成绩，要给他立三大功，他不同意，谦虚地说："我是共产党员，

---

①谷办华《〈英雄杨子荣〉后记》："因为某些原因，即使当事人所说、所写的东西也与事实相去甚远。1961年3月《牡丹江日报》上曾登载孙大德《忆杨子荣同志》的文章，其中讲抓座山雕之前，他们几个助手在匪窝附近的雪洞里蹲着，先打进匪巢的杨子荣一天从匪窝里出来，给他们伸了三个指头，那就是表示再等三天就可内外策应消灭座山雕了，于是他们又在雪洞里蹲了三天，这些与事实相去太远了。"

②③应为"像"。

完成党给我的任务是应该的，而且这也是集体的功劳，单凭个人，那是什么事情也做不好的。"

擒获座山雕以后，接着我们便去追击残匪郑三炮。当时是东北的二三月，还下着大雪，我们一夜跑了四十多里路，棉衣全给汗水湿透了。中途，由于老乡带错了路，我们只好在雪地上烤火等到天明再追踪。

第二天，才又找到敌人的踪迹。早晨八点多钟，我和子荣同志最先冲到郑匪屋前，我们连喊两声："不许动！"因为雪地行军，眼睛给大雪晃花了，屋里黑呼呼的，敌人动不动我们看不见，只听到敌人扳枪机的声音。我们各打了一枪，没想到半夜烤火，枪里的弹簧烤出了水气，这两枪都没打响。说时迟，那时快，土匪一梭子弹打来，穿过作掩护的门板，打中了子荣同志。这时候，他腿一软，身一蹲，由于伤口太大，流血太快，这位从来面不改色的孤胆英雄，脸刷的一下变白了。他还硬挺着，一手捂住胸前的伤口，一手解下皮带上的手榴弹，使劲咬了咬盖子，但是，已经没有力气扔出去了。他把皮带、手榴弹推给我，用尽力气，喊了一声："孙大德，任务！"对党赤胆忠心的子荣同志，直到他流尽最后一滴血，想的还是党的任务。我擦干眼泪，连着扔出了八个手榴弹，同志们也赶到了，终于彻底消灭了土匪。

十多年了，子荣同志的皮带一直系在我的身上，我的耳边总是响着子荣同志宏亮的声音："孙大德，任务！"

**编者按**：本文作者孙大德，就是小说《林海雪原》里的孙达德。原载于《北京晚报》《沈阳晚报》，后转载于1961年3月5、9、12、19日《牡丹江日报》，1961年3月10日《浙江日报》。

# 当年杨子荣排的最后一位生者——魏成友

魏成友是当年参加活捉坐山雕时年龄最小的侦察兵。史料记载，杨子荣一行侦察到坐山雕行踪之后，就是由魏成友骑马回团部报告情况的。那年他17岁，个子魁伟，人称小魏。如今他65岁了，老首长见了他，仍然称他小魏。

据查，剿匪时，杨子荣侦察排的同志，如今只有魏成友还在世，不少同志在解放战争和抗美援朝中牺牲。魏成友的一个班长是在打天津时牺牲的，姓孙，名字已回忆不起来。活捉坐山雕时有一个同志叫孙立珍，解放后始终没有查到下落。孙大德是在"文革"中不幸去世的。

魏成友原籍河北任丘，生于东北海林县，父母是在早年白洋淀发大水时闯关东的。他兄弟七人，他是父母的老疙瘩，16岁时，他在海林县入伍，他的四哥魏成林第二年也入伍了，和他在同一个侦察班，经常一同执行剿匪任务。他的二哥魏成海1936年参加革命，后离休在家乡度晚年。他的五哥魏常山解放战争时抬担架落下残疾，过早去世。他的六哥魏六在十几岁就参军走了，在打天津之后牺牲。

解放后，魏成友在北京八宝山沙石厂当工人，他是海淀区的人大代表。选市人大代表时，他是候选人，他的魏字姓氏笔画多，排在最后，人们并不了解他，他落选了。

几十年来，他只作①过一次关于杨子荣的报告，实在推托不了，只好找曲波，让曲波帮他把存下来的记忆理了理，才去讲的。

杨子荣是他的排长，比他大15岁，战斗中保护过他这个年龄最小的兵。谈到杨子荣，他依旧老泪洒落。

### 魏成友谈活捉坐山雕

1947年的年三十晚上出发的，这是打江左撇子回来，让我们去侦察坐山雕，

---

① 应为"做"。

弄清在什么地方，多少火力，我们也没想到能把他活捉，一共挑了六个人执行这次任务，由排长杨子荣带领，还有孙立珍、孙大德、赵显功、耿宝林和我，都扮成土匪。

大年初一到夹皮沟，又往北走。北边来了两①人，大年初一才回家，有可能是土匪，我们会土匪黑话，不到一百米走出来问是哪溜子的，果然是土匪，是坐山雕的人。我们自称是奶头山的，奶头山失败后想投奔坐山雕。我们边走边聊，走了二三十里地，有个棚，这两②人说："照山里规矩，我们回去联系，听我们的信，看啥时候能见山爷。"

这里有汽油桶生火，我们呆了一天。第二天果然来了俩人，一个是刘连长，一个是小炉匠。他们说："坐山雕让我们去牡丹江办货，回来才能领你们去。"当时抓住这两个人就是完成任务了，好容易碰上，杨子荣下决心先不抓他俩。又等，初三、初四都没来，我们犯了疑了，我们把手榴弹藏到床底下，我们的手榴弹是从山东带来的，是带把的，这里国民党的手榴弹是小地瓜，怕通过手榴弹认出我们来。干粮早已吃完，松木里有一种木头虫子，把朽木弄开，抓出又白又胖的虫子，放在煤油桶的火上烤，一烤就焦黄，很香。我们就吃这虫子。

再等下去，只好去老乡家里弄吃的，我们这时候的身份是土匪，不能暴露，弄吃的只能去抢。如果好言相借，那就等于把我们的真实身份暴露了。初五我们下去抢粮，不能集中抢一两家，是分头抢六个地方，从每一处都抢一点，从篮子里拿几个，不拿光，拿了就走，老乡们也有点奇怪。

初六那两个土匪来，真的办货回来了，以后隔一两天来一次，说坐山雕说了，拜把兄弟，有官同坐，有马同骑。到十三晚上，我们又抢一次粮，还有两只鸡，准备十四晚上行动。这时候要派个人和部队联系，一宿得打来回，不然白天土匪来了，见少了人，就会生疑。孙大德说他去，他也是东北人，榆树县的。我的条件更有利，我就是海林县的，是当地人，就是碰上土匪，我就说我回家。杨子荣就同意我去，抢了老乡一匹白马，老乡一家又哭又叫，我说："使一使还给你们，不干，出来一个毙一个。"老乡也就吓老实了。

我骑马往回奔，到一步乐③北边，埋伏有人，喊站住。我一打滚下马来，

---

①②应为"俩"。
③应为"一部落"。

一看是供给处作①的那种棉袄，就放心了，说赶快把那马截住。到团部半夜了，我找参谋陈庆报告，陈参谋的妻子也在，她是这里的女兵，我讲了杨子荣的意见是利用这个机会，打进坐山雕的窝棚。让他把二十号的口令写下来，他写了，吃了饭，又带了一书包。天亮后我骑马赶回了预定地点，这天正好是正月十五。

天一过晌，那俩土匪就来了，说山爷准了，后天来接你们。

我们把行动方案都商量妥，这两人来后，以"还不填火"为号，就动手。

刘连长他们俩个②土匪如期而至，我们大吃，有鸡，杨子荣趁这机会出去，看还有没有别的土匪跟来。

刘连长说山爷起先怀疑你们是二团的。杨子荣进来，终于说："屋里冷啊，还不填火。"

我们一下都操起枪，这俩土匪傻眼了。杨子荣说："你们把我们坑得够呛，这么多天就在这儿等，山爷给我们的给养费拿不来，是你们俩给扣了。"这俩人分辩："没有，山爷是考验你们，要说东西，山爷没给你们。"杨子荣说："要枪有的是，我们很多枪在一个地方埋着。见了山爷问清了没事，不见山爷就不客气。这俩土匪同意带我们去见坐山雕，我们把他俩的手朝后捆了，枪给卸了撞针，枪还由他们自己背着，没打没骂。

他俩领头走的小路，遇到土匪的一道哨卡，两个人，还有10来个工人模样的人，我们对站哨的说："没你们的事，我们找山爷算帐③。"

刘连长说："咱们亏了理，人家挑理了。"

我们只能把这俩站岗的也带上，也是朝后捆了手。走了一段，又一个土匪站岗，也是这么说的，也捆了手带着走，这就带了5个土匪了。

我们对刘连长他们说："你要再走岗，就不客气，想害我们哥六个哪。"

刘连长说："不走没小道。"于是偏东北上了一条路。

又走不多远，就看见灯火了，那就是坐山雕的窝棚。走近了，找了个坑，让那5个人下去，我们派三个人看着他们。杨子荣、孙大德和我三个人进窝棚，还是先找茬。

---

①应为"做"。
②应为"两个"。
③应为"算账"。

进了窝棚，那7个人还在睡觉。墙上挂有枪，坐山雕脚冲东睡着。我们的枪都顶着子儿，喊："都别动。"坐山雕手往枕头边动，已来不及了。我们把坐山雕的撸子枪缴过来。杨子荣说："谁是坐山雕，你们把我们坑苦了，不给我们吃喝，还怀疑我们。"杨子荣又说："我们怀疑刘连长他们吃了二馒了。"又说："按你说的，见了蒋委员长，你是司令，咱们还是哥们。"

然后让坐山雕送我们下山，坐山雕无奈，只好同意，说："谁叫我们失礼了呢。"杨子荣说："你们要委屈点，每个都得捆上点。"

就把这7个的手都捆了，加上外边的那5个土匪，一共12个，我们一人牵着俩，有的牵仨。

一出山天就亮了，正好有供给处的大马车从那儿过，坐山雕说："正好，6匹马，你们放枪吧。"但很快就醒悟过来了，有个土匪说："八路军的大马车拉咱们来了。"一个土匪撒腿就跑，给我们打中了，对其他的土匪说："别动。"不能不老实了，那边有人喊："抓土匪。"一边跑一边放枪。我们把坐山雕他们捆结实，扔到马车上了。

我骑马头里走，到团部给司令部打了电话，快中午到的海林。政府、部队、老乡，有好多朝鲜族老乡，都迎接我们，牡丹江那边也来了人。

刘连长和小炉匠一起，在海林河套里枪毙了。坐山雕没枪毙，曲波副政委他们审的，审了又押走了。他是臊死的，臊，就是丢脸，闯荡那么多年，日本人也没拿下他来，叫几个土八路给活捉了。

## 杨子荣墓

杨子荣牺牲在我们剿匪的最后一仗，是剿郑三炮，曲波带的小分队，有侦察排，还有连队的一个排，司令部还有两个学习的参谋，有一个叫楚光彩，挂彩了，后来也没见过他。

我们30多个人往北走，天还是很冷。到了12点多，点了火烤，一烤火，枪有了哈气，再走就冻了，没想就因为这个，紧急时候枪没打响。

天亮时，我们发现了土匪的窝棚，杨子荣在前头，我紧跟着。当时土匪抓来一个小青年，侍候土匪，十七八岁，后来知道他姓马，他正出来倒尿盆，一看下边来了人，就进了屋，郑三炮他们就有了准备。

门口有个河沟，我们过去把门口占住了，杨子荣把枪一勾，没响，孙大德的枪也没响。也就在这时,里边打来一枪,接着又打来好多枪,杨子荣就中弹倒下了。后来听说头一个打枪的土匪姓孟,郑三炮也打了枪。我们打枪扔手榴弹,扔不进去,曲波叫我绕过去炸,我把五个手榴弹捆一块,绕过去上了屋顶,拉了弦,扔到屋里。

郑三炮跑出来,还开枪,叫曲波的警卫员李恒玉给打中了,没死,是叫刺刀、木棍子什么的砸叭死的。那个叫土匪抓来的小马,当时是把一个大锅扣在地上,爬①在锅下没挨炸。这个小伙子长的②很漂亮,说是家就在附近村里,没杀他,以后带着到他家去,就放了。

杨子荣的遗体运到小火车上,弄来口棺材,就运到柴河,区政府派了马车,送到海林镇,一百来里地。我们的团部是在海林的油坊,杨子荣遗体停在中学,停了好多天。死了一个英雄,得研究怎么出殡,来上香烧纸的老百姓不断,我们也烧纸,祭灵影响很大。

出殡时好几挺重机枪打,朝东山方向打,树枝也打断了好几处。同时出殡的是两个人,还有我们的一个连队的班长冯路天,杨子荣的棺材在前头,由连以上干部抬扛。冯路天是由他们本连的同志抬的。

墓是垒的丘子,我参加垒。

过了好多年,杨子荣墓往陵园迁,我去了,他们以为班长是姓马,不是,是姓冯。牌子上的字不清了,两点也没了。

有的说两个烈士埋葬有位上位下之分,说冲西的那个是葬着杨子荣。我说不是,这边的才是,我亲自参加葬礼的。挖开看也不一样,我说杨子荣衣服是缴日本的那种呢子衣服,冯班长的衣服是供给处发的那种灰布衣服,杨子荣的腰带是轮胎式的那种带子改的,还有鞋,杨子荣的鞋是大头鞋。当时入葬时,都没换衣服。杨子荣那个有擦枪油小瓶,这小瓶当初是装在杨子荣上衣口袋里的。冯班长那个穴里,有一个三八大盖枪的枪口帽,还有一支铅笔。杨子荣当时不用三八大盖枪,也不用铅笔,他没文化。

杨子荣的遗骨是我下去捡的,一边捡一边哭。当年我17岁,杨子荣大我15岁,我的排长,也是我的兄长,他死后我一个星期不吃不喝,人们都急了。

---

①应为"趴"。
②应为"得"。

这么多年过去，我也老了，可我还不相信排长死去了。一看到遗骨，我不能不相信，就象①头一天的事。排长，你走得太窝囊。

## 孙大德和他的死

孙大德是榆树县人，一直当侦察员，在活捉坐山雕回来立了一个大功。合编以后，他在一师侦察连"杨子荣侦察排"当侦察班长，他是在打沈阳时受的伤。

我于1956年到了沙石厂，没有和孙大德联系上。一直到三年困难时期，孙大德作②报告，我们分厂书记刘奎去听报告了，收音机里也播了孙大德的报告，听了这些往事，我哪能不动感情？刘奎很奇怪，也不相信孙大德他们是我的战友，就说："那你说吧，孙大德什么长相？"我讲了孙大德的一个特征，说他脸上左边长着一撮毛。

刘奎说那你找他去吧，告诉了我孙大德住的地方。我给孙大德打了电话，我说我是小魏啊，现在是小魏的爸爸了。孙大德电话里声音就变了，很激动地说："明天赶快来啊，多少年没见了。"

这一宿我也没睡好觉，一大早我就去了，看大门的人不让进。这时孙大德已是全国人大代表，来了个男孩，是孙大德让他的儿子来接我了。

正是困难时期，他给我买了酒，同生死的战友相聚，当年杨子荣侦察排活着的战友就不多了。后来我们每年都相聚。

他是1970年死的，送葬时没给谁通知，我和老伴和儿子去了，我不怕，我是一个工人。

他在东城区火葬场火化，我用自行车带了骨灰盒回来。一个战斗功臣，全国人大代表，就这么死去了。

如今孙大德在他战斗的地方，在他的老排长杨子荣的身边，也可以安息了。③

原载于《解放军38集团军历史纪实文学——钢铁部队》，华文出版社1994年8月第1版，1994年8月第1次印刷。

---

① 应为"像"。
② 应为"做"。
③ 按照孙大德的遗愿，其骨灰被安葬在海林杨子荣烈士陵园。

# 我记忆中的侦察英雄杨子荣

## 王敬之讲述

每年的农历二月初三（公历 2 月 23 日），是著名的侦察英雄杨子荣英勇牺牲纪念日。多年来，许多人向我打听杨子荣的真人真事，我是他的团长，按理对他的了解应该比其他人多些，但因事隔几十年了，很多细节以及侦察活动的时间、地点都记不起来了，而且传说颇异，我只能做个概略的介绍，一定有很多不确之处。他牺牲后，我曾写过一篇《侦察英雄杨子荣》的长文，可惜现在找不到了。

杨子荣早已成为家喻户晓的人民英雄，他活着的时候为人民而战，他死后仍以自己的光辉事迹为人民造福、教育后代，人生的价值还有比这更高的吗？每到二月三日夜深人静、万籁俱寂的时候，杨子荣那副笑嘻嘻的面容就从外面飘然而来，停在我的眼前，多么熟悉、多么可亲可爱可敬的面容啊！……

我和他是在怎样的情况下相识的呢？这要从头说起，还要多说上几句。

我在抗日战争时期是新四军九旅旅部警卫营营长。1945 年抗日战争胜利后的 9 月某日，旅长滕海清找我谈话，要我带一个团的机构干部奔赴东北，到那里去招收新兵，建立一个团的武装。我们是 9 月 28 日从安徽省的凤阳县出发，步行到山东省的龙口，由这里乘船到辽宁省的庄河登陆，又步行三百多里到达凤凰城，见到苏联红军。我们当时没带武器，坐拉煤的货车，不吃不喝，于 10 月底到沈阳。当时彭真等中央领导同志也刚到。我们住了一夜，第二天上午听了彭真同志关于当前形势和任务的报告，下午接到上级通知，让我们去哈尔滨。我们一百多人又是坐货车，走了一天一夜到哈尔滨。中午到那，见到苏联红军，听说第二天国民党就来接收哈尔滨。苏军给我们写了信，叫我们赶快去牡丹江。当天晚上 8 点多钟我们到火车站，那里有个苏军上校管事。我们的政治主任王希克（辽宁义县人）在东北某大学念过书，会点俄语，和这位苏军上校谈了我们的情况。他给我们安排了一节去牡丹江的"闷罐车"（即货车），一百多人都塞到里边，拉屎撒尿也都在车上，憋得人喘不过气。11月1日早晨到达牡丹江市，天正下雪。

当时牡丹江也有我军区司令部，部队番号叫"国民军"。司令员是李荆璞，政委金光侠。他们都是原东北抗日联军的干部。我们交了介绍信，他们给我们分配了工作，派我带十几个人去宁安县东京城。那里有个叫陈恩普的人，是李司令的姑表兄，有民族精神，思想进步，让我们帮他组织起一个团，陈当团长，我为副团长。我带去的人有四个连长，还有班排长。过一个来月，原八路军一一二师的邹世寰同志来任团政委，还有原红四方面军的罗少夫来任副团长。当时东京城地区日本人扔下的武器很多，机枪、大炮到处都有，当地群众组织起保安队维持治安。

我们组织起来的队伍叫"国民军牡丹江军区第四团"，我们召集当地各保安队头头来开会，叫他们报名册，我们下委任，共组织了四个营，在马莲河车站的朝鲜人组织的是第四营。当时马喜山股匪也接受了我们的改编，我们委任他当团长，而国民党收编他当旅长，他就想吃掉我们。我们收编的几个营里都有人和他们勾结，就是朝鲜营坚决，他们愿意跟共产党走，土匪恨他们，先向这个营进攻，打掉我们一个排。我知道三营里有坏人，营长是伪村长，马喜山委任他当旅长。二营四连大多是伐木工人，政治上比较可靠，我深入到四连做战士的思想工作，争取他们不动摇，他们和我关系处得挺好。

七八天后的一个晚上，一个战士叫我赶快走，说张连长要把队伍拉走，那边都发给了符号①。但我这样走是走不了的，得想个办法先稳住他们，不引起他们疑心。于是我到了二营营部，找到阎营长，对他说："马喜山要来打咱们，你要好好防守，咱们一起到村外看看地形。"说完我们一起往村外走。二营副官王景荣是个坏家伙，也跟上来了。我对他说："我今晚在这住，你先给我找房子去。"阎营长也故意说："有没有酒弄点来。"我把王副官支走，和阎营长走到村外，我对他说："你们要注意，加强警戒！"然后叫我的警卫员上马，

---

①疑为"信号"。

我们快速跑回了团部。阎营长看着干瞪眼，想把我们扣住没得逞。当夜二营叛变拉出去了，我带队伍去马莲河收缴他们，邹世寰政委也跟上来，他从西卡子门出去上西山，被叛匪打成重伤，我派人把他抬回东京城，一天后就牺牲了。后来为纪念他，把东京城改名为"世寰镇"。我们打了一天一夜，二营四连终于回来了。

三营的人大部是马莲河的，他们在苇子沟驻防。三营教导员是朝鲜族人，政治上比较可靠。二营副营长是从关里来的，昨天夜里队伍叛变打死了三营教导员，队伍也过去了，只有他跑了回来向我报告，说马喜山占了苇子沟，这样我们就紧张了，只有一营在东京城。于是我带朝鲜营撤回到东京城，加强防守。我住在朝鲜营，还比较安全。

这时与牡丹江失去联系，别处也有叛变的，东京城的形势很紧张。当时只有苏联红军还帮助我们。他们在东京城火车站有一个小队，二十多个人，我和他们的司令打过交道。那是我们刚来不久，他们的纪律也不怎么好。我看见一个苏军士兵抢一个小铺的东西，我让翻译向他说你这种行为不好，他不听，用枪对着我，我没有动。待他一转身，我就挥拳把他打倒，捆起来，然后给他这个司令打电话，叫司令来接。司令派汽车来把这个士兵拉回去。我带翻译骑马去司令那里，看见那个士兵在禁闭室里哭，司令在外边哭。那个士兵说他打德国柏林时立了功，这点小事要是报到上级去就得被枪毙。我对这个司令说，他抢东西不对，但他承认了错误，可以放了他。他们很高兴，很感谢我。

在这种紧张形势下，我就又去找这位苏军司令，他听说我们有困难，表示一定帮助我们。他问我是共产党员吗？向我要党证看，我们没有党证，就把我在淮北区党委的整风鉴定拿出来，上边盖有大红印章，他相信了。于是向牡丹江苏军司令部报告，又找到军区政委金光侠。然后派苏军一个团长，一个参谋长，带几百人来东京城，支援我们。我就住到他们团部，把敌情介绍给他们。第二天苏军就出发去打马喜山，他们有四辆坦克，还有喀秋莎炮。他们对马莲河打了几炮，队伍冲过去，马喜山股匪就跑了。我们夺回了马莲河。我叫他们继续追，他们不干，说那是你们中国自己的事，我们只维持地方治安。

我们又占了马莲河，马喜山股匪退到鹿道，苏军也不走。我又叫他们去西太平沟，帮助去收缴叛逃出去的二营。他们派了装甲车去，把二营的枪都缴回来，战士放回家，排以上干部带回来学习。我把枪都武装了朝鲜营。这时是 1946 年 1 月下旬，还没过春节。

到了正月初十左右，苏军团长说他们要走了，你们关内的主力部队来了，快到牡丹江了。当天晚上，由山东来的八路军"海军支队"先头部队就到了，杨子荣同志就在这支部队里。该支队参谋长王云舞、侦察股长罗江和我接头，了解情况、决定共同打马喜山。"海军支队"从宁安往东去，叫我们佯攻，先拿下金坑、杨胖子沟，再奔鹿道。他们人多，进行了一百七八十里的奔袭战，先到鹿道一带、消灭了马喜山匪部五百多人，马喜山率残部逃走。我们占领杨胖子沟后，正月十六到鹿道集合。

我把我们的一千多人、二千多支枪都交给"海军支队"，合编到一起。"海军支队"原有两个团，把朝鲜营编入一团，其他编入二团。王云舞任一团团长，驻防镜泊湖北湖头、南湖头一带；我任二团团长，进驻海林、山市、横道河子、新安镇等地。"海军支队"也叫二支队，支队长是田松，政委是李伟，是师的建制，归牡丹江军区领导。一支队在牡丹江，三支队被张闻天同志带去佳木斯。过一段二支队名称取消，合到牡丹江军区一起，军区司令是刘子奇，田松任军区副司令，李伟任军区政治部主任。当时我们的任务主要是剿匪。

这时杨子荣由连里调到团部任侦察排长，我是在他向我做首次敌情报告时认识他的。此后一年的时间，直到 1947 年 2 月他英勇牺牲，我们之间的接触，完全是在我向他交代任务，他向我报告敌情中匆忙度过的。任务对他来说是一个接一个，没完没了，没白天没黑夜。这一年来他的全部生活内容就是接受任务、执行任务、汇报完成任务情况的紧张循环。我对他的深刻印象，也是通过他的那些惊险动人的侦察故事和他那永不疲倦的风趣谈笑中获得的。

这一年，我们团基本是在十几万平方公里的林海雪原和高山峻岭中驰骋的。随着局势的发展，我们由劣势变优势，由被动变主动，由防御变进攻，由几个团共同作战，到各团独立作战。随着土匪的人数被我们消灭得越来越少，化整为零，我军也是不得不越来越分散，大部队剿匪使不上劲，只得一个团分成十几个小队同时出击。

作战的地区也从解放县城小镇，控制公路、铁路，进而到农村小屯。我地方工作队紧跟着发动群众，建立基层政权，组织农民自卫队，终于迫使土匪进入渺无人烟的深山老林。

由于战局进程日趋复杂,加在侦察人员肩上的任务,其次数和难度也与时俱增,真是到处呼唤侦察人员。他们终年累月奔波在野兽出没、峭岩湍流、荒无人烟,时刻都有生命危险的环境中。经常都是一两个人去独立应付许多惊心动魄的情况、局面。他们的牺牲精神,克服困难的毅力,巧妙的智慧,到今天回想起来仍是令人肃然起敬。杨子荣同志身为侦察排长,更是双倍于战士的任务。

作为团指挥员的我,也是非常紧张忙碌,和干部战士们说说笑笑,交流思想,只能在行军中边走边进行。而通常在战前行军时,侦察人员又总是走在部队的先头,所以在这剿匪战斗极其频繁紧张的一年中,十分遗憾,我竟没有机会和杨子荣同志聊聊家常。对他的家乡住处、家庭情况、个人经历等几乎一无所知。他留给我的,只是那张永远笑着的脸和他那无限忠于人民的伟大精神。

杨子荣不仅战斗事迹突出,他的党性和政治修养也是很高的。他不是像一些人想象的那样只是个勇士,他的思想作风也是非常优良的,他的精神真正达到了一不为名二不为利的境界。我从没有听说他有什么个人要求,以他的功绩、资历满可以担任更高的职务,而他从没有表露过这种想法。

他对党的政策,对三大纪律八项注意的执行,真正达到了天然自觉的程度。他保护群众,帮助群众劳动更是自觉自动的。对执行俘虏政策也是一丝不苟,从不打骂敌俘,更不搜俘虏的腰包,对一切缴获要归公的纪律极为自觉地遵守。

他很关怀和尊重领导,但没有丝毫畏惧和讨好心理。在上级面前,谈吐自然,报告情况清晰风趣。他对战友关心备至,行军休息时烧水做饭、打扫驻地、借还铺草用具等处处走在前头。

他每次执行任务回来报告情况时,总是情节仔细,但不夸耀自己,对别人的作用一丝不漏,对缺点错误从不隐瞒,我从没有听他埋怨过战士。每次完成任务,即使完全胜利,他自己也总是有说不完的后悔和遗憾之处,经常说要是这样就好了,那样就好了。

杨子荣同志异常胆大勇敢,他有着于百万军中取上将之首级如探囊取物般的压倒敌人的英雄气概,在敌人面前他永远是强者。在他看来只有不能取胜的人,而没有不能取胜的条件。他常说:"战斗嘛,人多有人多的打法,人少有人少的打法，一个人有一个人的打法。"任何时候他都像张飞、李逵一样，只要说打仗，他就一跃而起，求战若渴。只要能够取胜，有命令打，无命令也打。他不仅胆大果敢，而且非常冷静细致，足智多谋，从不鲁莽草率。……

注：王敬之同志是杨子荣烈士生前所在部队牡丹江军区二团团长。1983年3月24日笔者在北京访问他时为国家体委离休干部。此文即是按他的讲述整理。他讲述的一些杨子荣侦察战斗故事细节，笔者已写入传记正文，这里不再复录。

原载于《特级侦察英雄杨子荣》，黑龙江人民出版社2017年9月第1版，2017年9月第1次印刷。

杨子荣英雄事迹的调查和回忆文章

# 姜国政谈杨子荣

姜国政担任过杨子荣所在团一营营部干事,他是在担任军副政委之后离休的,这里是他谈到的有关杨子荣和杨子荣家乡的一些情况。

1947年7月15日,牡丹江二团与一纵一师合编,杨子荣侦察排的同志开始是分到这几个团的,东北军区认为杨子荣排拆了不合适,当时师长江拥辉、政委吴岱马上让下通知:杨子荣排调到各团的同志一律回来。把师侦察连原来的三排拆散了,杨子荣排就成为三排,一直到现在,装甲侦察连三排还是杨子荣排。

我和杨子荣有四次是一同打仗的,第一次是打北甸子,我还不知道杨子荣,第二次打板院,也不知道杨子荣,第三次是打杏树底村,这是头一次和杨子荣接触。当时我是一营营部书记,他是七连的一班长,杏树底村战斗后,营部新书记不会写战斗报告,让我来写,就找杨子荣谈。多年之后,海林要搞展览馆,听说我参加过杏树底村战斗,他们要我写回忆录。我说:"当时的情况记得的不多,只有杨子荣的一句话还记得清楚:'我进去,土匪能投降,多亏那个邱会长。'"写回忆录,就派辛宇他们去调查,跑了很多地方,他们调查之后,写了那篇《他就是杨子荣》,海林又来人,又派人去,写了第二次。

当时有个情况,杨子荣只身进围子,是挑了小白旗进去的,回忆文章发表的那个年代,写打小白旗有点犯忌,把这一点回避了。第二次写还是把打小白旗加进去了。当时看到有人只身进围子,我们不知道情况,都害怕了,怕有投降的,赶紧问七连是怎么回事,通信班长小尹问的,七连说是一班长杨子荣进去了,我们才放心。我们的炮都准备好了,炮把一所房子打着了,我打电话对指挥所说,不要打炮了,我们有人进去了。

杨子荣就是在这儿出名的,只身闯虎穴,确实是大智大勇,那次我是很感动的。团里说这样的同志适合当侦察员。

1968年，海林县来了两个人，找我，主要是调查杨子荣的家乡在哪儿。参观杨子荣烈士陵园的人们很多都问起杨子荣的家乡。我也是胶东人，只知道杨子荣是胶东人。他们说部队能不能跟我们一块寻找杨子荣的家。调查七八个人，谁也说不清楚。

派两个人一起到烟台地区调查，结果来了好多杨子荣的亲属，来了五六个，恰恰都不是。他们这次最大的收获是找到和杨子荣一起当兵的一个人，杨子荣的牺牲他也知道，说杨子荣就是牟平峪①峡河子的。原来叫杨宗贵。后来拿着照片去，有4个人的照片，问了好多人能认出来，他姐姐②的照片和他很象③。

当中有个情节，生产队长对杨宗贵的哥哥杨宗福说："下午有人调查你弟弟的事。"杨宗贵④说："那下午的工分怎么算？"有的同志说，承认他是杨子荣的亲属是不是对杨子荣有影响。杨子荣参军之后，家里是军属，1947年，把他们当匪属了，有回村的老乡说在东北看见杨宗贵穿着土匪衣服。在一起的战友的印象中，杨子荣讲过在执行任务时看见过家乡的人，是在东宁下城子⑤一带。估计是杨子荣化装成土匪，便于活动，不敢讲自己是解放军。到处是敌人的地盘，一看是解放军，就不利于完成任务，宁愿叫老乡误会，受委屈，也不能暴露身份。结果造成这么多年的误会，这说明杨子荣忠心耿耿。

我听关会元说，人们一提杨子荣媳妇都落泪，她人缘很好，以后却当成反革命家属，都同情她。杨子荣参军，她穿了红棉袄送他，他就踩脚，这是和杨子荣一块参军的人讲的。

他哥哥杨宗福80多岁了，很朴实，他哥哥的儿子我们也见过。牟平杨子荣纪念馆落成，开会我们去参加，杨子荣哥哥也参加了。我叫范副主任代表我们军给老人500元钱，说："我代表×××军，表示点心意，买点衣服穿吧。"当时老人就哭了。

杨子荣纪念馆有两个，一个在海林县，杨子荣在那里牺牲的。一个是在牟

---

①应为"嵎"。
②应为"妹妹"。
③应为"很像"。
④应为"杨宗福"。
⑤应为"穆棱下城子"。

平县,"杨子荣纪念馆"是民政部长崔乃夫书写的;"大智大勇,一代英豪"是迟浩田同志题的词。

原载于《解放军38集团军历史纪实文学——钢铁部队》,华文出版社1994年8月第1版,1994年8月第1次印刷。

海林市老二团驻地旧址(崔怀文提供)

# 杨子荣当年的二三事

## 王日轩

"敌人多怕个啥,鸡蛋有多少筐也碰不过石头。他们是熊兵,我们是人民的战士……"

十四年来,我几时回忆起杨子荣同志的英雄形象,也随着出现在我的眼前。杨子荣是个贫农的儿子。一九四五年八月参加了八路军,不到三个月就加入了共产党。

一九四六年,为了集中绝对优势的兵力,各个歼灭敌人,我军在军分区副司令员刘贤权同志的领导下,调集了大部队,消灭了盘踞在五河林一带的敌人高永安旅以后,部队便向绥芬河前进,继续围歼敌人王枝林旅。当时,杨子荣是牡丹江军区二团三营七连第七班的班长。

六月的一天,我们的军用列车,载着部队、大炮、坦克,沿着"工字拐"形山路,从穆棱开往八面通,由于车皮多,加上山路上坡曲折,这次列车是由两个机头拉的。车快到八面通了,我们发现了敌情,便放慢了速度。这时,轨道的左侧峰岩耸立,坡陡如壁;轨道的右侧是一条大河。第一个机头刚刚拐过弯去,突然几声巨响,象是①天塌地裂;紧接着,第二个机头和前边的三辆车皮,越轨②翻滚到河里了。我们坐的那节车皮也倾斜在路基上。同志们明白了,这是敌人拨③走道钉,火车越轨④了。几乎是和这同时,山崖上埋伏的敌人向我军猛烈地开火。

---

① 应为"像是"。
② 应为"脱轨"。
③ 应为"拔"。
④ 应为"脱轨"。

"战斗!"指战员个个精神抖搂,七连在王日轩连长指挥下,首当其冲①,跳下车厢,跟敌人干开了!

山崖上敌人的机枪,象②爆豆似地③,叭叭击来,我们的战士个个奋勇抗击。杨子荣同志借着倾斜在路基旁车皮的掩蔽,把步枪托在车皮上,眼睛瞪得溜圆,瞄准山上的黑点。板机④一扣,接连三发,敌人的一个机枪火力发射点被毁灭了。正在这个时候,他抓起一个手榴弹甩上山崖,崖上传回了爆炸的声音。接着他右手操起手榴弹,左手抱着枪,弓着腰,冲过爆炸的浓烟,象⑤山鹰见了小鸡一样,飞上山崖,调转了敌人丢下的机枪,子弹如暴雨般飞出枪口,山崖上的敌人一个接一个地倒下去。战斗结束以后,我问起杨子荣,他笑着对我说:"主任同志,敌人多怕个啥,鸡蛋有多少筐也碰不过石头。他们是熊兵,我们是人民的战士……"

一次,我们的部队包围了王枝林匪军以后,为了彻底弄清楚敌人的情况,便命令七连夜间侦察捉个"活舌头"来。七连连长王日轩和指导员宋喜才研究以后,就把任务交给了七班,杨子荣和孙大得整装出发了。

这天晚上,天降着倾盆大雨,伸手不见五指。杨子荣和孙大得来到了一个村头。杨子荣让孙大得在村外监视敌人的岗哨,他单身巧妙地越过了敌人的哨兵,摸进了村子,见到村西北角一个独立草房灯光闪闪,便直扑上去。他从窗外向里一看,两个匪军在和一个女人喝洒⑥,兴致正浓。杨子荣哪肯放过机会,当即闯进屋里去,把枪口对准匪军:"不准动,举起手来!"当他缴了敌人的枪,就交代我军的政策:"不要害怕,人民军队优待俘虏,跟我们走一趟吧!"两男一女,乖乖地当了俘虏,在杨子荣和孙大得押送下,来到了我们的司令部。我军及时地正确地摸清了敌情,发起攻击不久,这个旅的匪军全部被歼。

西鳞河⑦战役之后,杨子荣同志升任副排长。当时我军乘胜翻过十几个大

---

① 应为"首先"。
② 应为"像"。
③ 应为"似的"。
④ 应为"扳机"。
⑤ 应为"像"。
⑥ 应为"喝酒"。
⑦ 应为"细鳞河"。

山，追歼逃窜在老黑山的敌人。在艰苦的斗争中，部队的鞋子不足，同志们脚底磨了泡，还是咬着牙坚持战斗。杨子荣看到排里有个新战斗①的鞋实在不能穿了，便把鞋送给他穿，自己穿旧有的破鞋，前露脚趾，后露脚跟，用绳子系在脚上。他走在队伍里，不断鼓励大家："艰苦的斗争，正是考验我们的时候，克服困难就是胜利。"战士们常说："杨排长从来不知道什么是困难，生活越艰苦，他越活跃！……"

杨子荣同志在活捉了惯匪座山雕以后，继续在团副政委曲波同志指挥下，进深山、入老林剿灭残匪，不幸于一九四七年二月初生擒郑三炮的时候，遭敌人冷枪射击，光荣牺牲了。党和人民失去了一个智勇双全的战士。为了纪念他，当时牡丹江的党、政、军、民召开了隆重的追悼大会，将遗体安葬在海林东山，立了纪念碑。在这天安葬回来的路上，一位老大娘拦住我，颤巍巍地跟我说："王主任，杨子荣真不愧是毛主席教养出来的好战士，他活捉了老胡子头座山雕，给我们除了大害，他牺牲了，我们永远不能忘……"

是的，我们永远不能忘！几十年来，一想起杨子荣，我眼前就出现一个不知道什么是困难的大无畏的英雄形象，清清楚楚，清清楚楚！

原载于1988年6月《海林文史资料（第三辑）》。

---

① 应为"战士"。

# 一次特殊的战斗

## 姜国政

杨子荣是全国闻名的战斗英雄,他出生入死活捉顽匪座山雕的英雄事迹早已在广大人民群众中传为佳话。而在黑龙江省牡丹江市以北的杏树村战斗中,他勇敢机智,独闯敌寨,宣传政策,利用矛盾,不费一枪一弹,迫使四百多敌人交械①投降的战例,却鲜为人知。回忆起当年我和杨子荣同志一起参加杏树村战斗的情景,至今仍记忆犹新。当时,我在营部当干事,杏树村战斗结束后,为了写好这次战斗总结报告,我怀着敬佩的心情采访了杨子荣同志。现将杨子荣同志在这次特殊战斗中的事迹整理出来,以示对战友的缅怀和对后人的激励。

### (一)

一九四六年初,蒋介石在与我党和谈的同时,玩弄反革命两手,急调其主力出关,并扬言要在三个月内"消灭"东北共军。盘踞在牡丹江一带的惯匪谢文东、马喜山、李华堂等统统被国民党委任为地下军的名目繁多的各种头目。他们为了配合国民党正面进攻,步步逼近我牡丹江市,叫嚣"打下牡丹江,迎接'国军'",一时间匪焰嚣张,气势逼人。

为了建立巩固的东北后方根据地,配合我前线部队作战,根据上级命令,我牡丹江军区二支队下属之一团、二团,由五常县挥师东进,经过连续行军作战,于一月中旬②到达牡丹江市,遂即③与兄弟部队一起,对牡丹江周围之敌展开了猛烈的反击。经过两个多月的战斗,歼灭了大量的敌人,其残部被迫分别向南、北两个方向龟缩。退到牡丹江以北的谢文东部,主要有柳树的李开江、

---

①应为"缴械"。
②二团于2月2日到达海林。
③应为"随即"。

五林的高荣安、朱家的张德振三个团,盘踞着纵横百里的数十个村庄。

我二团一营(欠一连配七连)、团机炮连一部,在团政治处主任王日轩同志率领下,协同兄弟部队在北路连续进行了桦林东北山、柴河、五林、马桥河等战斗,战果显著并把残匪赶到了北甸子、板院、杏树、双河屯一带的深山据点里。

杏树村就是土匪盘踞的一个较大据点,里边聚集着从青背、板院、马桥河、北甸子等地窜来的各股残敌共四百多人。杏树村还是通往柞木台、双河屯方向的必经之地,地理位置十分重要。能否打下杏树村,对于北路剿匪战斗任务的园满①完成有着至关重要的作用。

三月二十一日下午两点多钟,刚结束了杏树村以西三十多里的板院战斗,牡丹江军区即令部队于次日拂晓前偷袭杏树村,要求全歼盘踞该村之敌。

当晚九点钟,部队避开大路,沿着板院河以北的深山小径,顶着凛冽刺骨的北风,冒着零下三十多度的严寒,踏着背阴坡的积雪,肃静地向杏树村进发。部队经过六个多小时的艰难行军,插到了杏树村北山。抬头望去,在不远的几个山头上,点着几处明亮的火堆,这是敌人设置的警戒线和卡子。为了迅速完成对杏树村的包围,我们首先打掉了敌人的哨兵。尔后②,七连翻过山脊过了板院河后迂回到了村西;二连占领北山后即向村子运动;三连过了板院河直插村东占领阵地,断敌后路并阻击双河屯之敌的增援;杏树村南山远方位处由十四团一个连配合,实施佯攻;营指挥所由教导员朱绪庆带领设在村西北的一个山腿③上;炮兵阵地设在村北山上的一个凹部,当部队到达指定位置后,天已破晓。

这里是东西走向的一条大山沟,杏树村就座落④在板院河南岸地势较平坦的南山坡下。村子的东、西、北三面都是较开阔的稻田地;村子周围是两公尺高的土围子;村子的四角耸立着四座高大的炮楼;村子的东西各有一个大门,都用五六个人方能挪动的大木头顶着。围子外面有两米多宽的壕沟;壕沟外面到处设置鹿砦、木障。

---

①应为"圆满"。
②应为"而后"。
③原文如此,或为山脚。
④应为"坐落"。

部队对杏树村之敌完成合围之后,我炮兵立即组织试射,使敌几处目标中弹起火。与此同时,各连组织接敌运动,准备实施冲击。

杨子荣所在的七连一班,担任连的尖刀班任务,过了板院河以后,他们顺着南山坡下的雨裂沟前进到离西大门不足百公尺的地方。由于我部队攻击的正面都是开阔地,敌人予有准备,工事坚固,且武器精良、弹药充足,对于我实施强攻十分不利。

如何攻下杏树村,打胜这一仗?部队各级指挥员都在认真地考虑着这个问题。

"强攻不行,还有没有别的办法?"杨子荣也在认真地思考着这个急待解决的问题。他从访问板院①的老乡和从杏树村逃出来的长工姜毛楞那里了解到:这一带群众对我党政策已有所了解,急切盼望搞土改、闹翻身,早日解放;他们对为非作歹的土匪兵们恨之入骨,而且又特别害怕在自己的村里打仗;村里的土匪虽然人数不少,但顽固分子不多。匪兵中大多都是当地群众被强征来的,家小都在附近,不愿为敌卖命;特别是遭我多次打击后,士气不振,情绪非常低落。聚集在杏树村的各股土匪之间,由于形势日趋严峻,固有的矛盾加深了,昨天板院战斗中被我军放回的俘虏,也在匪兵中产生了很大影响。当然,"兵临城下"给敌在心理上的震撼就更大了。

我军炮火试射后,从村里传来的妇女、孩子们的呼救声和匪兵们的叫骂声,使他又想起前些天兄弟部队打马桥河的情景:马桥河也是白天打下的。我军与敌血战一整天,最后敌人虽然被消灭了,但我们部队也付出了巨大的代价,死亡近百人。群众的损失就更严重了,有的一家老少都惨死在战火中。杨子荣同志一想起这次战斗,心里老大不安。在杏树村战斗打响之前,他仔细地琢磨着这样一个问题:战士的优秀品质不仅在于勇敢,还在于机智。如果趁敌人和群众处于我军炮火轰击后的混乱状态,闯进围子,依靠我军的声威、群众的压力和利用各股土匪和匪首之间的矛盾,争取匪众,孤立匪首,迫敌投降的可能性是比较大的。这样既能取得战斗的胜利,又能减少我军和人民群众的不必要的伤亡。

---

①应为"板院村"。

一个独闯敌营迫敌投降的战斗方案在杨子荣的头脑中形成。

在前沿阵地上，时间就是生命，就是胜利，争取时间比什么都可贵。由于地形所限，杨子荣无法将自己的想法亲自向上级汇报。于是，他在征得战友同意后，当机立断，把枪交给战友，让他们在自己跃出雨裂沟、闯围子的同时，以最敏捷的动作、最快的速度去向连里报告。然后，他趁敌射击间隙一跃而起，用枪通条挑着一个白毛巾向敌人方向飞奔而去。当接近敌营时，他卧倒了并以响亮的声音喊道："喂——弟兄们！不要开枪，我要找你们当官的讲话！"

就在杨子荣勇闯敌营的同时，七连长把杨子荣的战斗方案报告了营指挥所。朱教导员接到报告后，心里犹豫了一下，但还是向我喊到①："姜干事！快给炮兵阵地打电话，让他们先别往围子里打炮！"

敌人突然发现有一个八路从雨裂沟里站起来，挑着白毛巾向西大门靠近时，都被搞蒙了。一个匪军官楞怔②了片刻，如梦方醒，转惊为喜，向匪兵们喊道："不要开枪，放他进来，他是来投降的！"门咔吱一声开了一条缝，杨子荣趁势跃身进了围子。

（二）

杨子荣刚一进大门，胸前立即顶上了两个黑洞洞的枪口。

"你是来干什么的？！"匪军官问。

"我是八路军的代表！你们被包围了，我来劝你们投降！"杨子荣理直气壮的③回答。

一个家伙冷冷一笑，恶狠狠地说："好啊！我看你八成是来送死的！"

"要怕死就不来，来了就不怕死！我倒是为了你们的活路才来的！"杨子荣威严地说。

杨子荣见旁边一些匪兵用惊恐的眼睛望着他，就用胸膛顶开两面的枪口，向前跨了几步，庄重而有力地说："弟兄们！形势是明摆着的，我们的政策，你们也是知道的，只要大家放下武器，我保证你们的生命安全……"

匪军官没容杨子荣讲下去，赶紧大声制止说："不准你在这里宣传，跟我

---

①应为"喊道"。
②应为"愣怔"。
③应为"地"。

到连部去!"

杨子荣想：光给土匪头子们讲不行，这些家伙多是惯匪，比较顽固；而士兵则多是被迫当土匪的，比较容易争取。只有瓦解了匪众，才能孤立匪首，迫其投降。于是，他又提高嗓门对匪兵们说："弟兄们！杏树村已被包围得水泄不通了。想活命的跟我走，一起找你们的连长去！"

匪军官在杨子荣前面领路，后面跟着一些匪兵。

"一个老八路进村了！"消息很快在村中传开了。有些胆大的老乡陆续从屋里走到院子里看动静。杨子荣边走边向群众热情地打招呼："乡亲们！你们受惊了！""老乡，不要害怕，我是八路军的代表，是来劝他们投降的。"杨子荣镇定自若、亲切和善的态度，打消了群众的疑虑，于是三三两两地从院子里走出来跟着他走，越往前走围看的人越多。群众在纷纷议论：

"这个老八路真是吃了豹子胆了，一个人就敢闯进来！"

"人家关里来的八路，个个都是好样的！"

"还是劝他们（指本村土匪）把枪交了吧，要不咱村的老百姓也要象①马桥河一样跟着他们倒大霉！"

"我看咱村的那几个头儿，家小都在这，还好说点；就怕青背的许大虎和北甸子的王洪宾他们不干。"……

杨子荣从这些议论中，进一步判断出：在打与不打的问题上，匪首与匪众有矛盾，本村的匪首与外村的匪首之间也有矛盾。而匪首中阻碍投降的主要是许大虎和王洪宾……他心里琢磨，擒贼先擒王，制服了他俩会对劝降起很大的作用。

当走到匪连部附近的小广场时，匪军官让杨子荣在那里等着，他自己去找连长。结果没找到，回来后对匪兵吩咐道："你们好好看住他！我到别处找连长去！"讲完匆匆而去。

杨子荣抓住这一时机，站到广场旁边的一个石磙子上，大声地讲起来："乡亲们！我们是共产党领导的队伍，是为咱穷苦百姓打天下的！我们的大部队已经把村子团团围住了。他们要打下去，不仅他们自己被消灭，连咱们老百姓也得跟着他们遭殃。我已对他们当官的讲了，只要他们主动放下武器，他们的生

---

①应为"像"。

命安全有保证，乡亲们也可平安无事。"

杨子荣的话，句句都点在了群众的心坎上，立即激起了强烈的反响：

"让他们快把枪交了吧！可不能再打了！"

"谁要打，出村去打！别临死还拿着我们老百姓垫背！"……

紧接着，杨子荣对匪兵们讲："弟兄们，你们要好好想一想，你们是为谁打仗，为谁卖命？是为国民党反动派。而国民党反动派是欺压咱们老百姓的！你们有的家就在本村，继续打下去你们村会怎样呢？你们当中有的家在青背，有的家在北甸子，有的家在板院。你们自己的家乡都被我们解放了，可你们还在这里拿着枪与我们对抗，认真的①想想看，能对得起你们的乡亲、父老兄弟姐妹吗？能对得起为了解放你们的家乡而流血牺牲的八路军吗？！"

匪兵们耷拉下脑袋也开始议论了：

"人家讲得对，咱们都被包围了，早晚得被消灭，还打个啥劲？！"

"八路的大炮真厉害！一炮就轰了我们十几个人！我看打下去咱们都得完蛋！"

"人家八路把命都豁出去了，一个人闯进村为了啥？还不是为了咱们好！"

老乡们见有八路在场，胆子也壮了，有的劝说，有的还骂了起来：

"快把枪交了吧！你们作孽还没作够啊？！"

"八路都把你们包围了，你们还逞什么能？！"

"再打下去，等着爹妈来给你们收尸吧！"

在众说纷纭的情况下，忽然有人怨声怨气的②说："哎！邱会长，在这个节骨眼上你倒是出个头啊！"

杨子荣一听"邱会长"三个字，便不慌不忙地问道："谁是邱会长？"

立即有人把邱会长推到杨子荣面前，介绍说："他就是俺们村的维持会长，叫邱振伦，我们都叫他邱老六，村里有啥事都是他出头。"

杨子荣上下打量了一下站在他面前的邱会长，邱会长赶忙点头哈腰。他一看这个老于世故、油嘴滑舌的人，便用讥讽的口吻说："噢！你就是邱会长，虽然没见过面，也闻过你的大名啊！"

———————
①②应为"地"。

邱会长急忙陪笑说:"不敢当!不敢当!八路军抗日除暴,秋毫无犯,威震四海,名扬天下,本人佩服!长官有何吩咐,在下一定效劳。"

杨子荣严肃地说:"我个人不需要你效什么劳。但我要提醒你:你既然是本村的维持会长,就要为全村的乡亲们负责!当然了,也要为你自己负责!如果不听劝告,等我们打进来,那后果……可以想一想看!"

"我明白!我明白!眼下的局势鄙人看得清,有事长官尽管吩咐。"

"好吧,听我命令:你立刻去搞几面白旗来,准备插到围子上去!"

"是!是!"邱会长擦着汗去了。

杨子荣继续向群众和匪兵宣传我党政策。正在这时,四个土匪头子提着手枪,匆匆来到杨子荣跟前。为首的一个气势汹汹地用手枪顶住杨子荣的胸口,声嘶力竭地吼道:"住口!不许你在这宣传,扰乱军心,煽动百姓!"

杨子荣一看,挨到跟前的四个匪头目,头两个杀气腾腾,后两个皱着眉头。杨子荣若无其事地把腰一叉,问道:"谁是青背的许大虎?"

许大虎一听点了他的名,下意识地怔了一下。还没等他说话,杨子荣又问:"哪个是本村的郭连长?"郭连长吃惊地点了点头。杨子荣虽然没点王洪宾和康祥斌的名,但杨子荣威慑的目光已使这两个匪首胆战心惊了。

杨子荣厉声地说:"你们听着,杏树村被我军包围的局势你们是清楚的,硬打下去,你们的下场,也是明摆着的!"他指着村里被我炮火打着的目标继续说:"为了保护乡亲们,也为了给你们留一条生路,我们的大炮停止了轰击,只要你们迷途知返,主动放下武器,我保证你们的生命安全,从宽发落。不过何去何从,究竟走哪条路,可由你们自由选择。"

许大虎是青背的土匪头目,是土匪团长李开江的得力干将;王洪宾是北甸子的维持会长兼土匪头子。他们都是被我军打败后,带着残部逃到杏树村的。此时,他们虽然表面上杀气不减,实则已色厉内荏,仍然强打着精神挥动手枪喊:"你不要吓唬人!我们宁死不投降!看你这个八路还能飞上天?还是你快投降吧!"

杨子荣仰起脖子哈哈大笑了一阵,针锋相对地说:"你们别死到临头还充硬汉了,如果顽固到底的话,那就只有死路一条了。"

杨子荣向群众问道:"乡亲们!青背的许大虎和北甸子的王洪宾他们不同意交枪,要在你们村打到底,你们看怎么办?"

一些群众高声回答:"我们不答应!他们要打,让他们带着他们的人回自己的村里打去!"

"对!我们杏树村不借地方给他们打仗!"一些群众附和着。

杨子荣又用手指着匪兵们说:"许大虎、王洪宾,你问问他们,看有谁肯跟着你们去卖命送死?"

两个匪头目下意识地向周围的匪兵一看,见大多数匪兵都用责备的目光看着他们。他俩好像明白了许多,大冷的天,脑门子上直冒热汗。但他俩仍不甘心,一直在旁边察言观色的王洪宾说:"他们都是我们的弟兄,都听我们的指挥,你能咋地?!"

杨子荣轻蔑地一笑说:"你们拿他们的性命当儿戏,把他们当鸡蛋硬往石头上碰,能听你们指挥吗?你们要他们家破人亡,他们能甘心让你们任意摆布吗?"杨子荣又指着站在身旁的杏树村匪首说:"郭连长、康副连长的家就在本村,你问问他们,愿不愿意把自己的村子打个稀巴烂,留下千古骂名呢?"

本村的郭、康两个头目,在我军包围了村子、炮火轰击后,已经动摇,特别是经杨子荣一摆利害关系,已晓大义,有了降心。这时,他们二人正在交头接耳的①商量着什么,没有立即回答杨子荣的问话。

许大虎一看这阵势已预感到事情不妙,赶紧拿出了最后一张王牌,故作镇静地说:"有李团长的命令,谁敢不听我的指挥!"

听许大虎这一讲,杨子荣也担心郭连长会被许大虎唬住,接着话茬大声说道:"许大虎,你别白日作梦②了!谢文东、李开江被我们打得东窜西逃,连自身都难保住,还顾得上你们?何况你们现在已插翅难逃了!我奉劝你:别不识抬举!"

"对!对!许连长,识时务者为俊杰吗③!"这时邱会长抱着白旗回来,接着杨子荣的话头不紧不慢地插了一句。来到跟前,他见许大虎没吭声,继续对几个匪头目说:"看在我们杏树村六百多口人的份④上,你们还是……还是放下武器和解了吧!"

---

①应为"地"。
②应为"做梦"。
③应为"嘛"。
④应为"分儿"。

"我……枪毙了你！"

许大虎气急败坏地用枪口顶在了邱会长的脑门上。吓得邱会长筛糠似的跪在地上惊恐万分地说："许连长，我……我可是为了全村的百姓，也是为了你们青背的弟兄啊！"

"许大虎！有本村郭连长在这儿，你逞什么能！"杨子荣机警地插了一句。

郭连长心里明白，从眼下看，不交枪已无路可走，经康连副劝说已同意交枪，原来想说，碍着面子不好开口。此时，看许大虎在自己地面上耀武扬威，欺负本村的维持会长，感到这简直是对自己莫大的污辱，加上杨子荣这一激，更是火冒三丈。于是，便冲上去拦住许大虎吼道："姓许的！你太放肆了！打狗还得看主人呢！"

"你想咋地？"许大虎更火了。

"你敢咋地？"郭连长也不示弱。

两个匪首端着手枪，虎视耽耽怒目相对，匪头目王洪宾和康连副也一边站了一个，双方剑拔弩张，大有火并之势。

一看这场面，匪兵和群众骚动起来了。杨子荣一看，如果土匪之间火并起来，不仅不能使他们迅速投降，还可能出现意想不到的事情，并且会造成群众不必要的伤亡。他判断，现在是水到渠成的时候了，便灵机一动，对着小广场的匪兵们喊："弟兄们！别白送命了，原意①放下武器的，把枪放到这里来！愿意参加我们部队的我们欢迎，愿意回家的我们发给你们路费！"

经杨子荣这么一喊，形势突变。"我交枪！"一个匪兵过去把枪放下又走回原地。

邱会长看到，一则有八路军包围之势；二则有这个浑身是胆的老八路撑腰；三则匪兵们已有降心；最后，他已摸准了郭连长的心思，特别使他感动的是：郭连长真够朋友，在这个节骨眼上还这么讲义气。于是，他忽地从地上爬起来，抖抖身上的土，壮着胆子大声地对匪兵们说："弟兄们，为了杏树村的三老四少，我们欢迎大家交枪！"别看邱会长在许大虎面前唯唯喏喏②，此时此刻，他的话对群众却很有号召力。有的老大爷、老大娘拉着他们当匪兵的儿子，劝说他们赶快交枪；有的干脆把枪夺下来替他们交……在场的匪兵们也好

---

① 应为"愿意"。
② 应为"唯唯诺诺"。

象①早就等着这一时刻到来似的，纷纷走过来，一边架枪，嘴里还一边叨咕："我们都交枪！谁愿意卖这份命，早不想干这'买卖'了。"

匪首们被这一突然出现的场面惊得目瞪口呆，呆若木鸡的②站在那里不知所措。

杨子荣看到许大虎还提着手枪在那里发愣，声色俱厉的③对他说："许大虎，别装腔作势了，你要顽固下去与人民为敌，就是杏树村的乡亲们也不会答应的！我劝你还是见好就收，别不见棺材不落泪了！"

许大虎见大势已去，迫不得已地把枪往杨子荣跟前一扔，象④泄了气的皮球，长叹了一声，双手抱着脑袋蹲在了地上。

杨子荣又对着王洪宾瞪了一眼，王洪宾早已吓得面无人色，杨子荣一看他，便慌忙表示："没说的，投降，投降！"说着，他和其余几个匪头目一起交了枪。

杨子荣见大事已成，对几个匪首吩咐道："赶快把你们的队伍集合起来，带到小广场，把枪都架到大街上，把白旗插到围子上去，搬开顶大门的木头，撤去鹿砦、木障，打开大门，迎接我们的大部队进村！"

"是！是！"几个匪首们答应着，执行杨子荣的命令去了。

不一会儿，匪连副康祥斌手里拿着匪官兵名册及枪支弹药、装备清单，来到杨子荣面前说："这是我掌管的所有人员和武器装备及弹药登记册，请长官过目！"

杨子荣接过册子，走马流星地翻了几页，……。康祥斌赶紧补充说："人数和枪支弹药等保证不少，如有出入，我敢以脑袋担保！"

这时，各股匪首已经集合好了各自的队伍，在小广场等候杨子荣训话。

当围子的四周飘起了白旗时，我进军的军号声响彻板院河河谷，部队迅速开进了村，杏树村战斗就这样结束了。

## （三）

在杏树村战斗中，杨子荣只身入敌营，凭机智和勇敢，迫使四百多匪徒全部当了俘虏。当我们进村时，小广场边和大街上架着一堆堆的枪支。计有重机

---

①应为"好像"。
②③应为"地"。
④应为"像"。

枪四挺、轻机枪六挺、平射炮两门、迫击炮一门、掷弹筒八具、长短枪三百余支和大批弹药。经过清点发现，不仅人数武器弹药与康祥斌交的册子相符，短枪还多了几支（昨天刚从板院逃回的匪兵带的还没来得及登记上）。

杏树村战斗的胜利，沉重打击了牡丹江一带土匪武装的嚣张气焰，它不仅消灭了敌之有生力量，而且在心理上给敌以很大震撼。

杨子荣瓦解敌军的成功，也保护了人民群众的财产和生命安全，受到了杏树村群众的热烈欢迎。他们和部队一起沉浸在胜利的欢乐之中。乡亲们争着为部队腾房子，忙着烧水做饭；部队的同志，有的给匪兵们训话，有的为老乡挑水、扫院子，儿童们欢蹦乱跳地跟着干部战士们跑来跑去，……整个杏树村呈现一派喜气洋洋的节日景象。

我们这些曾和杨子荣同志一起战斗过的同志们，都深切的①感到：杨子荣同志所以能大智大勇，屡建奇功，其力量源泉从客观上讲，在于党的培养教育、部队出生入死战斗生活的锤炼；而从主观上讲，则是他不忘记旧社会的苦，对党和人民怀有深厚的无产阶级感情。

杨子荣同志出生在山东省牟平县吁岬②河子村一个贫雇农的家里。从小就饱受了旧社会的艰辛。因家庭生活所迫，只念了两年书就中断了学业。十四岁那年就随着逃荒的大人们一起去闯关东。先后在东北的鞍山、千山等地给资本家当童工和劳工。后因反抗日本人的压榨，在东北无法呆③下去了，二十七岁那年又返回山东老家，靠给地主当雇工糊口度日。

长期艰苦生活的磨炼，使杨子荣养成了吃苦耐劳、倔强和直率憨厚的性格，也使他认识到，只有共产党和八路军才是真正为穷苦百姓打天下、谋幸福的。所以，从东北一返回家乡，他就参加了民兵，积极为八路军当向导通风报信，协助八路军打鬼子。

一九四五年"八一五"日本投降后，杨子荣的家乡解放了！他怀着对共产党和八路军的无比热爱，抛下新婚不久的妻子，在村里第一个报名参了军。当兵一个月，即随部队渡海挺进东北。因他年龄比连里干部战士都大，被分配到

---

①应为"地"。
②应为"嵎峡"。
③应为"待"。

炊事班当骨干。在吉林的乌拉街、白旗屯、腰崴子、朝阳镇、舒兰和黑龙江的五常县周围等多次战斗中,他经常冒着炮火把饭送到阵地上,送到战友们跟前。在送饭的空隙除抢救伤员之余①还经常接过战友的枪,向敌人射击。由于他在炊事班表现突出,入伍三个月就光荣地加入了中国共产党。

因杨子荣对东北风俗习惯比较熟悉,见多识广,有实战经验并肯动脑筋。所以在打仗时,他常常在节骨眼上给干部们当参谋、出主意。为此,三个排长都争着要他;战士们也都愿意接近他,没事的时候还缠着他给大家讲故事。为了发挥杨子荣的长处,经支委会研究决定,把他调到一班接替刚负伤的一班长的工作。杏树村战斗就是他当班长后,完成许多战斗任务中出色的一次。

为了了解这次战斗的有关情况,杨子荣所在部队最近派人专程来到杏树村,进行实地考察,并走访了当年耳闻目睹杨子荣进村劝敌投降的有关人员。他们虽然年事已高,多是七十岁左右的人了,但谈起这段经历,都滔滔不绝,很有兴致。曾为杨子荣提供杏树村敌情的八十一岁的程少军老大爷;当年杏树村维持会长邱振伦的嫂子八十一岁的许氏;还有当时的匪副连长康祥斌、勤务班长朱宽等等,尽管每个人都从不同的角度反映了杨子荣进村劝降的情景,但他们都有一个共同的印象:杨子荣不愧是八路军(当时为东北民主联军,群众都称八路军)的杰出的代表,是有勇有谋、热爱人民的战斗英雄。

杨子荣同志虽然离开我们近四十年了,可他那压倒一切敌人的英雄气概和无私无畏的革命精神却一直在鼓励着部队在新的建军历史时期奋勇前进!

(姜国政同志曾任三十八军副政委,杏树村战斗时,任牡丹江军区二团一营干事。)

注:选自《海军支队的战斗历程》,1986年7月。

---

①应为"之外"。

1983年9月22日《牡丹江日报》第四版

# 杏树村与杨子荣

## 柳垂堤（范垂政）

杏树村，是个富饶秀美的地方。它坐落于群山环抱之中，一条清澈的亮子河从村北横流而过。这个杏树村，有名有实。每当"清明"时节，村外四周山岭的坡上坡下，几被粉白粉白的山杏花遮尽。

这杏树村，如今是林口县五星公社的生产大队之一（现为牡丹江市阳明区五林镇杏树村）。前不久，我到过此村。得知这杏树村自解放以来，农林牧副各业俱有发展。人丁兴旺，居民已达五百多户，三千多口人。别看这里是个偏僻的山区，电灯、电话、广播、电视、电影……应有尽有，每至夜晚，举目所见尽是一派安居乐业的欢悦光景。我与村里接待外来人食宿点的老社员谈起这些时，他富有情感地说，这多亏党和政府的好领导，也多亏咱杏树村遇上了那位大智大勇的杨子荣！

咦！说杏树村解放以来的兴旺发达是由于党和政府的正确领导很易于理解，但与杨子荣有什么直接关系呢？在我听了老人的讲述之后，回来我又查找了一些有关史料才得知，人民英雄杨子荣确实在30多年前的一次战斗中，只身冒险深入虎穴，拯救了杏树村全村人的性命！人们岂能忘怀？

1946年阴历二月二十四日，八路军为追剿李华堂所部匪军，占据了杏树村四周的山岭。由匪军郭大马棒（名春富）、许大虎率领的400多名匪众龟缩在杏树村内。村内百姓怕受枪炮伤害，纷纷要求离村避难。那郭、许等匪首借口"防止走漏军情"将寨门守得贼紧，"准进不准出"。那杏树村四周有柞木杆夹起的高围墙，木墙外又挑了道深壕，壕内起出的土全堆在壕的内侧，恰垒成一道高围墙。从壕底到土墙顶，其高过丈。匪军岗哨严加监视，村内百姓如何逃得！

那时，杨子荣随所在部队——牡丹江军区二团七连来到了杏树村西，他亲率一个战斗小组运动到村西门外百来米一条小沟。村内村外两军已经交火，我军的山炮和迫击炮已向敌人阵地开始试射。杨子荣在炮弹爆炸过后，听到村里的老老少少呼天喊地地嚎叫。子荣同志想，这要打下去，村内百姓夹在当中，得死伤多少哇！想个什么办法，既能消灭村中敌人，又能保住村中的居民呢！……

只见他把手中的长枪向战友的手中一推说："我进村去劝敌人投降！"

"班长，那可去不得，太危险！"

"为救出村中的几百口百姓，死了我一个也值得。回去一个向连里报告！"说着，他忽地从沟里站起，挥着手臂向村里呼叫："兄弟们不要开枪，我找你们当官的讲话！"他的这一突如其来的举动，震住了敌人，枪声中止。敌人见他空手一人，西大门开了道缝。杨子荣毅然跨了进去。大门咣一声关严封住，几支枪口对准了他："你是来干什么的？"

"我是八路军的代表，你们被包围了，我是来劝你们投降的。"

一个匪连副一听这话，狂声叫道："投降？你是来找死的！"

杨子荣浩气凛然地说："死？怕死不来，来了就不怕死！你不睁开眼睛看看，再不投降，死在眼前！我是为了你们不死才来的！"

这时候，杨子荣的周围渐渐聚来不少的匪兵和村民。那匪连副深怕"军心"有动，忙支起手枪说："少来宣传，到连部再跟你算账！"

那杨子荣是干什么来的？能听他的吗？他哪能不宣传呢！他用胸膛推开那黑洞洞的枪口，向四周的匪兵和群众大讲我军的形势和政策，只要你们缴枪，一定保证你们生命安全！

匪军里有不少是杏树村人，老少亲人都在村内，早就不想打了。一看这八路一个人就闯进来，不光人家有胆量，也真有那份把握！村里一看有了这活命的机会，忙把村维持会会长邱老六（叫邱振伦）找出来说："可别打了，你赶快去帮着劝劝，降就降了吧！"

杨子荣到了匪军连部，利用敌人的矛盾，晓之以理，动之以情，在我军威的震慑下，在匪兵和村民强烈反战的情绪中，匪军头目被迫插出白旗，郭大马棒和许大虎以下四百多名全部投降，缴获轻重机枪10挺，平射炮3门、掷弹筒8具、长短枪300多支。战后杨子荣被评为战斗模范。

至今在杏树村一谈起这次战斗，村民们都念念不忘杨子荣的功德，佩服他的大勇大智。

全景画：杏树村战斗

# 王希克致海林党史办的信二则

## （一）

党史办同志、主任并县领导：

寄来县贺年片，看出县领导对党史的重视，谨致谢意，曲波电话也嘱代致谢意。

来信说到八七年完成两项重大工程，也是县领导重视和大家努力的结晶，祝贺你们的成功。同时也预祝你们八八年两项计划的胜利完成。

关于收集杨子荣相片资料事，据我了解，陈庆手中原存杨子荣墓碑相片，已交曲波。魏吉（成）友有杨子荣相片，也交曲波（原版魏存）。电话上问曲波，他说：他有的均将复制品寄给你们。即你们展览馆中均已陈列。总之，其他人手中均无存。

来信说杨子荣墓碑事，中央电视台已放映过，可惜未看到，怕其他人也不了解。不过知确有此事，也就可以了。

来信说我那两篇忆文，今年准备录用。我再重复说明我的一贯意见：

党史的生命是真实。为了尽可能"如实重现历史的本来面貌"，我写的东西，你们能纠正的一定予以纠正，结构、标题以及文字，放手大胆修改，以求详尽可能像个样子。完全为读者着（想），不要丝毫考虑我个人意见。但付印之前一定寄给我最后看一看（我保证很快寄回，不影响你们使用），以求得我们对忆文有一致的看法。

另外，我还特别收集到一些有关剿匪与杨子荣的情况。如有可能，即写给你们供参考。

张克荣未来做妇女工作，有些体会很是零星，未必能写成。

此复祝

诸同志并县领导春节愉快

王希克
二月五日

## （二）

双珍、忠惠同志并党史办领导：

承你们给我寄来第二本党史资料（3），长期未给你们回信，很对不起。

为了支持我为你们写些"回忆"，你们费了很大精力。

1. 给我寄来你们杨子荣纪念馆资料，并给我留下不少录音带。

2. 你们选用了我（两）篇"忆文"，一为土改，一为杨子荣。

3. 为了使"忆文"真实无误，请（你）们对我忆文大胆修改，凡事实有出入或文字方面都认真修改过并寄给我看。

4. 你们为我寄来你县地图。

5. 其他方面……

可见你们对党史的认真负责态度，我深为感谢。但在我看到你们党史资料后，有些不大理解之处，略作说明。

1. 关于我的忆杨文，不知是校对关系还是由你们在我完稿后又加以修改，有明显的政治错误。

我原文是"旧军队以服从命令为天职"，而杨子荣可以说是"以革命为天职"，只要有革命需要，有命令的他坚决完成，没有命令的他也竭力尽心地主动去完成。你们却把"旧军队"的旧字去掉，这不是搞糊涂了吗？

2. 特别是我难以理解的，你们在我的忆文后登了一篇《杨子荣智擒座山雕》一文中，两个关键问题：一是说杨子荣在杏树底自己主动入村说降敌人。二是抓座山雕时，把座山雕引入我军埋伏圈，和我的忆文完全相反，不知是何缘故。

杨子荣纪念馆在你县，对杨的事迹，必须真实无误。我一开始就说，党史不能写成小说。让杨去杏树底送信，是我亲自办的，而且我找了曲波，杨所在的连长、副指导员,在场的作战参谋陈庆,二连连长陈大正的证明,几次面谈、座谈,都一致肯定了的。你们那篇忆文仍说杨自己主动劝降敌人。如不在杏树底,我可以不能置可否,我看了你们的县图,又看了王团长的一张地形图,肯定送信在杏树底无误。此事要调查很容(易),派人去杏树底问一问。市党史办张蕴英同志来信说牡丹江日报范副社长说他们去杏树底问过,确实杨去送信。另外也可到柳树河子、仙洞(朱家)去问一问,在杏树底投降的是什么人,是否团长张德振、副团长李开江率领他们在杏树底投降,还是只有什么连长、会长。退一步说,如果你们认为我写的不对,为什么不对我的忆文纠正(我是请你们核对事实,如有不对就修改)?你们既不修改我的,又登一篇与我不(一)致的文章,这叫什么党史资料?怎么让人相信。而且纪念馆就在你们县,你们介绍杨子荣事迹究竟以什么为依据?参观的人对你们介绍杨的事迹相信不相信?相信哪种说法?对党史,特别是关于杨子荣的事迹怎么可以采取这种态度?——当然我知道,杨自己去劝降的说法很早就流行,还有三十八军副政委江国政①一篇文章。不论什么人谈的,不管多少人说的,总是以客观依据为准,派个人到杏树底、柳树河子、仙洞一问便知。为什么不去调查一下,任其以讹传讹的做法,很难令人理解。

关于座山雕被引入我包围圈的说法,也很早就有,但杨子荣等六人把座山雕等十二名匪徒带回海林,这是二团很多人都了解的,作战参谋陈庆很清楚,座山雕是我亲自审问的,王敬之团长也在场,该文却坚持写小说的办法,写得很生动,这怎么可以呢?与上述问题性质相同。不知你们在纪念馆里介绍时,采用什么说法。

总之,此事对我个人关系甚小,对杨子荣的真实事迹却是不容马虎的问题。但我仍然以为这是你县里的问题,怎么搞也算不了什么大事,我完全可以不要多管闲事。因为有一事相讬②、顺便说说而已。

市党史办张蕴英同志来信约我写一点党史资料,我告诉他,请你县把我"忆杨文"两次稿子看看,他说未看到。我已请李伟同志将保存的一份初稿寄给她。经你们修改,我也审定过的第二稿,我觉得比第一稿也有可取之处。而

---

① 应为"姜国政"。
② 应为"托"。

且我现在也需要再看一下这个二稿。因之请你们把忆杨文二稿，寄给张蕴英同志，张看过再寄给我。我用后一定保证退回你们，你们作为档案，所有权应属于你们。

曲波约我写一份牡丹江剿匪以及二团杨子荣事迹更全面的文章，留作纪念。我要用一用就是为此。再重复一遍，用后一定退还。

再重复一遍，我写此信的目的，一是为了借用你们忆杨文的二稿，二是感谢你们对我写忆文的支持，以及你们又寄给我一份党史资料。

至于我提了上面一点意见，是顺便想起来的。本来可以不说，终于忍不住不说，请该文作者关会元、封官龙同志谅解。

——附带说一点：

（1）关于座山雕的历史，是根据原牡丹江政治部保卫科科长黄夷同志讲的。座山雕我审问时间较短。黄夷同志审讯他几个月，直到座山雕死在狱中。

（2）追悼杨子荣大会，军区并未派人。提到我作为政治部主任去参加有误，当时我已在二团任政委，当然这是小事一节。

谨此恭贺

一九九〇年新年之禧。再有几天就进入九十年代了。

王希克

一九八九年十二月十八日

# 关于人民解放军东北军区特级侦察英雄杨子荣烈士事迹的回忆

## 黄 夷

温野同志：

很对不起，向我了解特级侦察英雄杨子荣烈士的事迹，以及国民党土匪头子"坐山雕"情况的来函，收到的比较迟，加以近十多天，我们开会讨论《当代中国的农业》丛书提纲，所以断断续续地将回忆起来的情况整理了一下，迟至现在始寄给你，且恐很难适应你的需要，仅供参考。可供你调查的单位和同志，我已写在材料中。如果还有需询问的请来信。

祝你工作顺利！

致以

敬礼

黄 夷

一九八四年十一月二十日

东北烈士纪念馆：

最近接到你馆来信，得知拟撰写特级侦察英雄杨子荣烈士的英雄事迹。我认为这项工作很有必要，这对于老一代特别是青年一代继承和发扬革命英雄主义和优良革命传统都有现实意义和深远的教育作用。

根据你馆来信要求，因我对杨子荣烈士的英雄事迹只了解大概情况，而了解较详细的仅限于"坐山雕"被活捉后的审讯和处理情况，所以采取写这封信的方式，将我所忆起的情况提供给你馆，同时提供一些线索，以供你们更全面准确地调查了解英雄的事迹。

下面是我了解的一些情况。

日军侵略者投降后，国民党反动派不顾全国人民的和平愿望，冒天下大不韪发动了全面内战。对东北解放区，他们在美帝国主义者直接帮助下，调去几十万正规部队，实行正面进攻；同时在我解放区后方，网罗了大批以伪满警察、宪兵、特务、军官为主要成分的土匪队伍，疯狂地进行破坏活动。牡丹江地区是伪满军事重地。解放后最初是绥宁省，我军部队建制是东北民主联军绥宁省军区。后同东安地区合并，成为一个省和省军区，后又改为东北军区直属牡丹江军分区。这个地区最初有十几股国民党的土匪队伍，其中主要的是谢文东、李华堂、马喜山、"坐山雕"、张黑子、吴大虎、吴二虎、吴三虎、尤达子、许大马棒等部。这些名字有的是绰号，不是真实姓名。"坐山雕"就是其中之一。这股土匪活动于牡丹江北部和西北部山区。牡丹江地区军民同合江地区军民密切配合，经过1945年至1947年春的剿匪斗争，消灭了大部分土匪队伍。但"坐山雕"这个土匪头子下落不明。他这股土匪当时只剩下了少数反动骨干。据中共中央东北局社会部从吉林省我地下组织得到的情报，得悉"坐山雕"仍在牡丹江地区隐藏待机，尚未逃出。

消灭"坐山雕"这股土匪的任务，是由牡丹江军区二团担任的。这支部队抗日战争时期是山东胶东军区海军支队，解放战争开始后调至牡丹江军区组建成二团。这个团的素质和战斗力在牡丹江军区先后组建的十几个团中，是较好较强的。为了彻底消灭"坐山雕"这股土匪，二团发扬军事民主，动员指战员分析敌情，献计献策。杨子荣烈士当时在侦察排。他提出，由于土匪头子吴三虎刚被我军在东部地区击毙，他自己可以化妆①成吴三虎的副官，到"坐山雕"出没的深山老林中去侦察。杨子荣烈士原籍山东省，他在东北山林中做过伐木工人，对土匪的活动规律、黑话、暗号、伪装伎俩等都较熟悉。他对党忠诚，作战非常勇敢机智，在剿匪斗争中屡建战功。他的建议被批准后，经过充分准备和化妆，独自一人进了山。经过艰苦机智的伪装活动，同"坐山雕"的人取上了联系，查清了残匪隐藏的地点。然后二团派部队远距离奔袭，将残匪全部消灭，活捉了"坐山雕"。到此，"坐山雕"这股罪恶深重、危害极大的土匪队伍被全部消灭了。杨子荣烈士的牺牲，据我所知，是在发现土匪头子郑三炮的隐藏地点后，二团派部队再次进行远距离的奔袭战术，将郑三炮残匪的窝棚包围起来，杨子荣烈士冲锋在最前面，将郑三炮的窝棚门一脚踹开，冲进去大喊"缴枪不杀"，残匪持枪顽抗，杨子荣烈士开枪还击，可惜枪卡了壳，没打响，而被敌人击中，壮烈牺牲。

由于杨子荣烈士战功卓著，在剿匪斗争中做出了突出贡献，牡丹江军区将他的英雄事迹报告了东北军区。东北军区授予他东北军区级的"特级侦察英雄"称号。据我当时所知，在东北军区侦察指战员中，授予"特级侦察英雄"这一光荣称号的，杨子荣烈士是独一无二的，这一殊荣他是当之无愧的。

"坐山雕"究竟是个怎样的匪徒呢？他被我军活捉时，大约已干了五十多年的土匪，是个凶狠残忍、罪恶累累的家伙。

"坐山雕"姓崔（名字记不起了），原籍山东省胶东地区（根据记忆可能是昌维）。他幼年家贫，丧父母，同叔叔一起生活。约在十三岁时跟随他一位同族兄长到东北，在伐木场做杂工。此期间认识了一些土匪，他羡慕土匪的"生活"，十五岁入伙当了土匪。他虽年纪不大，但干土匪却很卖力，得到头目的赏识，让他给匪首当勤务、保镖。在他十八岁时，匪首死去，死前指定由"坐山雕"接替做头目。他们干的多是抢劫、贩卖烟土等勾当。张作霖曾谋划收编他们，没有成功。张学良将军的部队曾剿灭他们，亦未成功。日寇侵入东北后，抗日义勇军如燎原之火发展起来，他认为同抗联对立不是对手，就投机参加抗联，但他们人马仍保持原建制。后来日寇疯狂围攻抗联，环境艰苦，他又同伪满的汉奸拉关系勾结，妄图投靠日寇，当汉奸进攻抗联。但日本侵略军坚持整

---

①本文中"化妆"应为"化装"。

编他们部队,实际是借机消灭他的队伍。他又将人马拉进山,当土匪。日本投降后,他借混乱之机,招兵买马,把伪满流散的警察、宪兵、特务、国兵网罗起来,打着曾参加过抗联的旗号,欺骗了原抗联的一些干部,组成了一个旅的编制。国民党进入东北后,派人收编了他,委任他为国民党先遣支队司令(是第十几支队记不清了)。并许诺国民党占领牡丹江后,安排他在警备司令部任要职。接受国民党的委任后,他搞哗变,投靠了国民党。他哗变后,极残忍地杀害我党干部和积极分子,破坏土地改革,经常利用夜间突然袭击,包围我村镇,抢掠、烧杀、奸淫,无恶不作。他妄图同其他股土匪一起,配合国民党的正面进攻,武装占领我牡丹江市。此期间他的罪恶是罄竹难书的。

"坐山雕"被我军活捉后,先押送到二团团部,然后押送到军区政治部保卫科(兼做军法处工作)。我们研究了审讯方案后,经军区领导同志同意,连夜进行审讯,主要弄清两个问题:一是首先审清国民党土匪残余潜伏人员,以便彻底肃清;二是核实"坐山雕"的罪恶事实。

第一次审讯我在场并亲自主持。"坐山雕"被押进审讯室时,给我的第一个印象是,他像一只被打断了脊骨的、陷入绝境的恶狼,既凶狠又惊恐的一副样子。他中等身材,脸面黑瘦,一腮的灰白胡须,虽已七十左右,但体格还很强壮。他自己也吹嘘说:"在山里,年轻小伙子也追不上我。"要他坐到凳子上后,他似乎意识到了但又不相信自己的彻底失败,茫然地叹了一口气,自言自语地说:"老帅没把我怎么样!少帅没把我怎么样!皇军也没把我怎么样!没想到落到穷八路手里!"(老帅指张作霖,少帅指张学良将军)我严肃地向他指出:"我们是人民的军队,人民同我们是亲骨肉,这是我们制胜你们的法宝,可你们很难理解这个道理。"他似信非信地说:"是,是!"我继续向他指出:"靠这个法宝我们打败了日本侵略者,同样靠这个法宝必定推翻蒋家王朝。在牡丹江军民的力量面前,不要说你这个先遣队,就是再有几十个、上百个,也只能落个同你一样的下场。"他低沉地哀叹了一口气说:"东满的十几个司令都不行了!"(指牡丹江、合江地区的十几个土匪头子)他还说:"我败在你们的土改上,从那以后,穷棒子和你们一条心,我山下的哨了一个个完了,我成了瞎子。"接着我向他指出:"你的罪恶是极其严重的。你的每一件罪行人民都是清楚的。你现在只有向人民低头认罪,听从人民、人民政府的裁决。"他对"人民"两字似乎很敏感，极为骇恐，连声说："我有罪，我认罪！可千万别把我交给屯里人（指他们抢掠过的村庄），那样我连个囫囵尸首也落不下啊！"

经过审讯，很快审清了"坐山雕"杀害我党干部和积极分子，抢掠人民财物、勾结国民党、组织哗变等罪行。对他派到各地的情报人员，经核对，只有一处我公安机关作为嫌疑分子在做调查，其余都已先后被我方破获。除此以外，他交代了曾派人去吉林同国民党联系，要求给他空投装备，每次都答应了，但都落了空。他还交代，因被我军民追剿得到处躲藏，无安身的地方，曾企图逃往吉林，因我军民封锁严密，没能逃成。

"坐山雕"被活捉的消息传开后，遭他残害过的地方的人民要求押到他们那里去公审。"坐山雕"的罪恶审清后，省委和军区认为公开审判的时机不成熟，将时间推迟了一个时期。时机成熟后，请示东北军区。鉴于"坐山雕"罪恶累累、民愤极大，拟由各地派代表，在牡丹江市开公审大会，控诉之后，处以极刑。请示尚未批回来，"坐山雕"得了肺炎，经军区医院派医生抢救无效，死于监狱之中。

"坐山雕"被关押期间，按照党的政策，同样给了他革命人道主义的待遇。他的伙食标准同其他犯人是一样的。组织犯人进行生产，因他年老，不让他参加。给犯人上课讲政治、政策、形势，都让他参加听讲。我军的政策使"坐山雕"这个十恶不赦的罪犯也不得不承认："你们和过去的军队是大不一样！"他看到保卫科的干部战士参加生产，组织其他犯人搞生产，他也提出参加，开始要求扫院子，后来他说，他会条编，可以编筐篮，都满足了他的要求。他得肺炎临死前，对看守所长说："所长，我大约不行了，你告诉科长，我的罪实在大啊！还给我请医生看病，我有愧啊！"这也证明了我军政策的威力。

以上情况，是我记忆起的。具体时间和情节无材料可查对。杨子荣烈士活捉"坐山雕"的战功，只是他英雄事迹中的一件，因我当时不在二团工作，很难件件写清楚。"坐山雕"被活捉押送到保卫科后的情况，我记忆起的是真实的。要写清楚杨子荣烈士的英雄事迹，建议向以下单位和同志做调查。

一、向河北省保定驻军做调查。杨子荣烈士生前在牡丹江军区二团战斗、生活。这个团后来调到前方同当时的四野一纵合并，这支部队是现在驻保定的三十八军。杨子荣烈士所在的排被命名为"杨子荣英雄排",同他一起战斗过的干部,有些仍在该军工作。这些干部如果一起座谈,可以将杨子荣烈士的英雄事迹整理清楚。

二、向曲波同志做调查。曲波同志在牡丹江军区时是二团的领导人之一,是小说《林海雪原》的作者。二团剿匪的重要活动,他都清楚,可向他做调查。他现在的所在单位是铁道部工厂管理局。

黄　夷

1984 年 11 月 20 日

此材料是 1947 年初审讯过"坐山雕"的牡丹江军区政治部保卫科科长黄夷同志（现任国家农牧渔业部政策研究室主任）所写,有参考价值。

温　野

1985 年 12 月 15 日

原载于《特级侦察英雄杨子荣》,黑龙江人民出版社 2017 年 9 月第 1 版,2017 年 9 月第 1 次印刷。

# 随"少剑波"、杨子荣剿匪的岁月

李逸清　姜守浩

《林海雪原》电视剧的热播,又让我无比怀念我的老首长曲波(《林海雪原》中的少剑波、二〇三首长)、王日轩、王敬之、张志玉和我的亲密战友杨子荣、李作新、刘希凯、刘希茂等同志,难忘那段雪原剿匪的岁月。

1940年,日本鬼子占领海阳县城,鬼子经常下乡"扫荡"。老百姓深受其害,全村老百姓都自动组织起来反"扫荡"。1942年,山东胶东地区八路军的主力开辟①到我的家乡,这时八路军主力壮大成立了十二团、十三团和十四团;4个海区都有独立团,即东、西、南、北四个海区独立团;每个县还有一个独立营。八路军抗击日本鬼子和国民党地方反动武装,并发动群众,开展了声势浩大的参军参战活动。当时胶东八路军的部队都集中在青岛周围,对青岛和即墨城的日本鬼子形成包围之势。这年夏末秋初,我在即墨县城西北姜家坡参加了八路军,那年我18岁,叫李洪庆。参军部队的番号叫"海军支队",支队长是郑道济,副支队长是田松,该部队当时有5个中队,即一、二、三、四中队和一个警卫中队。我被编入三中队一班,我的班长是周绍光,杨子荣在三中队七班任班长,三中队指导员是王日轩。曲波(少剑波)任四中队指导员。海军支队是1945年胶东八路军东海独立团接管的威海刘公岛起义的一支部队,接管后调来一些干部,并从胶东公立学校调来一些学生而成立组建的。我记得,曲波26岁左右,口才非常好,善于动员部队、作报告,组织领导能力强。杨子荣30多岁,满脸胡子,个头不高,瘦而黑,身体结实。曲波、杨子荣和我都是胶东人。

海军支队开拔东北前,在山东莱阳水沟头(今莱西市县城)进行了大练兵。

---

①原文如此。

练兵生活比较紧张，首先是部队的作风训练，要求每个指战员在行动上要迅速，军事化作风要严格，口号是"3分钟人走屋子空"，早晨起床穿衣服、打背包到集合是3分钟的时间。经过训练，部队全体指战员都能达到行动迅速这种优良作风。"三三制"队形训练：就是部队在进攻时，以一个班为单位，把一个班划成三个战斗小组，在进攻时，第一组以火力掩护第二、三战斗小组前进，当第二、三战斗小组到达前方后，再由第二战斗小组以火力掩护第一战斗小组和第三战斗小组前进，就这样交替前进。攻城战术训练：在操场上修了两个有2米高左右的"城墙"，"城墙"前面有一个独木桥，要求全副武装通过独木桥再爬上"城墙"。刺杀训练：刺杀训练就是拼刺刀。拼刺刀时首先在思想上要勇敢，不怕敌人，因为短兵相接，你不刺死敌人，就会被敌人刺死，在拼刺刀时还要喊"杀"声，使敌人惧畏，在技术上技巧上，怎样拨敌人的刺刀同时向前冲一步刺杀等。

经过1945年秋水沟头一个多月的大练兵，我们的部队由山东胶东半岛长途行军到东北牡丹江地区东宁、绥芬河一带。部队行军的路线是由水沟头向东出发到莱阳县城，然后向北到龙口上了船。船是大风帆船，每只船有4个舱，可乘一个中队。在船的甲板上，由曲波对全支队作动员报告，他说："我们部队奉中央军委的命令，到东北建设东北，东北在战略地位上非常重要，在建设上有优良的条件。"他特别讲了这样一句话："我们在威海山上安上一门重炮，再在旅顺山上安一门重炮，这两门炮可以对头打，把渤海封住。"船在海上晃悠了一个礼拜，在庄河县打拉腰村登陆。登陆后开始扩编，扩编成一个支队，辖设2个团，以一、二中队为骨干成立独立一团，以三、四中队为骨干成立独立二团。要求全体指战员每到一地都要动员老百姓参军，我在通化动员一位老乡（叫吴化文）参加了我军。新任二团团长是王敬之，团副政委是曲波（代号二〇三），团政治处主任是王日轩，团直属队指导员是张志玉，团政治处技术书记是史同德，杨子荣任侦察排长，我在二团团部通信班任副班长。

部队休息了几天后，便开始朝东行军，经过了青堆子、宽甸、恒仁，又经过通化进入吉林省。两个多月的行军，一直靠两条腿走，到通化时，我们才坐了一段汽车。我们部队来到吉林乌拉街，开始作战，一直打到牡丹江东宁绥芬河一带，大小战斗20多次。乌拉街战斗是在早晨拂晓时打响的，这是第一次剿匪战斗。土匪守在一户原地主的房子，该院子是一个四合院，有院墙，4个角有4个炮台，我军将土匪包围后进行射击，土匪占据4个炮台向我们射击，战斗持续3个多小时，土匪被打得四处逃散。这次战斗，我们连指导员牺牲了。

从乌拉街战斗起，两个团轮流上阵，一个剿匪，另一个团调整，下一次战斗两个团再交替过来。就这样，我们打了榆树、舒兰、白旗屯、五常等剿匪战斗，取得了一个又一个胜利，部队越打越勇，匪徒闻风丧胆。曲波是首长，我接触少一些，而杨子荣是与我一起并肩战斗的战友，他打仗来机智勇敢，敢打敢冲，有一种不怕死的精神。

进入黑龙江后，部队在小山子（今黑龙江省五常县胜利屯）进行了一次异常激烈的剿匪战斗。战斗由我们连担任主攻，我们连接受任务后，以一排主攻，二排佯攻，战斗是在拂晓时发起的，土匪守在村里。村子的周围有土墙，村外是开阔地，我们进攻部队没有隐蔽的地方，敌人的火力很猛，土匪的号不断地吹着。我们部队伤亡较大，一排和三排伤亡过半，雪原上到处是鲜血和牺牲的战士。待到天明我军的三五九旅支援来了，他们部队有一门山炮，把土围子墙打开一个缺口。经过激战，最终把这股土匪消灭掉，取得了战斗的胜利。

后来，部队在黑龙江省牡丹江市附近一个叫海林的地方驻扎下来，开始四处出击剿匪。东北的土匪头子谢文东，原是国民党军官，在牡丹江、佳木斯附近召集了号称12万人的土匪，其中包括很多国民党残余部队，座山雕、马希山①、江左撇子是他手下的"得力旅长"。那时候，在东北参加剿匪的部队很多，经过一年多的联合围剿后，大部分土匪被消灭了，有少部分跑到了深山老林中，使剿匪战斗变得更加艰巨，这就是《林海雪原》的故事背景。

1946年的10月，我这个吃过5年"墨水"的人，被调到牡丹江军区机要处，学习翻译电报。从那以后，我与曲波、杨子荣和共同剿匪的战友们分开了……离开后，二支队组织了深山剿匪小分队，打入林海雪原。杨子荣就是在那里智取威虎山，写下了一段千古传奇……

此后，我参加了辽沈战役、平津战役，一直在四野十四兵团机要处工作。1949年中国人民解放军成立空军，机要处全班人马调北京进入空军机关，我在空军司令部机要处工作，任首长秘书。1951年更名李逸清。1953年调到大

---

①应为"马喜山"。

连市空军十六厂任党支部书记。1960年,又到大连理工学院干部班学习,毕业后留在了该校,1987年在该学院夜大学部副主任的位置上离休。

上个世纪50年代,我与曲波通过几封信。"文革"时,我外调去北京,费尽周折找到曲波家。那时,他是七机部下面的司长,住在北京西郊。老战友见面,感慨万千。在我的感觉里,曲波依然是我的老首长,我有一种难以形容的亲切感。在曲波家里,首长向我谈了杨子荣、高波等战友牺牲的壮烈过程。杨子荣是在智取威虎山战斗中一个叫黑牛背的地方牺牲的。曲波与我努力回忆着那些曾经一起战斗过的战友的名字,而他的回答都是"牺牲了""牺牲了"……从北京回到大连,我的心情十分沉重,一连几天吃不好,睡不香,我对爱人说:"知足吧,能够活下来就是幸运,再也不要提什么多余的要求了。"

曲波去年患糖尿病去世了,现在老伴还健在,我深深地怀念着他。

原载于《春秋》杂志2004年第6期。

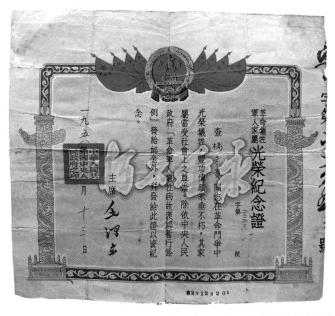

杨宗贵革命牺牲军人家属光荣纪念证(王鲁莹提供照片)

# 送别子荣　誓死报仇

尚保仁

1947年2月23日,"战斗英雄"侦察排长杨子荣同志在围剿郑三炮等匪徒的战斗中,在海林北面的闹枝子沟,不幸被土匪孟老三的枪击中胸部而光荣牺牲,年仅三十岁。

1947年2月25日,二团指战员怀着无比悲痛的心情,在海林镇朝鲜族中学广场上,为杨子荣和高波等其他几位在剿匪战斗中牺牲的战士,举行了隆重的追悼公祭安葬大会,海林镇方圆几十里的群众也来参加。

牡丹江军区首长致悼词,并当场宣布把杨子荣生前所在的排命名为"杨子荣排"。东北军区司令部还授予杨子荣"特级战斗英雄"光荣称号。

战士们纷纷表示:誓死要为杨子荣和高波等烈士报仇!口号声此起彼伏。

当时,由连以上干部抬着杨子荣和高波等其他几位在剿匪战斗中牺牲的战士的遗体,在一阵排枪声中(每隔几分钟,战士们就举起冲锋枪朝天鸣枪致哀,一串串愤怒的子弹射向了天空,划破了战后短暂的寂静……),唱着哀歌(经我回忆,哀歌歌词是)

把花圈肃敬地献上,

千万同胞痛声哀唱,

你们坚决,

你们勇敢地为国牺牲。

不死的精神,

永留世上。

把花圈肃敬地献上,

千万同胞痛声哀唱,

你们坚决，

你们勇敢地为国牺牲。

不死的精神

永留世上。

我们抬着烈士的棺椁，绕海林镇一周，为杨子荣等同志送葬。我们唱这首哀歌时，大家都很激动。一边流着眼泪，一边唱……

最后在海林火车站后面东山脚下的一块空地（就是今天的烈士陵园前面），安葬了烈士，立了一块碑，上面有一个大红五星。

原载于王学俭主编《浩气长存》下册，中国科学文化出版社2007年12月第1版，2008年第2次印刷。

# 曲波同志回忆杨子荣烈士事迹片断[①]

## 曲波讲述

我写的《林海雪原》是小说,是文学作品,不是历史书,写小说和写历史是两回事。小说里的故事大多是虚构的,杨子荣烈士的真实剿匪战斗事迹很多,你们应调查清楚,我也记不起来了。

我先讲讲我们部队牡丹江军区二团的组建历史。这支部队是1944年秋天,由驻威海刘公岛和龙须岛的汪伪海军起义后组建起来的。我党为了改造这支队伍,将来胜利后建立我们自己的海军,就由我胶东军区接管,相继派入四部分人充实壮大部队。第一部分是军区派进的领导干部:王子衡、田松、李伟、方定臣、宿灿、徐成之、罗江、曲波、王日轩、冯飞等同志;第二部分是根据地几个中等的学生,有胶东公学、文牟联中、北海中学等,这些学生都是志愿参军的党员和优秀青年;第三部分是从八路军老部队十三、十四团抽出的有文化的基层干部,班、排长,全都是党员;第四部分是根据地优秀民兵骨干,参加过战斗,经过军事训练的。

当时命名为"海军支队"是团级建制。支队长由原起义领导人郑道济担任,政委是胶东军区政治部主任欧阳文兼任。副支队长先是王子衡,后是田松,政治处主任李伟,副主任方定臣。支队下分四个中队:一中队政委罗江,二中队政委刘金凯,三中队政委王日轩,四中队政委曲波。这是1944年12月的事,当时部队有600多人,部队改造是成功的。经过近一年开荒生产、军事政治训练、思想教育和群众工作,还参加实际战斗,到1945年8月抗日战争胜利时,这支部队已成为我党我军领导下的具有一定政治水平和战斗能力的知识分子占

---

[①] 应为"片段"。

多数的革命武装队伍。

日本侵略者投降后，8月下旬，"海军支队"参加青岛外围即墨城的攻坚战，消灭1200多敌人，取得了胜利。我部是锻炼一下，我指挥二、四两个中队掩护大队撤退。我们撤到莱阳县水沟头村（现莱西市），部队再次进行扩编，把四个中队扩编成两个大队，是一个师的架子。王茂才任一大队政委，刘金凯是副政委，罗江是一大队副队长；我任二大队政委，王日轩为副政委，肖永志任二大队副队长。

这时根据上级指示，针对蒋介石发动内战的阴谋，我军要进行一定时期的自卫战争，暂时不能建立海军，需要战斗部队，因此要进行新的扩编，这样就从文登、牟平等县大队、区中队和民兵中抽出一部分干部、战士，加入我们队伍，部队改名为"山东军区第二支队"，由原来的四个中队扩大为六个中队，共800多人。杨子荣同志就是这时进入我们这支部队的，他被分到二大队六中队当战士。

我们于1945年10月上旬奉命开赴东北，保卫抗日斗争胜利果实，建立东北根据地。我们从水沟头出发，走到龙口坐木帆船渡海，在辽宁的庄河上岸。

我记得杨子荣同志是贫雇农出身，当过长工、打过短工、当过民兵，参加过战斗，家住哪个县不清楚，家里情况不了解。他很聪明，没读过什么书，但能讲说《三国》《水浒》等古书。他买蜡烛晚上点着，请识字多的人给他念。他记忆力特强，听过就不忘，能说古道今。他想当英雄豪杰，有一身英风侠骨，他学过武术，枪法也好。他因生活困难，下过关东，当过伐木工人、船工、矿工，熟悉东北的风俗民情。他有一米七十多的个头，很结实，有力，络腮胡子，浓眉大眼，白眼珠大，盯着人看能把人心看透……

到庄河登陆后，准备调我们去哈尔滨当警卫师，改番号为"辽南纵队第二支队"。我们继续北上，经凤城、宽甸、桓仁、梅河口、通化、口前，一直到吉林，一路上打仗不多。11月上旬打乌拉街前，我派杨子荣去找船渡江，他走了几十里地，在松花江上游一条岔子里找到一条大木船。船主是一个四十多岁的贫苦妇女，她受过土匪的害，愿意帮助我们。这条船一次能渡二十多人，我先把一个连渡过去。我又叫杨子荣下水试试能否泅渡，他会游泳，但当时河水冰凉透骨，他没有迟疑，游了一个来回，说可以游过去。我叫机关人员坐船，部队泅渡，一下子冲进街里，解决了土匪团部，活捉匪首关团长。

以后打白旗屯、舒兰、榆树，在这过的1946年新年，还开了联欢会，杨子荣表演说笑话。他还说他会化装，谁也认不出来。我说不可能，不管你怎么化装，我也能认出来。他说下午我就在赶集的人群中，你找我吧，认不出来，曲政委得买糖请客。我带警卫员在街上看，结果谁也没认出来。他化装成了病老头子，身穿破棉袄，拄根棍子，头上顶个瓦盆，胳膊还夹个瓦盆，一走直哼哼，我就没看出来。还是他走到我身后，拍我肩膀问我看出来没有才知道，他以后经常化装成老百姓搞侦察，很有一套，完成很多任务。

接着打五常，消灭土匪宋司令五百多人，这些都是杨子荣侦察的成果。这时牡丹江地区形势紧张，土匪猖狂，上级不让我们进哈尔滨，快速开赴牡丹江地区。到牡丹江后，二支队与牡丹江军区合并，两个大队改为一、二两个团，我任二团副政委代政委，二团驻海林镇，一团在牡南，二团机动，先打牡南土匪后打牡北。

这时我二团成立侦察排，直属团部，调杨子荣任侦察排长，由他挑选侦察员。他挑了孙大德（吉林蛟河人）、魏成友（海林附近山市人）等熟悉东北民情，作战勇敢的二十多名战士。杨子荣侦察排始终侦打结合，大小战斗上百次。直到1947年农历二月三日（公历2月23日），在海林北部黑牛背山里搜剿李德林股匪残部战斗中英勇牺牲。这次战斗是我带队去的，杨子荣同志的牺牲我很懊悔，几天没吃饭。

许大马棒没有这个人，是我在小说中虚构的，是按照匪首张德振原型加工塑造的，他的老婆就成了蝴蝶迷的原型。

"坐山雕"当时60多岁，小个、瘦，但腰板溜直，鹰钩鼻子，黑脸，头发都白了，两撇胡子也白了，下巴上一撮白山羊胡子，穿便服皮袄。他被杨子荣抓到后，我们团未审，送到牡丹江军区司令部关押，听说军区政治部的黄夷同志（后任国家农业部办公厅主任）审讯过"坐山雕"，后来老匪病死在狱中。你们可找黄夷同志了解审讯"坐山雕"的情况……

注：1983年3月26日，笔者在北京访问杨子荣烈士生前所在部队牡丹江军区二团副政委曲波同志，当时他任铁道部工厂管理总局副局长，也是著名作

家。本文是按他的讲述记录整理的。曲波同志回忆的杨子荣剿匪战斗故事细节，笔者已写入传记正文，这里不再复录。

原载于《特级侦察英雄杨子荣》，黑龙江人民出版社2017年9月第1版，2017年9月第1次印刷。

杨宗贵失踪军人通知书

1957年11月9日《北京日报》第三版

# 关于《林海雪原》

## 曲 波

"以最深的敬意,献给我英雄的战友杨子荣、高波、陈振仪等同志。"这是《林海雪原》全书的第一句,也是我赤诚的一颗心。

这几年来,每到冬天,风刮雪落的季节,我便本能地记起林海雪原的艰苦年月,想起一九四六年的冬天。当时国民党的主力重兵压向东北,更在北满收罗伪满官吏、警察、宪兵以及惯匪、地主、恶霸、流氓、大烟鬼,组织土匪武装,号称"中央先遣挺进军"。那时我军背腹受敌,不得不抽出一部主力,到北满肃清匪患,巩固后方,保护土改。及至后方的大量匪患荡平,坚决反革命的匪首便窜据深山密林,并在地下组织"先遣军"分子图谋暴乱。

匪徒是垂死挣扎,愈加凶狂残忍,他们的口号是:"宁蹲山头看监狱,不蹲监狱望山头""穷棒子打死咱一个,咱要打死穷棒子一百窝"。他们采取了"牛刀战术""寇盗活动",所到村屯烧光杀净,其凶其恶闻所未闻。书中的"血债"与"库伦比"只不过是我目睹事实之一二罢了!

当时我们用大兵团对付这些鲨鱼性、麻雀式的匪股已显得不中用了。正像我们当时所分析的那样,即使我们的大兵团像梳头一样把整个林海梳过来,匪徒也会在一个石缝中漏掉;何况我们根本不可能梳过来。于是省委和军区便研究了剿匪的新战法,确定组织小部队进山。当时我和我在书中所写的战友们,便数度深入林海雪原,和许家父子、马希山[①]、座山雕、李德林、谢文东等匪股周旋。在周旋中锻炼了我们自己。在战术上、军事技术上,我们压过了敌人,战胜了敌人,直至将匪徒歼灭。

---

① 应为"马喜山"。

在这场斗争中，战士们高度发挥了我军艰苦奋斗的优良传统，克服了人所难以忍受的艰苦，在零下三十八度到四十度的雪海里侦察奔袭，斗智斗力。有时我们在石洞里睡觉，有时用雪砌成三壁雪墙挡风。我们克服了前所未见的奶头山、绝壁岩之类神话般的天险，发挥了大勇大智孤胆作战的奇能，特别是杨子荣同志只身进入座山雕的营寨，终于擒拿了这个三代老匪首。不幸在最后擒拿匪首四大部长的斗争里，被匪首郑三炮弹击身亡。

我的警卫员高波同志，带着病也不肯离开我和小分队。我只得给他一些轻的工作，让他乘森林小火车往返交通。在横道河子他为掩护群众突围，与大股匪徒拼杀负了重伤，终于牺牲了。

他们的事迹永远活在我的心里。当我在医院养伤的时候，当我和群众谈话的时候，我曾经无数遍地讲过林海雪原上的斗争生活，尤其是杨子荣等同志的英雄事迹。听到的同志无不感动惊叹！我想："用口讲只有我一张口，顶多再加上还活着的战友二十几张嘴，杨子荣侦察排也只不过在三十八军有名。我党我军的武装斗争，斗争于山区，斗争于平原，斗争于海滨，也斗争于交通线和湖畔，同时也斗争于林海雪原；在林海雪原这特殊的环境里，有着特殊的艰苦与困难，但是我们战胜了严寒，克服了天险，歼灭了最狡猾毒辣的敌人。党和祖国的这些好儿子，这样光辉的事迹，我有什么理由不把它更广泛地公诸于世呢？是的！应当让杨子荣等同志的名字永垂不朽，传给劳动人民，传给子孙万代。"于是我便有了写成一篇小说的幻想。

但是自己一来工作忙，二来水平低，苦于心有余而力不足，自己又胆怯起来。在这种矛盾的心情中激剧地斗争着。

一九五五年二月，我夜半冒着大雪回家，我凝神地看着正在甜睡的爱人和小晶晶，他们是那样的幸福，一阵深切的感触再次涌上了心头。祖国的空前强大，经济战线上的辉煌成就，人民生活的迅速提高，我的宿舍是这样温暖舒适，贤妻幼子俱全。这一切，杨子荣同志和高波同志没有看到，更没有享到，他们正是为了我们今天所享受的这些，度过了艰苦的年月，献出了他们最宝贵的生命……于是我便下定决心，挤业余时间写。

从那时起，每晚我都加班三四个小时，完全没有什么星期日或其他的假日，深深体会到这个劳动是艰苦的，但我的精神非常愉快。当写到高峰的地方，就搁不下笔，时常是为了第二天的工作才强制着放下笔，我每天晚上写书的时候，不感觉是坐在温暖的宿舍里，而是在林海雪原里，和小分队的战友们在一起。

就这样业余写作，到一九五六年八月完成，约计有八个月的完整劳动日。

可惜得很，由于我水平的限制，没有写好，而且也没写周全。有许多事情我把它们删掉了。英雄们的事迹绝非四十万字所能写完的。当然我也在英雄们丰功伟绩的事实基础上加了一点综合剪辑和塑造，我不是在给某一个英雄写传记，而是把我最热爱的人民解放军战友的英雄形象加以典型化，他们代表着更多的英雄。

杨子荣同志本来已经牺牲了；而我书中没有写他牺牲，原因是我不愿意这样一个人牺牲，在我的心目中，杨子荣同志的精神永远活着，他是我们中华民族的优秀儿女，共产党员的光辉。这光辉是永存不灭的。

杨子荣同志，不用说他的战斗功绩永存不灭，就是他那朴素的思想光辉也时刻照射着我的心头。记得有一次在林海雪原中战斗的间隙里，我和他谈到前途问题，当时他说："现在的侦察排长就已经是我的前途，因为我是在实现共产主义的大道上走着。以往地主压得我不敢喘气，现在我手使双枪，动用心机，自由地瞪着眼，喘着气，打他们的老祖宗蒋介石。这是多么理想的一天哪！又是多么理想的前途啊！再往小一点说，我今天的战绩，就是昨天的前途；明天的战绩，就是今天的前途；这样一天一天就走到了穷人翻身、阶级消灭的太平年，到那时我也就四十好几快五十岁了，我这个侦察兵的一段乐事就办完了。到那时咱老杨再干咱的老行业：种庄稼、搞集体农庄。到那时千户成一体，万众为一家。春天下种，秋天收粮。咱老杨和群众一起走这条光明大道。这前途和春天的种子一样，一粒下地，万石回家。现在咱是在翻身的道路上打仗，将来咱是在五谷丰登的道路上劳动。总之我现在每做成功了一件事，都觉得是在共产主义大道上进了一步。每一步都是美好的。所以我每天总是检查检查我这一步走得怎么样。"这是多么有生命的话！他是一名声贯东北的侦察英雄，而他毫不空想些个人的什么……这样的人是永远活着的。

有一个人是我加的，就是那个鞠县长，少剑波的姐姐。我根本没有这样一个亲姐姐，但事实上我有数个这样的异姓的好姐姐。我十五岁参加八路军后，初在剧团工作，剧团里的大姐，视我如亲弟弟，问寒问暖，体贴备至，使我为共产主义队伍里的这种高尚感情深深感动。我的爱人在十四岁参军后，也是在这样的一些大姐手下，当过小护士，也是这些共产党员大姐把她抚养大的。在党的领导下，在这些党员同志的影响与教育下，我们在各方面迅速成长着，所以我们在孩童时代（我十六岁，她十五岁）就加入了中国共产党。我一忆起这些大姐，便自然而然地创造了这样一个姐姐的形象。

在这里，我必须交代一句：少剑波的事情虽然就是按我的经历写的，但是我绝不是少剑波，因为少剑波这个人物，作为这样一部小说的主人翁，我是按照一个更完整的人民解放军的指挥员的形象来刻画的。

在写作的时候，我曾力求在结构上、语言上、故事的组织上、人物的表现手法上、情与景的结合上都能接近于民族风格，我这样做，从目的性来讲，是为了要使更多的工农兵群众看到小分队的事迹。我读过《钢铁是怎样炼成的》《日日夜夜》《恐惧与无畏》《远离莫斯科的地方》，我非常喜爱这些文学名著，深受其高尚的共产主义品质道德及革命英雄主义的教育，它们使我陶醉在伟大的英雄气魄里，但叫我讲给别人听，我只能讲个大概，讲个精神，或是只能意会而不能言传。可是叫我讲三国、水浒、说岳传，我可以像说评词一样地讲出来，甚至最好的章节我可以背诵，在民间一些不识字的群众中也能口传；看起来工农兵群众还是习惯于这种民族风格的。但由于水平低，写完以后感觉文词粗劣得很，更谈不到民族风格，深恐达不到我的目的。因此我要求亲爱的读者和文学战线上的老前辈提出严格的批评，以使我能把它修改得更好一些。

# 机智和勇敢从何而来

曲 波

**1958年4月14日**

项志毅同志：

来信早收到了，我希望我的回答，不会使你感到失望。

首先，我要告诉你的是，杨子荣同志并不是为取得千千万万人的敬仰和爱戴而去创造轰轰烈烈的事迹的。

为了说明这一点，我找出了一九四七年三月七日威虎山战斗间隙里所写的一篇日记，这里记录了杨子荣同志对前途和事业的看法："……现在的侦察兵就已经是我的前途，因为我是在实现共产主义的大道上走着。以往地主压得我不敢喘气，现在我手使双枪，动用心机，自由地瞪着眼，喘着气，打他们的老祖宗蒋介石。这是多么理想的一天哪！又是多么理想的前途啊！再往小一点说，我今天的战绩就是昨天的前途；明天的战绩就是今天的前途；这样一天一天就走到穷人翻身、阶级消灭的那一日。到那时我也就快五十岁了，到那时我就再干咱的老行业：种庄稼、搞集体农庄。到那时千户成一体，万众为一家，大家都过太平年了。现在咱是在翻身的道路上打仗，将来是在五谷丰登的道路上劳动。总之我现在每做成功了一件事，都觉得是在共产主义大道上进了一步。每一步都是美好的。所以我每天总是检查检查我这一步走得怎么样。"

你看，这段话没有什么美丽的词藻，但是却表达了杨子荣同志为共产主义事业为劳动人民解放的赤胆忠心。

杨子荣同志是一个声贯东北的战斗英雄，而他却丝毫没有考虑个人的什么得失。胜利后他要回到农民中去搞自己的老行业：种地、搞集体农庄。他向往和追求的是千户成一体、万众为一家的社会主义前途。他在这样一种理想下,每天都要检查自己作的[①]怎么样,他是怎样严格要求自己!这是怎样大公无私的思想品质!

让我再举出一个事实说明一下。

杨子荣同志只身入虎穴,大破威虎山,生擒三代匪首、国民党旅长座山雕,以及其他杀人不眨眼的恶匪头目时所表现的勇敢和机智,可以说是古今中外所罕见的。但是当我们和杨子荣同志胜利会面时,当战士们把他抬了起来齐声称赞他"团副"当得好、夸奖他战斗的功劳时,他却谦逊地回答道:

"没有同志们的英勇战斗,我一个人是毁灭不了匪窠[②]的。我当一千天'团副'也没用。我,只不过指挥了个'酒肉兵'。其实大家比我辛苦得多。"

当大家都说他不简单时,他却说:"没有党培养我这几年,我这个老雇农怎么敢到座山雕那里去当'团副'!"

志毅同志,你看,他就是这样谦虚地把一切归功于党,归功于群众;既无表功之意,又无取宠之心。

杨子荣同志不是天生的英雄,而是经过党的多年培养才成为这样一个共产主义的英雄的。

记得抗战时期,他刚参军时我曾问他:"你为什么要参军?"他说:"一为打日本救中国,二为打杨大头报仇!"

经过他一番控诉,得知地主杨大头作恶称霸,一贯残害穷人,也残害杨子荣的全家。这个年近三十的雇农,当时是深怀民族深仇和阶级大恨而放下锄头的。

党支部研究了这位新兵的认识,觉得他还没有把个人私仇提高到阶级公仇的地步上去,因此决定对他进行教育。我当时是指导员,除了经常和他谈杨大头的事之外,又组织了许多老党员和老战士向他谈别村地主剥削残害农民的事;又叫杨子荣参加了连队的民运组,使他广泛地接触和了解社会上的阶级情况。不久,一件地主勾结日寇向农民倒算的血的事实,使杨子荣从思想上来了个跃进。他找我谈话,说:"指导员!我现在才明白,我的仇人不只是杨大头的全

---

① 应为"做得"。
② 应为"匪巢"。

家满门。"我问他："还有谁？""天下地主是一个妈，天下的穷人是一家，天下的地主都是我的仇人，天下的穷人都是我的亲人！"说时，他那燃烧着怒火的眼睛里喷射出更深的阶级仇恨的烈焰了。

他进一步地懂得，地主阶级不消灭，是解救不了人民的苦难的；他进一步地懂得，要打倒的是整个的反动阶级，而不只是杨大头一家。渐渐地他更懂得了只有共产主义才能使反动阶级永不发芽，只有共产党才能领导广大的劳苦群众争取解放。从此，他就抱着消灭民族敌人，消灭反动阶级，向共产主义前进的信念，在党的领导下，英勇顽强地战斗着，甚至为此牺牲自己的一切，也在所不惜。你看，他的革命品质是怎样得来的，难道还不清楚吗？

那么，勇敢和机智究竟是怎样产生的呢？

大家知道，有了坚定的阶级立场，远大的共产主义理想，自然会产生为实现远大理想的高度责任心。

就拿杨子荣同志来说，他认为革命是他的天职，所以在斗争中就不避艰险，不怕困难，不畏强敌，不惧生死，就因为这些，超人的勇敢也就来了。

当杨子荣同志向我们讨打入匪巢的命令时，我们还有些犹豫，因为我们知道他这个军事侦察排长，在当时还缺乏混进匪巢从内部侦察的经验。

当时他激动地说："我承认我没作①过，确实没有这方面的经验，不敢说大话。但是经验不是凭空而来的，俗语说：'不经一事，不长一智''世上无难事，就怕有心人'。不下水一辈子学不会游泳，不扬帆一辈子不会操船。党培养我这多年，我自信我不比匪徒傻。我可以像指挥我的舌头一样，指挥我的一切。"

在匪穴中，当他一发现他曾捉过、审过、打过交道的栾匪进山时，他说：当时他也不免一阵僵了神，手握两把汗，全身像麻木了一样。但他立即清醒过来，暗暗把自己痛骂了一顿："杨子荣呀杨子荣，事到临头不镇静，这是一个党员可耻的表现。现在正是党和人民需要你的时候，死难的阶级弟兄需要你的时候，斗争最紧要的时候，你还不赶快想点子？"他立刻把全部精力集中到栾警尉这个死对头身上来了。"消灭他，用尽一切办法消灭他，我不消灭他，他要消灭我们的剿匪计划。"

① 应为"做"。

在这种危险的情况下,他想到的不是自己,而是党和阶级最需要的时候,怎样用全部力量保护和实现消灭匪巢的计划。

正因为他把自己的生死置诸①度外,才能把全部精力集中到消灭敌人身上,正因为他的精力集中,才使他产生了机智,终于从容不迫地在座山雕等众匪的环视中展开了对栾匪的舌战。结果终于转危为安,转败为胜。

志毅同志,从我的这位战友身上可以看出这样一条规律:伟大的理想,必然会产生高度的责任心;有了高度的责任心,也就会产生无畏和勇敢;有了无畏和勇敢,也就会临危不惧,镇静地想出对付敌人的计策和手段,从而也就会产生无限的机智。当然,机智也会反过来促进勇敢,即所谓"艺高人胆大",所以勇敢与智慧是一个革命者完整的革命本领的统一体。当然,起决定作用的还是对共产主义事业的忠诚。正像杨子荣同志说的:"为人民事业生死不怕,对付敌人就神通广大。"

写到这里,我又想起了一件事来。

我最近接触过这样一个青年,他想当英雄,但不愿当罗盛教、董存瑞式的英雄。因为他们虽然有名,为人民所敬仰,但终于牺牲了,后来的荣誉与幸福什么也享受不到了。所以他的人生观是:人生在世,不过百年,怎样才能过得好呢?第一,好好念书,学得吃饭的本事,书和饭碗是自己的。第二,成名成家,多得工资有名有利,名利也是自己的。第三,成立一个美满的小家庭,老婆孩子也是自己的。

志毅同志,你想这样一个渺小自私的灵魂,什么都是以个人名利为中心的人,怎么能在困难面前有充分的勇敢和机智呢,又怎么能在集体的事业里做到大公无私呢?所以问题很明显,像他这样的人,即或他是一个天资最聪明的人,也是无法成为共产主义的英雄的。

所以,归根到底,究竟怎样才能成为智勇双全的英雄人物?最根本的问题还是革命的人生观和立场的问题。因此首先不要从方法上去模仿和考虑,而是应该注意自己立场、观点、思想品质上的不断改造。实际上,真正的英雄事迹是平凡事业的积累,真正的英雄也都是最忠心于平凡工作的人。

在我们这个伟大的时代里,在党和毛主席英明的领导下,只要树立了共产

---

① 应为"之"。

主义的人生观，坚定了工人阶级立场，鼓足干劲，苦学苦钻，在各行各业中都一定能为人民创造出光辉的成绩的，每个人也都可能成为智勇双全的共产主义英雄的。

我的意见不一定十分成熟，仅供你参考。祝进步！

原载于《中国青年》杂志1958年第10期。

海林市人民广场曲波雕像

# 关于文学的真实与生活的真实

曲 波

……

《林海雪原》写的是一九四六年十月至一九四七年三月底这段最艰苦的剿匪斗争。因为一九四六年春，大股匪徒被击溃或就歼之后，最凶恶的匪首骨干，便窜据深山老林。林海的夏、秋，密林封门，丛草盖地，对窜入深山密林之敌，难找难寻，毫无战绩。加以匪首骨干，尽是些伪满官吏、警察宪兵、地主恶霸、盗寇惯匪和流氓大烟鬼，坚决与人民为敌，难剿难灭。所以战机只有选在一冬跨两年、两年合一冬这段最冷酷的时间，以完成"荡平匪患，保护土改，建设北满根据地"的战略重任。此时既有林海，又有雪原，故书名就叫《林海雪原》。

当时，合江的三五九旅，牡丹江的一团、二团、十四团，均采用过全能小分队的战斗序列，使用的是共同战法。小分队的特点是：能侦能打，边侦边打，侦打结合。这样各路小分队指战员的挑选，就非同小可，要求军政素质高，要求体壮战力强，特具独胆，机动灵活。这些小分队的指挥员的特点，集中概括体现在少剑波身上："少"是年轻，少年参加八路军；"剑"是武的象征，八年的游击战争锻炼，彪悍勇敢，锐不可挡；"波"是指在波澜壮阔的革命斗争中成长。

少剑波当然有原型，我最熟悉的原型有十多位，他们均系一九三八至三九年参军的少年，只有十五六岁。参加林海雪原战斗时，已经二十二三岁了，久经战火锻炼，均能独立指挥，英勇善战，出奇制胜，智勇双全。这批优秀的青年指挥员，就是我创造"203"首长少剑波的原型。

……

在《林海雪原》问世三十年来，我创作的原型战友中，没有一个人自认是书中人的，更没有以书中人自居的。这是他们的高尚品德。……

……汪伪海军威海要港司令部所属刘公岛一个练兵营,一九四四年十一月五日,在郑道济同志领导下,举行起义。尽管抗战已接近胜利,日、汪伪军已困守在孤立的几个海滨城市及岛屿据点中,他们起义后,投向我军。我胶东军区将其编为"海军支队",下设四个中队。整编后,我军派去了军政干部,建立了政治工作,实行政治委员制度;又从老兵团调去一批有文化的党员基层干部任副班长,还调入一批根据地的党员中学生当战士。从一九四五年一月到九月,开展了两项工作:一项是政治思想教育,一项是开荒生产。这样就从组织上、政治思想上、劳动生产上,团结、教育改造了这支起义武装,工作是成功的,出了许多好干部。在这九个月的政治思想教育中,从来没有打过仗,只是在九月我主力攻克即墨城后,派去打扫了一下战场。……

…………

……解放战争初期,在东北剿匪的部队首长,都称呼代号,不直呼姓名。当时历史事实是,我们牡丹江剿匪部队根本没实行代号制。……代号本是全建制部队上级司令机关规定的,绝不能自称。当时我们的部队,从庄河登陆,直到五常编团,既不属辖于任何纵队,也不属辖于任何军区,不能使用代号。到了牡丹江军区,恰巧军区又没有实行代号制……至于书中人少剑波,是我遵照我军的常规,创作代号为"203首长"的。……

…………

我们团从一九四七年七月十五日,开赴四平前线,与一纵一师合编,一九四八年秋辽沈战役中(我)负了两次重伤,一九五〇年转业到工业部门,……。

我创作《林海雪原》是一九五五年春节开始的,创作时绝对保密,只有我和爱人知道。我当时生活很熟,记忆力不弱,用不着找人。怀念战友,歌颂时代,人物形象,情深意切,历历在目,提笔神来。不用说没打过一冬跨两年仗的老连同志没有谈,连我诸多的英雄战友原型人物也没有谈。为什么这样保密?很简单,我这个人爱面子。怕写不成功,惹人耻笑。

"有威虎山这个地方吗?""智取威虎山的故事情节是否符合历史的真实?""当时座山雕有九群二十七地堡吗?"……

我们知道,文学是用语言塑造典型形象以反映社会生活的一种社会意识形态。文学是对社会现实生活的综合、集中、概括,使之更具典型性,更有代表性。文学饱含着作者的理想化,古今如斯,中外如斯。古今中外,概莫能外。阿Q是谁?未庄在何处?贾宝玉、林黛玉是谁?大荒山、无稽崖在何处?宁国府、荣国府在何处?大观园在何处?《四世同堂》是谁家呢?《战争与和平》中那些人是谁?那些活动场所当年在何处?你能回答出来吗?这是作家们综合、概括、集中的创作。景阳岗我去过,只是一个沙土丘,不用说藏不住老虎,连兔子也藏不住,你能因此而涂掉打虎英雄武松的伟大艺术形象吗?藏虎之处,这儿没有那儿有,打虎英雄好汉多得很。施耐庵概括集中创造的英雄武松,是活生生的形象,这是文学,是精神文明的一部分。

当年我在军区党代表大会上作过《严冬森林地域小分队剿匪经验》的报告,用牡丹江军区司令部的名义,发表在"机密"内刊《战情汇编》上,这是综合诸多小分队的经验写成的。我们剿匪战争的情况是,仅二团的剿匪战斗,共打了大小七十二仗。一团、十四团也在此数上下,至于三五九旅在合江,打仗可能更多些。在北满,环境相同、气候相同、林海相同、雪原相同。剿匪的全能小分队的组建相同,战法相同。指战员的军政素质也基本相同。因而我就将诸多的全能小分队,概括成一支小分队,这支小分队中,有许多杨子荣式的侦察英雄、战斗英雄,有几十个少剑波式的青年指挥员,他们代表了我人民解放军剿匪部队的典型形象,体现了吃大苦、耐大劳、大智大勇大无畏的革命英雄主义精神。

至于各股匪徒的坑道暗堡,地主大院的炮楼粗略计算,光我们团也不止打了一百七十二堡,何止九群二十七堡啊!我把这么多的战斗,概括为四仗,集中塑造了几个人物,战有共同之处,人有共同之点,主要突出个性和典型。你要我把各部队的几百仗一一写出个清单吗?那还成什么文学,充其量只不过是一堆资料而已。

威虎山之战,是我概括了十几次战斗集于此战。那十几次战斗各有特点:有杨子荣深入匪巢,里应外合智取之险战(他本人就干过两次这样大智大勇之战);有主力虚张、吸敌视线,小分队突袭敌背、以少胜多的奇战;有侦察准确后,雪地远距离奔袭之苦战;有纵敌归山、顺踪急击之巧战;有探敌常规、雪地埋伏、以逸待劳之潜战;有我大部队踏乱雪原的脚印、吓敌回头、迫敌入瓮之智战；有捕敌联络员、突击审讯、命其领入匪穴之妙战。这一系列战斗生活，激发我综合、概括、集中于威虎山一战。从夹皮沟兵分三路到"小分队驾临百鸡宴"几个章节中，不难看出上述各种战法的影子。这样综合、概括、集中，就更有代表性和典型性，它的社会价值也就更多一点点吧！

不但威虎山的名字过去没有，奶头山、四方台的名字过去也没有，那都是我的艺术创作。威虎山盘踞着个"座山雕"，形象吧，凶险吧，匹配吧？曹雪芹说过："假作真时真亦假，无为有处有还无。"鲁迅先生说过，路是从来没有的，只有走的人多了才成了路。我仿造一句：人、山、江、河、星、晨、日、月是从来没有名的，名是人给他叫出来的。广大群众，把我所创作的"威虎山"，普遍当成大磴之岭的现名，有何不可呢？……

…………

书中的杨子荣，是我按照我们团的侦察排长杨子荣同志的原型，塑造出来的侦察英雄的形象，而不是杨子荣同志的个人传记。我为什么用杨子荣烈士的真名？第一，智取威虎山，是他的真实事迹。第二，他是新闻人物，智擒座山雕之战，他荣立三大功，总部传令嘉奖，《东北日报》大字标题：《侦察英雄、战斗英雄杨子荣，智擒惯匪张洛（乐）山》（按：《战斗模范杨子荣等活捉匪首坐山雕》）。第三，他是烈士，名字响亮有意义，子荣是智勇的谐音。第四，杨子荣牺牲后，军区将侦察排正式命名为"杨子荣排"，分量不轻吧！

杨子荣烈士，原是地方武装干部，我军开赴东北作战前，从地方武装升级到主力来的，地点是莱西水沟头镇，来了就当副班长、班长，到东北后，发现他富有侦察员的胆魄与才能，即调任侦察班长，在一冬跨两年的艰苦剿匪斗争中，全能小分队需加强侦察力量，班扩编为排，子荣同志即任侦察排长。我们的部队是党军，不是军阀，是人民子弟兵，不是个人的武装，谁都没有资格说在我手下当兵。我军对英雄模范的奖励，全由政治机关负责评选，不能以个人名义发奖。说杨子荣"稀稀拉拉"，简直歪曲了他的自然形象。请看群英大会上杨子荣同志的放大照片。我手头保存一张，已交中国人民革命军事博物馆陈列，作为我军剿匪英雄的代表。看那魁梧的身材，威风凛凛的眼神，坚定的神采，不愧为浑身是胆、智多谋广的侦察奇才，这才是杨子荣烈士的自然仪表和气质。我们团不论大仗小仗，按他侦察的情报下定战斗的部署与决心，还没有错过一次。所以我在《林海雪原》中,基本上按子荣同志的自然仪表,塑造杨子荣式的侦察英雄。……

……闯进三代老匪的巢穴,人多行吗?如一人出了破绽,那就一切全完。不错,杨子荣后面还有六个人(按:应该是五个人),而不是三个人,那都是背着高粱米饭团,蹲在雪窖里,隔二十几里一个,准备接力传送杨子荣情报的联络员。这六人中,我集中塑造了一个长腿孙达得。实际上最后的一站,是身高一米八的侦察员中的大力士将情报送到团部亲自交到我手的。

智取威虎山,杨子荣最大的功绩是侦察清楚座山雕是分散布置,各股相距均在二十里左右。接到他的情报后我们各路小分队分头急袭,大获全胜。一九四七年正月十五夜,三营打钓鱼台和亚布利后堵之两股,二营打横道河山里之股,一营一连全部轻装接应杨子荣同志等七人(六人),直捣座山雕老巢。这才是历史的真实。……

我在文学创作中,采取了聚而歼之的概括,不采取分而歼之的自然主义。很简单,如果分而歼之,那是记流水账,必然会大大降低典型性和代表性,甚至不成文学。

"是否符合历史的真实?"我说,也符合也不符合。分散开来都不完全符合某一战斗的情况,集中起来,是更高的符合。如三五九旅在合江全歼并活捉了谢文东、李华堂、张黑子等匪帮。我牡丹江剿匪部队全歼了马希山①、高永安、张德振、李克江、李德林、傅邦振、展老两、许家四杰(即许福、许禄、许祯、许祥)、座山雕、郑三炮。唯有九彪远遁漏网,没有抓着。这么多战斗,如叫我一一写上,那就等于一筐子山楂没串②成糖葫芦,一筒黏粉面没做成黏豆包,一大堆砖瓦、沙石、木头没盖成大楼。

"舌战小炉匠",是我对英雄人物创作的理想化;威风的滑雪飞山,是我渴望我军能有此本领,更是我理想化的创作。这段描写后来大大启发了北满部队练滑雪的实践。综合概括集中的文学作品,必须加上作者的理想功力。所以文学作品,你要细找,绝对不能完全符合某人某事的具体情况。因为任何一个人,任何一件事,在文学上都没有全面的代表性,可是总观全局的概括集中,

---

①应为"马喜山"。
②应为"穿"。

必然有更高的时代代表性，更高的人物典型性。总之，文学的视野更广，文学的理想更高，文学对时代的代表性更强。

…………

关于杨子荣烈士的牺牲情况，……历史事实是，杨子荣烈士牺牲于一九四七年农历一、二月之交，有的战友说是二月二日。……当时剿匪已是尾声，土改已全面展开，土匪还住什么地主大院？牡丹江的匪首全被击毙或就擒，唯有九彪远遁漏网……

消灭座山雕是一九四七年正月初旬或中旬。我为了群众好记，又推理土匪过年麻痹，故创作为腊月三十日的事，《东北日报》还没发消息以前，海林县、宁安县、新海县就要开祝捷大会，请杨子荣作①报告。我们一查匪首，尚缺其经济部长刘维章、卫队营长丁焕章、恶匪郑三炮及其匪股。为了保密，我即令骑兵函告各县，大会不要开，尚有一股未就歼。

我亲审座山雕，这个老匪一句不说，我无能，没审得了，即送军区政治部速审。我们马上组织一连田文珊和董仲松两个加强排，加上杨子荣的侦察排，冒雪进山，继续侦察，侦着就打！在一位山里老人的帮助下，侦察到了刘、丁、郑三匪首盘踞在黑牛背一座大圆木叠成的大窝棚里。杨子荣同志未等田文珊和董仲松两排包严，即带其侦察排堵门冲锋，他深怕恶匪窜出门来不好对付。子荣同志冲在第一个。被窝棚里的郑三炮击中三枪而光荣牺牲。匪徒向外冲，我的警卫员小李，将两把大肚匣子，均搏快机②，迎匪扫射。这四十发子弹，起了关键作用，将匪徒全堵进门里，只有一个郑三炮冲出门外，可是他已中弹十几发，右肩打断，无法再施展他的三炮枪威了，倒在雪地上。我立即指定侦察排一班班长孙立珍同志代理排长。此时，孙、田、董三个排，已全部逼近匪穴，连投四十余枚手榴弹，将匪徒大部炸烂，只剩一个郑三炮和刘维章没断气，被侦察排用十几把日本战刀、乱刀剁死。这才是历史真实。参加这一仗的孙立珍、董仲松、李恒玉等同志都还健在。

再谈《林海雪原》的创作，原来我是概括综合几仗，创作四方台战斗。原稿中，我实写了杨子荣牺牲了，写完，我的泪水已湿透了稿子，我自己悲伤得

---

① 应为"做"。
② 都拨调至全自动模式。

看不下去。于是我重新构思，漫步灯下，突然一个思想袭上心头，"杨子荣思想不死！"文学是写杨子荣类型的英雄，此类英雄，健在居多。因此我就写成现在书中那样。当一九四七年七月十五日，我们开赴四平前线时，我是这样写的：少剑波任团长，杨子荣任侦察参谋。目的是让读者以为杨子荣还健在，不因子荣烈士的牺牲，而造成心理上的压抑。

补述一点，当《林海雪原》出版后，有很多人特别是青年学生，把我看成是少剑波。我急忙在后记上也就是《关于林海雪原》那篇文章内，并在很多讲演中，在若干刊物上，郑重声明：我绝不是少剑波！虽然我有这段经历，但少剑波作为这部书的主人翁之一，我是按照青年指挥员的典型创作的。

……不尊重历史事实，有何面目对待老战友杨子荣、高波、王孝忠、刘春晓等烈士在天之灵？有何脸面对待当年苦战林海雪原现还健在的战友呢？我们应该理解文学的社会价值和作家的社会责任。拙作《林海雪原》小小有点社会价值，就在于维护了历史的真实并把历史的真实和文学的真实，统一在艺术形象之中，让读者受到历史的、道德的教育和美的艺术享受。

（秋风记录整理）

注：原文《从〈二〇三首长话当年〉谈起》载于《中国法制文学》1987年第四期，经过曲波子女和本书编辑同志适当删减并另加了题目刊发于此。

# 寻找英雄杨子荣

一部长篇小说《林海雪原》一版再版,轰动长城内外;一出现代京剧《智取威虎山》一唱再唱,红遍大江南北;英雄杨子荣富有传奇色彩的故事,也飞进了千家万户。然而,就是这样一位全国人民如此敬重的英雄人物,他的身世在许多年以前竟然是个谜。如今,在杨子荣的家乡烟台市牟平区的档案馆,一本本厚重的有关他的档案里,真实地记载着查找他身世的一段段扑朔迷离、鲜为人知的曲折故事。

……(略)

## 寻找英雄一波三折

杨子荣1945年9月参加胶东军区海军支队,10月随军挺进东北,部队到东北后进行了整编,杨子荣被编到牡丹江军区二团三营七连一排。牡丹江地区匪患猖獗,杨子荣所在部队担负剿匪、保卫土改的任务。1947年2月23日,杨子荣在黑龙江海林县追剿悍匪郑三炮、刘维章等人的战斗中不幸壮烈牺牲。海林县上万军民为他举行了隆重的追悼大会。

1957年9月,杨子荣的战友——牡丹江军区二团副政委曲波同志饱蘸深情,以"最深的敬意,献给我的战友杨子荣、高波等同志"的《林海雪原》一书问世,立即引起巨大反响。1964年6月,毛主席在观看了京剧《智取威虎山》后不断拍手叫好。英雄的事迹越传越广,寻找英雄家乡、让英雄魂归故里的任务越来越紧迫。

在战争的特殊年代,由于战事的需要,加之化装剿匪工作的特殊性和隐蔽性,致使杨子荣没有给家人写过信,再加上当时部队的人事档案也不甚健全,所以,东北烈士纪念馆和海林县烈士展览馆在介绍杨子荣烈士情况时,不得不笼统地说他是"胶东人"。

杨子荣生前所在部队和牺牲所在地人民政府在肯定杨子荣是胶东人的情

况下，也曾多次组织有关人员以不同的形式进行广泛调查，但胶东这么大，如同大海捞针，一次次空手而返。

1964年春，济南军区、山东省军区、杨子荣生前所在部队和海林县民政部门组成调查组赴胶东调查一个多月，也毫无收获。

1968年5月，杨子荣生前所在团干事，时任某部副政委的姜国政同志在北京主持召开了"关于杨子荣事迹和籍贯调查的专题会议"，杨子荣生前的领导和战友曲波、孙大德、刘崇礼及海林县等单位的十多名同志参加了会议。参加会议的同志都肯定杨子荣是胶东人，但有的说是牟平的，有的说是荣成的，还有的说是文登的，一时无法确定。

周总理的指示坚定了调查组解开杨子荣身世之谜的信心。1969年，第38军、东北烈士纪念馆、海林县民政部门再次组成了联合调查组，马不停蹄，奔赴胶东。

对于这样一位顶天立地、万众敬仰的英雄，人人都渴望能出自自己的家乡，为家乡添光溢彩。于是，调查组的工作刚刚开展，胶东地区便一下出现了三个杨子荣的故乡，且各执其辞、争论不休。

调查组根据所掌握的情况，确定荣成、牟平、海阳、文登为重点，走访了两个多月，仍然没有找到一点有价值的线索。后来调查组集中到牟平县研究对策，决定在上述四县广播和张贴寻人启事，广泛发动群众，提供知情线索。

一个星期后，四县共发现了127条线索。调查组把杨子荣的家庭情况、入伍时间、参军背景及外貌特征等打印成文，发往上述四县的50多个公社，请当地民政部门协助查找。两个多月过去了，仍无进展。没能按时完成任务，同志们个个心急如焚。正当大家感到山穷水尽、一筹莫展的时候，突然发现了牟平县城关公社崳峡河村有个叫杨宗贵的失踪烈士，身世与杨子荣相似，这顿使查访工作出现了柳暗花明的转机。

原来，城关公社民政助理员马春英得到寻人信息后，首先到档案室查阅了解放战争时期牟平县入伍军人登记表，又翻阅了牟平县军属、烈属抚恤登记表，她自然找不到杨子荣的名字。可细心的马春英在翻阅档案时，没有放过蛛丝马迹，两表对照，发现杨宗贵与联合调查组提供的情况相似，于是便向调查组反映："你们查找的人的身世，很像崳峡河村的杨宗贵！"在此之前的很多年里，杨宗贵家乡的人也不知道他的下落，直至1957年1月，民政部才按照《关于处理军属寻找军人问题的规定》，作为失踪军人处理。1958年11月民政部认定杨宗贵为革命牺牲军人。杨宗贵1945年9月参军，入伍时29岁，参军后一直未给家里通信，家中有老母和妻子。1947年，一个从东北回来的人说，杨宗贵开了小差，当了土匪，村里便取消了他家的军属待遇，不再给代耕代种。杨宗贵的母亲不服，多次到文登专署和牟平县人委会上访。经多方调查，认为杨宗贵开小差没有根据，牟平县人委会便又恢复了其家属的军属待遇。

听完马春英的情况汇报，调查组马上派人奔赴牟平城南10里的峒峡河村，找熟悉杨宗贵的老人了解情况，结果搜集到的材料与杨子荣有很多相似之处。于是调查组又就近在牟平境内找到当年与杨子荣同时参军、现已复员回乡的六位老战士刘延爽、刘世昌、王云明、姜乃明等同志座谈、核对。

调查工作初有头绪。电报请示北京后，又向当年和杨子荣一起战斗的姜国政、孙大德、魏成友、刘崇礼了解情况，把杨子荣的老战友和家乡提供的情况两相对照，发现了两者之间有惊人的相似之处。

## 英雄身世层层揭开

刘延爽等老战友提供：杨子荣于1945年农历八月在牟平县雷神庙参军，身穿黑夹袄。家乡提供：杨宗贵于1945年农历八月十三日经王从村到城南2里的雷神庙参军，身穿黑夹袄。

刘延爽等老战友提供：杨子荣在雷神庙出发前，妻子曾去看他。家乡提供：杨宗贵参军后，妻子曾到王从村去看他，未见到，第二天又和婆婆一块到雷神庙去看他。

老战友王云明提供：听杨子荣说过，家有老母、妻子，婆媳不和，有一头小毛驴难以养活。家乡提供：杨宗贵婆媳不和睦，养过一头小毛驴。

老战友提供：杨子荣可能是参军后改的名字。和杨宗贵同时报名参军、因体检不合格的韩克利提供：曾经听杨宗贵说他参军报的是假名。家乡提供：哥哥杨宗富1940年随杨宗贵去过黑龙江孙吴煤矿，亲见宗贵领工资时签名就是杨子荣。从小和杨宗贵要好的邻居老秦说：我见过宗贵有一枚印章，刻的就是"杨子荣"三个字，他说，这个名字只在东北才用。

老战友提供：杨子荣参军前到过东北，会说东北话。家乡提供：杨宗贵

12岁到26岁在安东做工，说东北话很流利。

老战友王云明提供：杨子荣到东北参军在龙口上船前，曾遇到一个在部队开车的亲戚。经调查组派人核实：杨宗贵有个妹夫叫王明惠，在济南军区工程兵兵器部工作，当年在龙口曾开着摩托车碰到过杨宗贵。

双方均提供：1969年应为53岁。

关于相貌特征，曲波说：杨子荣中等身材，胧长脸①，上宽下窄，蒜头鼻子，浓眉大眼，略有络腮胡子，鼻毛很长。孙大德说：杨子荣看人时白眼睛很大。杨宗贵的妹妹及乡亲提供的杨宗贵与杨子荣的相貌特征简直一模一样。当时，杨子荣的胞兄杨宗富还健在，兄弟二人，面貌相似。

至此调查组初步认定，杨子荣就是失踪烈士杨宗贵。

1973年，曲波同志在杨子荣所在原部队获得了一张照片。那是一张杨子荣在1946年被评为团的战斗模范时一百多人的合影照片，百十号的人挤在几寸大的照片上，人的头部只有火柴头那么大。曲波便请一位日本朋友将照片带回日本，将合影中的杨子荣单独翻拍放大。

当牟平县民政局局长带着杨子荣及战友的四张照片到嵎峡河村请村里干部、乡亲辨认时，他们指着同一张照片异口同声地叫起来："这不就是俺们村的杨宗贵吗？准是他，没错！"然后又把四张照片送到此时已是70岁高龄的其兄杨宗富面前，让他辨认，他立刻抽出了杨子荣的照片，百感交集，泪流满面。这一切，进一步证实了杨宗贵就是杨子荣。英雄的身世之谜终于就此揭开了。

英雄的家乡人民因为有杨子荣这样的英雄而倍感自豪。为了纪念英雄，家乡人民在牟平县城中心修建了杨子荣广场，并在杨子荣参军时部队集合出发地——雷神庙建起了杨子荣纪念馆，以此缅怀英雄的丰功伟绩。

（衣玉华　林运家　迟培林　曲仪）

原载于《打开尘封的记忆——细说档案里的故事》，山东人民出版社2006年12月第1版，2006年12月第1次印刷。

---

① 原文如此。

1992年3月17日《解放军报》第三版

# 谁是杨子荣（报告文学）

谷办华

一

他倒下的时候，没有泪。

他带着5个侦察兵找到土匪藏身的那个马架房的时候，天已经快亮了。隐蔽接敌已不可能。他决定自己打头，成一路，爬过去。他爬到了离门不远的地方。

马架房的门突然开了，出来一个土匪东张张，西望望，又到房后解个手，然后踅回屋里。

他飞身跃起，靠到门框边，一脚踹开屋门，喝令："不许动，举起手来！"一阵山风吹来，吞没了他的声音。

马架房里藏着李德林匪部漏网的匪首刘俊章、副官丁焕章（外号丁疤拉眼）、惯匪郑三炮等7人。他们正吃饱喝足，准备到别处去再押一处地窖。见屋门又开了，门口立着个端枪的，顿时乱作一团。

丁疤拉眼拖着条伤腿，生怕同伙扔下他跑了，声嘶力竭地叫嚷："都给我打，谁跑我毙了谁！"

杨子荣听得屋里的响动，连忙扣动匣枪扳机，然而，枪没有打响。

孟老三被丁疤拉眼一吓，从呆楞①中醒来，慌慌张张朝门口开了一枪，然后夺门而出，没命地朝林子里逃去。

这一枪不偏不倚，正打在杨子荣的胸口上。他晃了几晃，倒在了门旁，鲜血一汪汪流到雪地上，犹如开出的一朵朵红莲。他手扶门框撑起上身，左手掐

---

① 应为"呆愣"。

住胸前的伤口，右手掏出手榴弹，但却怎么也举不起来。

孙大德扑上来，把他抱住，使劲地朝门旁挪了挪，连声喊着："排长！排长……"

他瘦精精的脸煞白，下颌上的胡须显得更长。他吃力地睁开眼，看了看亲爱的战友，抬手指了指马架房。完达山脉深处闹枝沟的风雪吞没了他留给人世的最后四个字："……大德，任务……"

后边的侦察兵们冲上来，见排长被打倒了，端起匣枪朝马架房拚命①射击，凄厉的枪声撕碎了1947年2月23日这个清晨的宁静。

土匪们疯狂抵抗。

剿匪小分队循着枪声赶了过来。一阵激战，将屋里的土匪全部消灭。

他去了，带着遗憾。他还有许多事要等打完了这一仗去做呢，包括给他远在胶东的老母和妻子设法捎封信。

他去了，应该有一些遗憾。历史告诉人们，他参加的是牡丹江地区剿匪的最后一次战斗。他牺牲的日子实际上是牡丹江地区的和平纪念日。

这一天，离他化装土匪深入虎穴，活捉国民党先遣军第二纵队第二支队司令座山雕的日子只有17天，离《东北日报》报道这条消息的日子只有4天。

二

他牺牲后的第23天，牡丹江二团驻地海林镇沉浸在一片肃穆之中。

人们从四面八方来到朝鲜族小学操场上，来给这位人民英雄送行。想起他随部队开来这里剿匪，先当炊事员，挑着饭担上阵地；后当战斗班长，只身入杏树村，劝降土匪四百余；再当侦察班长、排长，巧捉江左撇子，追剿九彪，活捉座山雕，牡丹江二团的每一次大的剿匪战斗，差不多都和他的名字连在一起，人们哭成一片。

追悼会开过，英雄的灵柩由两挺重机枪为先导，全副武装的一个班护卫，从牡丹江请来的乐班吹奏，由二团连排干部用十二杠轻轻抬起，徐徐上了大街。重机枪对空射击，激越的枪声冲向九霄，乐班吹奏《哭皇天》的曲子，凄婉的音律如泣如诉。军区首长和地方领导，二团指战员和各界群众，白色的花环，

---

①应为"拼命"。

长长的送葬队伍一眼望不到头，呜呜的哭声令白云驻步，令高山低头。

英雄的遗体被安葬在海林镇边的东山坡上。墓前竖立着一块3丈多高的木质纪念碑，右上角写着"为建立独立民主而奋斗的烈士千古"，正中书写"英名永在，浩气长存"，下款是"中华民国三十六年三月十七日"。纪念碑顶端嵌着一颗红五星，光华四射，映照天地，一如烈士那博大的心灵。

人们流着泪，一步三回头，实在不忍心将他自己留在这冰冷的黑土地里。

## 三

在渤海的那一边，胶东牟平县城南5公里的嵎峡河村，杨子荣的老母宋学芝和妻子许万亮也在流泪。

这天晚上，刮着风，月亮昏昏地挂在崮寨顶上。杨子荣的老母被村里叫去，查问："你儿上哪里去了？"此刻，正是1947年的冬天，准确些说，正是杨子荣生前领导的排被军区授予"杨子荣侦察排"，杨子荣本人被授予"侦察英雄"不久后的那个冬天。

老人觉得奇怪，反问："我儿，不是让你们打发当兵去了吗？"

"当的哪家的兵？"村干部问，"实话告诉你，有人在下城子那一弯子看见他了，穿个黑棉袄子，戴个皮帽子，匪里匪气的，早开了小差，当了土匪了。"

"瞎说！"老人浑身颤抖着，骂道。

"好，好，"村干部换换口气，"你说你儿在八路里，他有信来没有？"

这一问正捅着老人的痛处，她傻眼了。儿子自1945年9月18日离家去当兵，一直没有往家捎信。

媳妇呜呜地哭了起来。自从男人走后，她天天盼望着来信，可……

老人挂着泪，轻轻地抚摸着媳妇的头发，说："我养的儿，我心里有数！"

话虽是这么说，第二年的春天，村里正式通知她，今年不给她家代耕了。

老人背着干粮，来回二百里到文登去找专署。弯弯的山道上，留下了她一趟又一趟的小脚印。

杨子荣的妻子忧思成疾，在1952年的秋天去世了。弥留之际，她攥着结婚时男人给她买的那把木梳，眼角汪着泪，对婆婆说："娘……他……不会当……土……匪……"

"我知道。"老人流着泪说。

1957年的1月1日，一张盖着牟平县人民委员会大印的"失踪军人通知书"送到了她的手中。她哭着，来到媳妇坟上，把通知书供上，告诉媳妇："宗贵有信了，他是失踪……"

她终于又成了军属。第二年的11月13日，一张签着主席毛泽东的"革命牺牲军人家属光荣纪念证"又送到了她家中。

不过，通知书也好，纪念证也罢，全中国的找不到下落的军人的家属，都在那个年代里得了那么一张，这是政策。

1957年，长篇小说《林海雪原》问世了。后来，《智取威虎山》的戏剧、电影，差不多在全国的每一个城镇和乡村上演、放映。然而，在英雄的故乡，还是没有人能把这个了不起的侦察英雄和嵎峡河村出去当兵的杨宗贵联想到一起。

只有英雄的母亲这么做了。1966年，老人70岁整，卧病在床。临死的时候，她对大儿子杨宗福说："匣子里老说杨子荣杨子荣的，是不是俺家宗贵？"

宗福说："娘，你想哪里去了？天下同名同姓的多了。俺兄弟不是被通知失踪了，他，哪里到了那个份上。"

"我老觉得像。"老人坚持说，"……挺像……"

她去了，带着希望，去寻找她的小儿子去了。

## 四

这实在是一件憾事。

除了他自己，没有人能给他往家捎信。他参军的队伍上没有人知道他在家的名字叫杨宗贵，正如村里人没有人知道他在部队的名字叫杨子荣一样。宗贵是他的名，子荣是他的字，他是以字代名当的兵。

更为遗憾的是，部队方面只知道他是胶东人，至于哪个县哪个村的，谁也说不清。英雄的故事流传得越广，其遗憾的程度就越深。

这无论如何是对不起长眠在林海雪原里的英雄的。

英雄生前所在部队的指战员坐不住了。

英雄牺牲地海林县的人民也坐不住了。

他们派出人员，一次次地到胶东大地上去寻找，又一次次地失望地回去了。

事情到了1968年，英雄生前所在部队和海林县有关人员再次组成联合调查组来到胶东，他们将杨子荣参军的时间、背景及外貌特征等打印成文，发往牟平、荣成、文登、海阳4县的50多个公社，请当地民政部门协助查找。

连续几个月的奔波，收效几乎等于零。

这一天，事情忽然有了转机。牟平县宁海镇的一位民政干部提供了一个线索：好多好多年前，嵎峡河村有个老太太，老来查她儿子当兵的事，可她说她儿叫杨宗贵啊。

这真是柳暗花明。调查组即刻赶到嵎峡河村，经过找村干部和老人们反复座谈核实，初步确认杨子荣和杨宗贵是一个人。

事情总算有了眉目。

1973年，原牡丹江二团副政委曲波同志找到1946年6月团的战斗模范们在一起的合影，请日本朋友将合影中杨子荣的形象单独翻拍放大，寄给了哈尔滨东北烈士纪念馆和海林县杨子荣纪念馆。

纪念馆的同志又将照片翻印放大，寄给牟平县民政局。民政局长激动不已。但他长了个心眼，这一天带着不同的4张照片，来到嵎峡河村，请杨子荣的近邻、村干部和老人们辨认，人们一下就点着杨子荣的照片说："这是俺村杨宗贵。"

民政局长赶到杨宗福家，拿出4张照片让他看。杨宗福的眼睛发直，捡①出兄弟的照片，呆呆地看了许久。"宗贵兄弟……"他轻轻地叫着，眼泪像断了线的珠子，滚滚而下。

## 五

1991年，牟平县人民在杨子荣参军的县城边的小庙旁修了个杨子荣纪念馆，又在县城中心建了个杨子荣广场，意在弘扬杨子荣精神。广场上矗立着一丈来高的一座塑像，基座上镌刻着"杨子荣"三个字。

这一年的冬天，笔者作为英雄生前所在部队的后来人，奉命去给杨子荣作传。

当我立在嵎峡河村西那个破旧的院落里的时候，我不禁肃然了。院门口晒着些茅草，那是杨子荣80岁的老嫂子割来做饭用的。院子不大，东侧两间小

---

① 应为"拣"。

厢房，只有一人多高。正屋是用石头砌了一米来高的墙基的三间北房。杨宗福老人告诉我，这房已经80多年了。

老人把我引进屋，自己先上了炕。

炕上坐着杨子荣的老嫂子，正在织一片渔网。

屋里没有高凳子，我只好也盘腿坐到炕上。

炕不宽，也不算长，可我却觉得是坐在一只历史的航船上，至少，这土炕，对他杨家是这样。我看着身边的土炕，想象着杨家几代人在上面生老病死的情景，这里面有杨子荣的老母，有他年轻的妻子，还有他参军前就夭折的出世才6个月的女儿，当然，还有他自己。

杨宗福老人戴着一副像啤酒瓶底那样的眼镜，靠在被垛上，打量着我。

我开口说："你家兄弟杨子荣了不起。"

想不到他开口的第一句话竟是："杨子荣没良心，当兵一走，连个信都不往家里捎。"他的脸憋得通红。

我连忙向他解释，部队到了东北，天天剿匪打仗，也没法往家捎信。

"他媳妇死的时候，没有人抓土，是我妈作主，将我儿克武过继给他，这才抓了土，入了葬。"说着，他掏出那方白布擦泪。

我的眼圈也潮乎乎的。忽然，我感到一种责任，一种对这老人，不，对整个世人的责任。英雄在他一年零五个月的当兵生涯里所创造出的非凡的业绩，连他的哥哥都不知道啊！

我热血沸腾，夜以继日，熟悉材料，采访撰写，中指磨出了茧子，小拇指磨掉了一层皮。在新年的钟声就要敲响的时候，将一部14万多字的传记文学书稿送到了解放军文艺社。

几天后，编辑来电话说："过去只是从《林海雪原》、从样板戏里看到的杨子荣，这回又看到了一个有血有肉的活生生的杨子荣。"

我的心里像有一块石头落了地。在英雄牺牲45周年之际，我终于可以将英雄的身世、为人、智慧、功绩，和他的那些鲜为人知的故事告白于天下了。

# 回忆侦察英雄杨子荣

刘崇礼

在20世纪50年代中期,我的老首长、老战友曲波同志创作了著名的长篇小说《林海雪原》,可以说这是对解放战争初期东北剿匪斗争中部分生活的真实写照。书中的主人公之一杨子荣的原型,就是当年牡丹江军区第2团的侦察排长杨子荣。当时我在第2团任参谋处书记,我们团的同志一提起"满肚子智谋,浑身是胆"的杨子荣,没有不夸奖的。

(一)

1946年1月,我调到牡丹江军区第2团团部任参谋处书记。之后,杨子荣同志调任我团直属侦察排排长。他经常到参谋处汇报有关侦察情况,我们很熟悉,关系也很好。杨子荣原名叫杨宗贵(这是建国后①核实杨子荣出生地时得到证实的),是他1945年9月参加八路军时,为防止当地反动势力谋害家中亲属,而改名杨子荣。据我所知,杨子荣出生在山东省牟平县嵎峡河村一个贫苦农民家庭。他有一个哥哥、两个妹妹,在家排行第二。由于家境贫寒,他13岁跟随父母闯关东,来到安东(今丹东)一带。一家人靠父亲做泥瓦活儿维持生计。不久,他父亲因过度劳累病死他乡。他母亲只好带着妹妹返回老家,剩他只身一人在东北谋生。他先后在鸭绿江上当船工,在鞍山、辽阳一带当矿工,受尽了日本侵略者和资本家的凌辱欺压,饱尝了旧社会的辛酸苦辣,在内心深处积存了对压迫者的刻骨仇恨。长年的漂泊流离,使他广泛接触了社会下层,对东北的三教九流、风俗人情、行帮黑话等都有所了解。这些生活经验,对他后来参加人民军队后在东北的剿匪斗争中提供了很大的帮助。

---

① 应为"新中国成立后"。

1943年春天，杨子荣仗义执言，为保护工友利益与日本"小把头"（包工头）发生冲撞，从而无法再在那里干下去，便化装成码头工人跑回山东老家。日本侵略者投降前夕，八路军解放了杨子荣的家乡。这时，杨子荣已与徐万亮[①]姑娘结了婚。为响应党的号召，28岁的杨子荣，毅然报名参了军。身高一米七八的杨子荣，脸庞微黑，颧骨稍高，两道浓眉下稍稍凹陷的一双大眼睛，闪烁着威严和智慧。他吃苦能干，手脚利落，参军后浑身上下总有一股使不完的劲。他性格开朗、乐观，善言谈，说话风趣，作战勇敢，机智多谋，深受领导和同志们的欢迎。

1945年10月，我山东胶东军区海军支队奉命开赴东北。起初，杨子荣在炊事班做饭，他不怕苦，不怕累，经常发扬团结互助精神，帮助战友们扛枪、背背包。到宿营地，他及时做上可口的饭菜，保证战士们吃好，还积极帮助房东干活，向群众宣传革命道理。在向东北进军的路上，有30多名青年被他动员参了军，为此他被评为"扩军模范"。

在东北，部队开始执行剿匪任务。在吉林省的乌拉街、白旗屯、舒兰、榆树和黑龙江五常县的多次战斗中，杨子荣经常冒着炮火把热饭送到战士们跟前，还积极帮助抢救伤员，作为替补队员参加战斗。他在作战间隙给大家讲故事、逗乐子，用风趣的语言给战士们做宣传鼓动工作。大家都非常喜欢他，愿意接近他。由于杨子荣工作表现积极，思想进步快，完成任务的能力又强，不久就调到战斗班任班长。1946年1月，杨子荣光荣地加入了中国共产党。入党后，他激动地向党组织表示："从今后我的一切都交给党了。凭着我这身力气，一定要在党的领导下，和阶级兄弟一起，把阶级剥削、阶级压迫的根子挖掉，打出一个新中国！"远大的志向和坚定的信念，为他增添了无穷的智慧和力量，在为新中国而战的广阔舞台上演出了一幕幕精彩的活剧[②]。

（二）

1946年2月初，杨子荣所在的部队到达牡丹江地区。这一地区土匪活动猖獗，号称"四大旗杆"的谢文东、张雨新、李华堂、孙荣久等匪首都活动在

---

[①]应为"许万亮"。
[②]类似戏剧情节的真实事件。

该地区。这些土匪打着国民党政府委任的招牌，各自划分了统治地盘，欺压群众，为非作歹。为打击土匪的嚣张气焰，我军一到达就立刻展开了剿匪作战。

初春的北国，仍天寒地冻。我剿匪部队连续向盘踞在鹿道、春阳、天桥岭等地的土匪发起了进攻。3月下旬，部队包围了土匪占据的杏树村。

这是一座有100多户人家居住的村庄，由于长期受地主盘剥，民不聊生。渐渐地这里也成为土匪控制的较大据点，内有土匪400多人，武器装备精良。土匪在村子周围垒了2米多高的土围子，村四角建了4座高大的炮楼，围子外面挖有三四米宽的壕沟，壕沟外面的道路上还设置了路障，企图长期固守。

战斗发起后，杨子荣所在的3营7连冒着敌人的炮火向村子运动。营部组织爆破路障未能奏效，有些部队冲不进去就退了回来，双方在远距离对射。杨子荣带着全班冒着弹雨接近敌人，在离围子100多米的小沟里隐蔽下来后，就琢磨，如果强攻，给部队和群众都会带来很大损失。除了强攻，还有没有别的办法？联系到掌握的民情、匪情，他们想出了一个大胆的办法，决定由杨子荣闯进村子，利用我军的声威、群众的压力和各股土匪之间的矛盾，宣传我党我军的政策，迫敌投降。

杨子荣把步枪交给身边的战友，说："你们等着，我进村子去说降土匪！"战士们吃惊地说："班长，那太危险。"杨子荣坚定地说："为了解决敌人，保护群众，我什么也不怕！时间来不及了，你们替我去报告连首长吧！"说完，趁敌人射击间隙，纵身冲了上去。他手里挥动着白毛巾，大声喊道："弟兄们，不要开枪，我要找你们当官的讲话！"一边喊一边大步朝围子西门走去。

这突如其来的情况惊动了敌我双方，枪声骤停，战场上出现了瞬间的寂静。围子里的一个土匪连副见这一举动，开始不知所措，随后突然明白过来，以为是来投降的，急忙让手下人不要开枪，放他进来。杨子荣刚一进去，"哐"的一声，大门就关上了，他胸前顶上了两个黑洞洞的枪口。土匪连副凶恶地问："你进来想干什么？"杨子荣说："我是民主联军的代表，你们被包围了，来劝你们投降！"一个土匪吼道："我看你是来送死的！"杨子荣坦然说："怕死我就不进来了。我是为了你们不死才进来的。"杨子荣扫了一眼，看到旁边的匪兵们惊慌的眼神，心里镇定了许多。他挺起胸膛，顶开敌人的枪口，摆摆手说："伪军弟兄们！你们被包围了！我军的政策你们该知道吧，只要放下武器，就保证你们的生命安全！""不准你宣传！跟我到连部去！"土匪连副叫喊着。

杨子荣不慌不忙，边走边想，光给土匪头子讲还不行，这些家伙多是惯匪，匪兵大都是受蒙蔽欺骗的穷人，要把道理讲给他们听，才能孤立少数匪首。于是他大声喊道："伪军弟兄们，要活命只有投降，不然我们的大炮就要把围子轰平了，你们就都没命了。我知道你们多数弟兄都是当差吃饭，家中有老有小，都不容易，可不能拿性命当儿戏啊！走，你们跟着我去找你们当官儿的说话！"

村里的老百姓听说一个八路军的代表进了围子，也都拥出来看。有的说，打下去也得和马桥河一样，倒大霉。有的说，咱村的郭连长好说，就怕青北寨的许大虎不干。杨子荣一边走一边打着招呼："乡亲们！你们受惊了。不要害怕，我们是共产党领导的军队，是为穷苦老百姓打天下的。""天下的穷人是一家，乡亲们，我们不会伤害你们，为了全村老小几百人的性命，为避免双方残杀，我们想和平解决，只要他们投降，就能保证他们的生命安全，村子也会平安无事。"杨子荣友善的态度和诚恳的话语，使群众感到佩服、亲切。同时，也打动了一些匪兵的心，他们都纷纷点头表示赞许。有的讲："咱们都被包围了，还打个啥？等爹妈来收尸啊！"还有的说："听说共军的大部队，把老多的围子都拔掉了，咱们能顶得住吗？"到了匪军连部没找到连长，那连副叫两个匪兵看着杨子荣，自己去找连长，杨子荣就用这个机会向匪兵和群众继续作[①]宣传。村里维持会长邱老六不知什么时候也钻在人群里探看，被群众发现后，把他推了出来，告诉杨子荣他是村维持会长。杨子荣立即向他交代了政策。邱很会看风使舵，连连点头称是。杨子荣还叫他立即去准备几面白旗，插到围墙上去。正在这时，4个主要匪首全来了。一个叫许大虎的凶狠狠地用手枪顶住杨子荣的胸口，威胁说："住口！不准你扰乱军心，煽动百姓。"杨子荣心想，得先把匪首的威风打掉。他大声地说道："你们谁是青北寨的许大虎？哪位是本村的郭连长？"这么有区别地一点名，很有作用，说明他掌握情况。没等回答，杨子荣又说："你们听着，杏树村已被我们包围了。为了保护乡亲们，也是给你们一条出路，我们的十几门大炮才停止了射击。只要放下武器，就可以既往不咎，保证你们的生命安全。顽抗到底，只有死路一条。究

---

①应为"做"。

竟走哪条路,现在选择还来得及。""住口,你这个共匪不要吓唬人了,我们死也不投降,你能咋的?你现在已经到了我的掌心,还是你快投降吧!"许大虎色厉内荏地挥着手枪喊着。杨子荣一看,其他3个匪首的气色有些转化,只有许大虎硬支撑着,于是又指着他说:"你也别充硬了,把你手下的这些弟兄们当鸡蛋往石头上碰,让他们去送死,他们能听你摆布吗?郭连长的家就在本村,你问问他,他愿意把自己的村子打得稀巴烂吗?杏树村的乡亲们也不会答应的。"杨子荣的话已经使敌人的阵营明显地动摇了,许大虎一下子也没话说了,头上冒出了虚汗。这许大虎是土匪李开江的得力干将,伪满时,他拿着大马棒欺压百姓,外号又叫许大马棒。日本投降后,这个许大虎又拉了数百人的匪兵,在牡丹江、宁安、海伦一带活动,前不久龟缩到杏树屯。这时,邱老六按照杨子荣的盼咐拿几面白旗走过来,对许大虎说:"许连长,'识时务者为俊杰'呀!看在我们杏树村几百口人的分儿上,还是放下武器,和解吧!""我枪毙了你!"许大虎把枪口对准了邱老六的脑袋。站在一旁的匪首郭连长感到太有失自己的面子,拦住许大虎说:"姓许的,打狗还看主人呢!你还是见好就收吧,别不见棺材不落泪。"许大虎也火了:"你敢不听我指挥?"顿时两个匪首都端着手枪,怒目相视,眼看一场火并就要发生。杨子荣一想,土匪之间一打起来,不但对争取匪军投降不利,反而还会伤了群众。他随即指着前边一块空地对匪兵喊道:"伪军弟兄们!不要白白送命了,愿意放下武器的,把枪放到这里来。我们的政策很仁义,不打投降者,愿意加入我们部队的,我们欢迎;愿意回家的,我们发给路费。这是多好的机会,兄弟们还等啥呢?""我缴枪!"一些匪兵纷纷放下武器。许大虎见大势已去,蔫了下来,把枪往地下一扔,抱着脑袋蹲在地上。杨子荣叫郭连长赶快去围墙插白旗,又叫另外两个匪首去集合各处的匪兵,把枪架在大街上,整队待命。

当土围子四角插起白旗时,部队首长知道杨子荣劝降成功了。三个连的三支军号齐鸣,营指挥所的军号也吹响了!随着雄壮悦耳的军号声,部队从东、西、北三面迅速进入了土围子。

400多名土匪全部投降,缴获了4挺重机枪、6挺轻机枪、2门平射炮、1门迫击炮、七八具掷弹筒、300多支步枪和一批弹药。智取杏树村,杨子荣立了特等功,被团评为战斗英雄。

## （三）

随着剿匪作战的不断胜利，一些旧军队的士兵陆续补入我军。杨子荣所在连队也接收了一部分新兵。为尽快教育好这些新兵，把他们单独编成了一个班，教育训练一段时间，然后再补充到连队的各班。杨子荣被选派担任这个班的班长。这些士兵思想比较混乱，有的不知为谁打仗，为谁扛枪；有的带有各种旧军队的不良习气。杨子荣就以老大哥的耐心和共产党员的模范行动来教育、感化这些战士。行军宿营时，杨子荣让战士们睡在炕上，自己睡到地下或板凳上。当时条件艰苦，老百姓家里也缺少被子，战士们经常是和衣而睡。半夜，杨子荣就起来检查每个战士的衣扣是否扣好，给火堆添添柴。还把战士跑湿的鞋脱下来，把里面的垫草拿出来，坐在火堆旁，为大家烤干，重新絮好，再挨个给穿上。有的衣服破了，鞋带断了，他就拿出针线一针一针地缝好。有一次，在雪野山林中追剿土匪时，他冒着零下40摄氏度的严寒，把自己的皮帽子摘下来戴到丢了帽子的战士小姜头上，而自己的两只耳朵却被严重地冻伤了。吃饭时，他让新来的战士先吃，吃热的，自己打扫一下底。宿营在老乡家里时，他就带领战士为房东挑水、劈柴、扫院子，问寒问暖。他的一言一行都深深地打动了新战士，使他们感到人民军队与旧军队的本质区别，从内心里爱上了这支军队。

由于杨子荣的突出表现，不久被提升为该连（牡丹江军区第2团3营7连）1排排长。后来，根据工作需要，很快又调到团直属侦察排当排长。1946年5月，杨子荣带领侦察员两次进入亚布力山，摸清了敌情。部队根据他提供的情报，一举歼灭股匪"许家三兄弟"和国民党接收大员——赵专员。6月间，他一人去绥芬河侦察匪情，回来路过一个森林小屋，发现有土匪在里面说话。他本可以不管，因为当时附近溃散匪军很多，搞不好就脱不了身。又一想，敌人不多，又没有防备，能抓几个俘虏回去，可以提供更多的情况。于是，他悄悄摸近小屋，在门旁突然喊道："不许动！我们是民主联军，你们被包围了，缴枪不杀！"接着又机智地喊："一班堵房后，二班准备好手榴弹，不出来就往里扔！三班跟我来准备抓活的！"屋里的敌人吓坏了，忙喊："别扔手榴弹！我们投降！"杨子荣厉声问："里面有几个人？""我们3个。"土匪答道。杨子荣心想，3个人就好办了。他下命令："先把枪扔出来，再一个一个地爬出来，脸朝地，不许抬头，谁抬头就打死谁！"土匪们先甩出了3支步枪，又一个接一个地爬了出来。杨子荣告诉其中一个土匪解下绑腿，把那两个家伙倒背手绑上，然后他又把这个土匪的双手捆好，把3支步枪的枪栓卸下装到自己兜里，再把卸了栓的步枪挂到3个俘虏的脖子上，一起带回团部。团里从抓回的俘虏口中得到了土匪"姜左撇子"的情报。杨子荣带领侦察员继续侦察，得到姜匪的详情后，向王敬之团长做了汇报。王团长带队分兵两路歼灭了该匪，俘敌百余人，我方无一伤亡，并活捉了自吹"左手打枪百发百中"的惯匪"姜左撇子"。

作为侦察兵，杨子荣有很多神奇的战斗故事。一次他利用匪兵换岗的机会钻进匪兵宿舍，推醒一个匪兵，说："起来，换岗了！"匪兵一出来，就被抓了"舌头"。一次，在一个屯子侦察马喜山逃匪的情况，杨子荣顺手挑起一家门口的一根扁担和一双水桶，大模大样地在村里各院串了一遍，把匪情摸得一清二楚。杨子荣还很懂反侦察，我们剿匪部队到了一个村子，只要是雪天，杨子荣就沿着村子转一圈，发现有外出或进山的脚印，就知道村内有土匪的坐探，循着足迹追击大都有收获。由于杨子荣完成任务出色，被选为出席团第一届奖模大会的模范。

## （四）

经过1946年一年的剿匪战斗，牡丹江地区的大股土匪基本肃清。但仍有孙荣久、张乐山等惯匪藏匿在山林之中，伺机再行作乱。根据军区的统一安排，歼灭土匪张乐山的任务交给了我们团。

张乐山又名"座山雕"，因长一副鹰勾鼻子[①]且又刁顽毒辣而得此名。该匪出身于三代惯匪之家，他60多岁，在家排行第三，又称张三爷。时下，又是国民党委任的"东北先遣军第2纵队第2支队司令"。在旧军阀张作霖时代及日军占领时期，都没能消灭他。我军曾用了1个营的兵力，背着背包，带着炊具，进山搜剿1个月，也没发现他的影子。团首长根据群众提供的一些线索，决定把侦察"座山雕"下落的任务交给侦察排长杨子荣去完成。杨子荣决定化装成被打散的土匪头目前去侦察，以便接近土匪。

---

① 应为"鹰钩鼻子"，下同。

## 杨子荣英雄事迹的调查和回忆文章

1947年农历正月初五下午，杨子荣带5名侦察员装扮成被我军打散的王清林①部之东宁土匪，杨子荣装成被打死的吴三虎的副官，侦察员孙大德扮成土匪排长。他们研究制定了侦察方案后就出发了。一路上，他们风餐露宿，还不停地演练土匪的黑话和动作。在山林里走了几天之后，他们在一个伐木头的大工棚子里，与张匪的坐探接触上了。经过用黑话联系，互相摸底，他们说从此借道去吉林，想见见"三爷"，还想入伙，取得了土匪的初步信任。但是一连住了近10天（编者：2月2日到7日，一共5天），"座山雕"就是不让他们进山。原来工棚住着的两个探子刘连长和李秘书官奉张乐山之命，在慢慢地观察动静，看看是不是共军，没有把握不会轻易引进山中。在这几天里，他们带的食品吃光了。为了迷惑土匪，就到附近屯子里抢粮，搞些吃的。后来还派侦察员小魏骑马回到团里报告情况。团里让小魏带去信息：正月二十你们下不了山，大部队就出动（编者：联合调查小组工作汇报交代，初稿仅限于孤立智取，并没有二团部署和配合）。

夜长梦多，再拖下去情况可能会有变化。杨子荣决定土匪再来时，就把土匪绑起来，叫他们领进去。同时继续保持土匪身份，不让敌人识破。

第二天，这两个探子再下山来到工棚时，按约定好的信号，杨子荣假装生气，让战士们动手把这两个土匪绑了起来，说："你们安的什么心？我们来了十几天了，都快饿死了，为什么不领我们进山？是不是三爷给我们的给养都叫你们独吞了。快说，是不是？"他不管土匪怎么解释误会，执意让他们立刻带路上山，要面见三爷问个清楚。这时天已黑了，杨子荣带着土匪连夜上了路，杨子荣边走边和这两个匪兵讲一些社会上的轶闻趣事，不知不觉在没膝深的雪中走了30多里，途经几道土匪的岗哨，都冒充土匪由刘连长搭话，机智巧妙地通过，还下了匪哨的枪，押着匪哨上山。一路闯过三道岗，抓了4个匪哨。最后，来到了一座埋在雪里的大马架房子跟前。带路的土匪说："到了。"杨子荣带侦察员敏捷地钻了进去，一进屋就把匣子枪对准正睡在炕上的7个土匪。其中一个瘦小的老头，脸黑，白头发，下巴上长一撮山羊胡子，鹰勾鼻子两旁的小眼睛闪着贼光。此人就是著名惯匪"座山雕"。张匪一见来人，赶紧伸手

①应为"王枝林"。

摸枪，杨子荣一步上前踩住了他的手，缴了他的枪。由于是在匪巢内，土匪多不好对付，杨子荣仍以土匪的口气对"座山雕"发了一通脾气，大意是说他不讲义气，不论怎么说我们都是一个道上的朋友，我们只是借道去吉林投靠国民党，让我们等了10多天，差点没把我们饿死。又说暂时委屈你一下，送我们出去。出了你们的地界、关卡，就放你们回来，你们的枪我们都不要，连我们的枪也不带了，都给你们，请三爷放心……"座山雕"连说：误会误会，兄弟一定送你们。杨子荣告诉战士们把土匪绑结实。他们带着有"座山雕"在内的25个土匪下了山。走到天亮时，看见我军拉木头的大车过来了。"座山雕"连喊快躲开，共军的车来了。杨子荣笑着说："别跑，怕什么，正好卸他几匹马骑。"大车一到，杨子荣公开了我军侦察员身份，吩咐把土匪押上车。众匪一下子都瘫坐在地。"座山雕"也哀叹说："真晦气！老帅（指张作霖）、少帅（指张学良）和日本鬼子都没整了我，竟被你们几个土八路逗了，真是打了一辈子鹰，最后还叫鹰啄了眼……"

抓到"座山雕"后，群众高兴得奔走相告，夹道欢迎杨子荣回来，团里还召开了庆功大会，给杨子荣记了三大功。其他侦察员也分别记了功。"座山雕"被捉来的当天夜里，就对他进行了审讯。这家伙不愧是惯匪，顽固得很，但还是供出了点情况。根据"座山雕"的口供，我军很快肃清了那里的土匪。之后，"座山雕"被押送到牡丹江，不久病死。1947年2月19日《东北日报》以《战斗模范杨子荣等活捉"座山雕"》为题，报道了他们以少胜多歼灭股匪的事迹，当战友们请杨子荣同志介绍经验时，他谦虚而风趣地说："小经验还没有总结起来，大经验只有一条，就是为人民生死不怕，对付敌人一定神通广大！"

## （五）

"座山雕"股匪被剿灭后，牡丹江地区大的匪患基本消除了，但仍有一些小股残匪存在。我军决定，继续派出部队清剿。

根据群众的举报和审讯俘虏得出的口供证实，在海林县北部黑牛背一带潜伏着被击溃的李德林匪旅中的3个凶恶的匪首：营长刘俊章、副官丁焕章、副连长郑三炮。他们在这一带养病喘息。

团里决定消灭这伙土匪，由团副政委曲波带领杨子荣的侦察排30多人组成一个精干的小分队，于1947年2月22日下午，从海林镇出发，循着土匪的踪迹，向北进发，天黑后到达一个小屯夹皮沟。（编者：孙大德回忆，从海林坐火车到柴河，从头道河步行到黑牛背。）小分队根据一些蛛丝马迹的线索分析判断，土匪就在这一带不远的地方隐藏，当即决定部队继续向东北方向搜索前进。晚饭后，小分队原地休息了一会儿，下半夜又摸黑上路。走到闹枝沟，找到了一个打猎老人的小窝棚。经询问老人，得知再往北走不远，留有一个日本鬼子时期盖的工棚子，现在劳工都走了，土匪很可能在那里藏身。杨子荣立刻带领战士们摸了上去。他们钻进工棚一看，里面空无一人，但地上留下的木柴灰却还没有凉透，旁边还有一些散乱的食物。侦察员们判断这里肯定有人住过而且刚离开不久。由于当时是下半夜二三点钟①，天黑辨别不出敌人的去向，小分队只好先返回打猎老人的住处，待天亮后再循迹追剿。天亮后，杨子荣一个人来到工棚子附近察看。突然，他发现在工棚子西边有一趟伸向远处的脚印。他马上通知小分队出发，沿着这趟脚印追去。小分队在没膝深的雪地中艰难地行走了20多里路，杨子荣一眼发现，在前边一座山梁子上有一个马架子窝棚，土匪很可能就住在里面。杨子荣立刻指挥战士们悄悄地包围上去。

在这茫茫的林海雪原里，土匪似乎听到了点动静，出来一个人，解完手四处张望了一下，又回去了。出来的这个人叫孟老三，是附近羊脸沟的农民，刚当土匪。杨子荣见状，立刻示意后面的战士们隐蔽。这回杨子荣还想抓活的，等土匪一回屋，杨子荣迅速地冲上前去，后面紧跟着侦察员孙大德。杨子荣靠在一棵用做②门框的大树干旁，接着一脚将门踢开，大喝一声："不许动！举起手来！"土匪丁焕章在里面疯狂地喊着："谁也不准跑，都给我打！"土匪慌忙拿起枪顽抗。杨子荣听见拉枪栓声，立即上前一步，扣动板机③，但枪却没有打响。原来，早晨在窝棚里烤火时，受冻后的枪膛烤出了水汽，接着出来行军再一冻，枪栓就冻住了，没打响。也凑巧，后面孙大德的转盘式冲锋枪也没打响。里面的土匪孟老三见枪没响，随手就朝来人打了一枪，这一枪正打在杨子荣的胸部，杨子荣晃了几下，倒在窝棚门口。杨子荣倒下后，又咬牙坚持着用右手掏出手榴弹，左手捂住受伤的胸部，但怎么也举不起来了。跟在身后

---

① 应为"两三点钟"。
② 应为"用作"。
③ 应为"扳机"。

的孙大德急步冲上前去，抱住杨子荣大喊："杨排长！杨排长！"杨子荣半睁开眼，用坚定而微弱的声音，发出了他生命最后的呼唤："大德……不要管我……完成任务……"话没说完，就闭上了眼睛，走完了他31岁的壮丽人生。

我几十名侦察员见杨排长牺牲了，都红了眼，机枪、冲锋枪一起射向敌窝棚，手榴弹也嗖嗖地扔了过去。土匪依据窝棚作①顽固抵抗，郑三炮抱着一支长匣子枪拼命射击，一些扔进屋的手榴弹又被扔了出来。战斗持续了20多分钟，终将这股罪恶的土匪消灭。

听到杨子荣牺牲的消息，曲波同志简直不能相信，心乱得在地上来回走，自言自语地说，杨子荣他不会死，他不能死。消息传到团里，团长、政委都惊呆了，连声说："太可惜！太可惜！怎么在剿匪取得重大胜利的时候牺牲了呢？"我们团在海林镇朝鲜中学操场上为杨子荣举行了隆重的公祭安葬大会。周围几十里的很多群众都冒着严寒风雪赶来参加追悼会，以表达他们对英雄的怀念之情。在追悼会上，牡丹江军区首长亲致悼词，并当场宣布把杨子荣所在的侦察排命名为"杨子荣排"。

建国后②，当地政府为了永远纪念这位为党和人民的事业献出自己宝贵生命的英雄，在杨子荣牺牲地海林镇东山修建了松树环绕的杨子荣烈士墓和杨子荣纪念馆。这些年来，随着小说、电影、戏剧的广泛宣传，杨子荣作为一种艺术形象早已成为家喻户晓的英雄人物，杨子荣那种崇高精神教育了千千万万的人。我作为杨子荣的一名战友，也永远忘不了那共同战斗、生活的峥嵘岁月，他激励着我去奋斗、去拼搏！

（1998年2月于石家庄）

原载于《中国人民解放军历史资料丛书——剿匪斗争·东北地区》，解放军出版社2001年5月第1版，2001年5月第1次印刷。

---

①应为"做"。
②应为"新中国成立后"。

# 杨子荣英雄事迹有关背景资料

书法《越是艰险越向前》
作者 / 薛庆军

# 东北局东北民主联军总司令部关于剿匪工作的决定

一、在国顽北进、我主力集结、后方比较空虚之际。合江、牡丹江及东安地区未肃清之顽匪乘机大肆滋扰。最近一个月内,先后占我东宁、东安、同江、罗北等县城,截断牡佳线交通。现在上述三地区活动之成股顽匪,共约七八千人。计东安、鸡宁、宝清等地以郭兴典、杨四凡为首之匪约三千人;牡丹江、东宁、绥阳叛变之地方武装及穆棱、八面通、桦林、柴河、五林河等地之股匪约三千人;合江之大罗勒密、四五道河子、太平镇、同江及勃利东北之大小石头河子等地张雨新、李华堂、谢文东匪约一千余人。彼等之企图在于破坏我建立可靠的战略根据地;配合国顽正面进攻。估计在十五天停战以后,国顽必然作①更大规模地②进攻。各地土匪亦将更加积极活动、使我处于腹背受敌之情况。

二、半年来未能彻底肃清顽匪,其主要原因是:(一)群众未发动,没有造成人民的剿匪运动;(二)剿匪部队中缺乏老的主力作③骨干;(三)顽匪多为政治土匪、"地头蛇",此剿彼窜,化整为零,以保存力量等待时机;(四)剿匪部队在战术上或因主力过分集中,行动迟缓,我之意图暴露,使敌事先有所准备,利用我之空隙突围,或者将敌击溃后,部队即回城休整,未能坚持穷追歼灭其有生力量,且各地配合亦不够密切。

根据目前斗争形势的发展,充分证明北满——特别是合江及牡丹江地区,为我党在东北最基本的战略根据地。因此必须争取在最短时期内,坚决彻底肃清土匪,发动广大农民,建立巩固的后方,以支持长期斗争。现在大城市失掉,

---

①③应为"做"。
②应为"的"。

如果再不以根据地为主，农民为主，将会使我党在东北处于非常不利的地位，甚至有遭受失败的危险。

三、剿匪区域的划分及兵力部署

（一）原合江之六千机动部队，仍由方强统一指挥，划为三个区域：（1）依兰、太平镇、大罗勒密、四五道河子一带；（2）佳木斯以南之千振、倭肯及勃利东北大小石头河子一带；（3）罗北、绥滨、富锦。每一地区配备适当的机动部队，指定有剿匪经验的同志负责指挥。同江、富锦地区之部队由北向南，千振地区部队由西向东，夹击消灭宝清之敌。

（二）独一旅之一团、三团、六团、骑兵团应于两日内由现地出发，迅速到达勃利、林口及东安地区，配合牡丹江三支队之警卫团、十七团及虎林、鸡西地方部队，由刘转连统一指挥肃清东安、密山、鸡宁及勃利、林口之匪。

（三）田松支队由田松亲自指挥，负责肃清梨树镇以南穆棱、绥阳、东宁之匪。

（四）李荆璞直接指挥牡丹江之十四团、保安团，负责肃清牡市①以北仙洞、五林河、柴河、桦林地区之匪。

（五）温玉成负责在江南分区中抽调必要的机动部队，肃清延寿、珠河、苇河、一面坡一带之匪。

（六）刘向三负责指挥独一旅之五团，肃清通河、方正、凤山地区之匪。

（七）黑龙江省之剿匪工作：（1）由西满派一批连、排军事干部并配备几个老连，以此作为黑龙江部队的骨干，建立几个拳头，分别配备在几个战略要点，以巩固和加强黑龙江省现有部队。而现有黑龙江省一切不可靠的地方部队，应抽调二三千人补充三师；（2）对所有各地活动之零星股匪，一经发现，须即清剿，坚决消灭，使黑龙江各地潜藏之土匪无法集结，无法抬头；（3）选择可靠的、能够长期坚持的地区，集中干部，组织工作团，争取时间，发动群众，建立巩固的根据地。黑龙江省南部之粮食、资财应即向北转移。

四、所有剿匪部队，必须争取时间，迅速进入指定地区执行任务；在指战员中进行深入动员，以提高部队高度英勇果敢的战斗情绪，确实遵守群众纪律。在战术上，采取出奇的远距离奔袭、合击、穷追办法，以反复扫荡严厉镇压。

---

① "牡市"指"牡丹江"。

而当土匪走投无路、内部动摇分化、向我投诚时，则必须解除其武装，不得收编。对其中上层分子，可以受训名义集中管理，以免在群众未发动前，彼等在地方上继续活动，再图复起。至于各邻近之剿匪部队，应互通情报，协同动作，不给顽匪以空隙及喘息的机会。

五、所有剿匪区域，必须发动群众。因此应有计划地抽调千余干部组织工作团，经过动员、解释，使大家深刻了解东北的斗争是长期的、残酷的，国民党反动派有其后台老板美帝国主义支持，他还有力量，还会继续运兵来，扩大内战。今天敌我力量的对比，从武器装备、兵员补充、物资供应等方面讲，应该承认还是敌强我弱的形势，因此不仅现在大部分大城市已经失掉，而且估计到将来还会失掉一些。我们不应存侥幸心理等待和平到来，而应有长期斗争的决心和具体准备。今天我们在东北的民主斗争，远非昔日在华北之民族斗争。过去是民族敌人，而今天的敌人是有强大的美帝国主义支持的国民党反动派。后者在东北不仅有敌伪残余、地主豪绅的支持，而且在东北人民（中）还有其正统的影响，因此我们在民主统一战线内部，必须更加依靠基本群众和团结一切民主力量，而其中最基本的是经过极其艰苦的工作，发动占人口中最大多数的农民，使其真正在经济上、政治上翻身，并拿起武装积极剿匪，反对国民党的进攻，建立巩固的根据地，建立强大的人民武装，造成人民战争，才能缩短敌强我弱的距离，使我党我军在东北最后立于不败之地。

工作团应随部队出发，而所有部队除自己作①群众工作外，必须掩护工作团，给工作团以一切方便。工作团干部的来源，除调东满、南满及大城市与战区中撤出的及新从张家口来的干部参加外，各干部学校的学生及当地经过短期训练的青年学生亦可参加。特别是要号召各级领导机关除作②供给、卫生、财经、保卫工作及必须留机关工作以外的其他人员，均应离开大城市，走出洋房子，脱下西装，脱下皮鞋，穿起农民衣服，背上行囊，不留恋空头的工作职位浮在上层；而老老实实到乡下去给群众办事。根据中央土地政策的指示，发动群众分配汉奸及大地主的土地、粮食、牛羊和进行清算、减房租等斗争，使基本群众得到实际利益，和地主撕破了脸，自动的积极的③起来到处搜缴地主武装及

---

①②应为"做"。
③应为"自动地积极地"。

隐藏起来的散匪武装，以镇压反革命，造成人民的剿匪运动，才能最后肃清土匪，建立巩固的根据地。

六、为完成上述任务，东北局及总司令部决定：

（一）牡丹江、合江、东安及松江地区之剿匪工作均归（×××）统一指挥。各地匪情及剿匪和工作的计划、结果随时电告总部。各省的领导同志应亲自下去检查一个地区剿匪及发动群众的具体经验，加强研究总结，即时传达到各处，指导其他地区的工作。

（二）各个地区应由剿匪部队，地方党、政及工作团的负责人组成临时的统一指导机构，以取得密切配合。

（三）松江地区之工作团由张秀山同志负责组织；牡丹江、东安、合江之工作团由洛甫同志负责组织。如目前干部不够时，可将首先组成之工作团配备在最重要的地方，不宜平均使用。

一九四六年六月

原载于《黑龙江革命历史档案史料丛编·剿匪斗争》，1982年黑龙江省档案馆编（内部发行）。

中华民国三十五年（1946年）十二月二十二日《牡丹江日报》第一版

# 本军分区一年战斗总结

## 歼俘蒋伪匪千余名　内旅团营连长卅八名　缴枪炮极多

【本报讯】本军分区一年战斗总结如下：大小战斗共三十六次。毙伤俘蒋伪匪一千三百余名，计活捉的五百四十名，内有旅长一名，副旅长一名，团长四名，团副两名，营长五名，营副两名，连长七名。投降的二百五十余名，内有团长一名，团副一名，营长三名，副营长两名，连长九名。击毙的有团长以下五百余名。我伤亡团长以下三百余名。缴获各种大炮（重炮、山炮、平射炮、迫击炮等）十九门，掷弹筒二十八个，重机枪十九挺（修理几挺在内），轻机枪四十一挺，长短枪一千二百余支，冲锋式十八挺，步枪弹二十余万发，各种炮弹数千发，战马九十余匹。其他战利品正在总结中。

（子美）

# 牡丹江军分区一九四六年冬季森林剿匪几点经验总结

**甲、冬季森林地带剿匪为什么采用小部队**

1. 山林地带,森林茂密,不见天日,更无人烟,粮食没有。

2. 大部队进山,指挥运用上困难,难于布置重火器,视界射界狭窄,不能发挥其作用,且携带不便,运转不灵活,笨重累赘,即掷弹筒之发射及手榴弹之投掷亦极感困难。

3. 土匪概为10～30人许,自动火器少,且避免恋战,因此不用大部队亦能消灭之。

4. 大部队进森林不易肃静,且易被敌发觉,如七、一、三连到簸箕掌打九彪,因人多混乱,致使匪发觉而逃窜,弄得我们自己打伤了自己。

5. 根据这样地形、敌情,因此,我们兵力的使用,只需10至70人的兵力即可。

6. 我们既然有了以上认识,就应该立刻打消两种错误心理:a.人少了没有信心,不能进山;b.没有带重火器,恐吓不住敌人。

**乙、冬季森林战斗的困难**

1. 气候严寒,林内无房屋,无给养吃,是难以持久的,我部队进山一般的只能坚持两昼夜,极易被冻伤,四、七、警一连一夜冻伤80余名。二连10名进石子道一夜,因事前准备食粮不足,未能到达目的地完成任务,且多被冻坏。

2. 与后方村落部队脱离联系,无后方援助,形成突出孤军,其影响有二:a.无森林经验与习惯者,政治情绪上易被环境左右;b.供给无办法,无援助。

3. 夜间难以保持肃静:a.树林稠密,且脆,容易碰击折断而发出音响;b.靴鞋踏雪地声;c.装备碰击声。

4.敌易逃窜我不便追击：a.敌少且分散逃窜，我道路不熟追击困难；b.森林稠密，只逃出50米即看不见敌人，然敌路熟且习惯走山路，稍远点不易看见；c.敌是逃命，就会拼命跑的。

5.山林树多，指挥与通讯联络困难，战斗中之一般通讯工具无作用，如联络旗帜识别记号等，尤其是夜间最易迷失方向，火堆在百米左右亦难易①见光，所以撤出之部队不易收回。

6.地广林大，敌营又十分秘密，自然不易寻找，不易侦察。

**丙、了解情况及侦察情况**

1.敌一般之盘踞地点：a.惯匪多在老林子内，而且有层层天然阻碍不易通过之处；b.因刨冰不能解决其吃水困难，故多在有暖泉地方，吃水方便，其位置多半选在山之朝阳处及山腰处；c.敌营多在山腰而不在山顶及山根下之原因：①山顶处冒烟易被发觉目标，明显，为剿匪部队易走之路。②山沟易被我剿匪部队搜查，山腰面积较广，不易搜查。d.一般敌营离村落不出60里，因为给养方便，要是老百姓送粮时，一般的送至离敌营20里地左右，再自己背到窝棚。

2.侦察对象与侦察方式问题：

A.找土匪之社会关系主要是三番子，匪区之坏村长、排长及匪之亲属等，因土匪需要食粮就得利用这些人来给他办理。其要粮方式有二种②：a.公开的③命令村排长给食粮，将所送之物品送至一定地点，自己亲自来背；b.秘密的即利用隐避的社会关系，秘（密）向山上送，有时亦给予相当代价。如：①李德林之儿女亲家张庆林曾给李修构地窖。②刘大猛之弟曾亲自背送二次④粮食上山。③二道沟之村长曾与吴大虎送过粮食及信。由这些人当中探询即⑤不能了解其确实地点，可是也会知道个大概方向及概略位置。

B.从群众中了解。因为土匪与群众利益始终是有着不可克服的矛盾，所

---

① 应为"难以"。
② 应为"两种"。
③ 应为"地"。
④ 应为"两次"。
⑤ 应为"即使"。

以匪区之人民并不全是我们想象中的那么倾向土匪，尤其是基本群众更受他们的压迫，敢恕①不敢言，这点必须明确认识。那么，我们只有耐心细心的②做群众工作，从群众中来加强教育，在锁碎③片段的群众言语中来寻找线索，探视情况。所以，a.每个干部必须具有动员督促下边每个同志积极耐心的④去做群众工作的恒心；b.每个战士必须愿意作⑤群众工作及学会作⑥群众工作。

C.找干（赶）山利落的，一般的这些人都能知其大概。a.地理熟常穿山林来往于森林间，知道山脉山状，何处有暖泉及其地营位置之可能性；b.利害相关，土匪靠山存身，干（赶）山利落的靠山谋生，土匪怕其告密，暴露地营，就要在封建关系上物质感情上行使拉拢，而干（赶）山利落者深恐土匪驱逐其下山，捣毁其工具，就不得不仰仗嗜好帮助土匪，所以带（代）给买油盐、弄粮食、送信跑腿及作⑦侦察工作。c.说服动员。干（赶）山利落的亦深知我军难挡，胡匪终难久长，与其邻近一点不合，生命财产不保，不怕被我捕获受罚，所以亦可能动员暴露出敌之地营。例如：①闹子沟⑧老王头、老梁头在丁焕章进出山林时，每每都是从他俩窝棚前通过。②李德林的地营是孟二连给弄的。③坐山雕的外用连（联）络员是林把头、荣大个、□□□□□□□的人，每沟都有。

D.自己找敌之脚蹓子（脚迹），此举得适当估计、判断其可能性，然后派人出发搜寻，否则徒劳兵力。但应注意下列数项：

a.认定一个固定脚印，不要轻易放弃，因敌狡猾，恐我寻找，乱踩脚印，自己印上脚印，中途倒穿鞋走一段，使我易被迷惑。

b.多数人踏一个脚印，减轻我之注意力，但终与一人踏者有别。

c.埋脚蹓子。行至敌营不远或中途有没有雪的地方，则敌会背道而驰，将脚踏埋上。此时应注意天然积雪，终有人工、自然之分，只要注意力集中，就会发觉。

---

①应为"怒"。
②应为"地"。
③应为"琐碎"。
④应为"地"。
⑤⑥⑦应为"做"。
⑧疑为"闹枝沟"，下同。

d. 发觉树道。敌常于其走道之两旁树上砍印做迹，以为路标。只要发觉树印高低、距离、形象差不多，即是树道。

E. 如侦察不着确实地点，只是大概知道在那一块，则利用攀登侦察法。①到达所了解的大概方向和位置，登高山顶或攀上大树，清晨时间烟沿树干上升，冒烟地最易看见。如双鸭沟，我们在20里地外山顶上即看见我部队搜山烤火之烟。②敌若烧黄花松、柏树、松树等烟火而含有油性的木料时，烟被发觉，且其气味可嗅出十里地左右。

F. 了解俘虏，最好是能抓着活的，能问出确实可靠之情况，但被俘人员不应暴露，应保守秘密，仅防①其他坏蛋发觉而走漏消息。如在通河抓住吴亚石的马夫，被通河坏蛋密告于匪跑掉。部队后于中途见一新脚蹄子，而吴亚石也跑掉。

G. 化装胡子，反侦察。此举不易，必须具备下列条件：①行动上、作风上、言语气派上得逼真，表现一家人；②会三番子及胡匪黑话，以便对答取得信任；③行动果敢、勇猛、大胆，以便当机立断。

H. 对侦察工作思想认识，身入匪区，环境复杂，部队孤立，不易找出情况来源，敌得情况反较我容易。因此，非细心、慎密、机警、有决心不可凑效②，不能草率、侥幸、疏忽而等待情况。所以，我们得认识到侦察工作的艰苦性。

丁、小部队的组织

1. 人选条件：a. 体格强，能走路，能背给养；b. 能吃苦，政治质量高，能做群众工作；c. 胆量大，能有小群单独活动的能力，要有"钢胆"；d. 可专门举上几个有社会经验，会说三番子黑话人；e. 要尽可能抽调比较胜强的班排组成，不可太散而不便指挥。

2. 组织：a. 一般的按三三制编制即可，为加强通讯联络，可专设一人帮助班长作③这个工作，因山林战斗不同于其他性质战斗；b. 加强救护工作，每排须带卫生员一或二最为重要，倘卫生员不健强，彩号无法救治。

---

①应为"谨防"。
②应为"奏效"。
③应为"做"。

### 戊、小部队的装备

1. 枪枝①，以匣枪为最好。每班须三分之一，二分之一更好，二支冲锋自动枪，只有一个组的步枪带刺刀即可。每排一挺轻机，但必须浸彻力②大、耐寒，一旦敌不投降，可从其房侧或房顶射击贯穿杀伤。

2. 手榴弹每人必须带四个，堵住窝棚门口，敌不易冲出，此可用手榴弹威胁或杀伤来迫使其投降缴枪，因为地营小人多，又无隐蔽物，此枪弹易收杀伤之效果。

3. 给养与干粮袋：a.每人带长条干粮袋一根，因为携带便利轻巧；b.给养以饼干与煎饼、炒米为宜，因为馒头等干粮，一冻就无法吃，像石头一样；c.每人携一饭盒或小壶，以便于烧水喝。

4. 带竹竿与绳子。带部队担架上山，既笨重又麻烦，发生伤病员后，可用竹竿将绳子编缠起来，既轻便，便于携带，且伤病员卧上面并觉舒适。

5. 带火柴、镰刀或小斧。进山者不带火柴就无法坚持，用镰刀或小斧并烧柴，以便生火取暖烧水喝，烤干粮抽烟。

6. 鞋脚以穿靰鞡为最好，因我们现处物资困难环境下，还没有比靰鞡能防御寒冷的东西。穿靰鞡应注意：①鞋底要带上铁爪，上山下坡时不致摔滑；②靰鞡腰子③自下而上的高，由跟至口都要紧，以免进雪冻坏了脚；③靰鞡要大，能多装草，且靰鞡一冻就会缩小，怕磨脚。

7. 每人携带一个有铁尘裤之木杖，以便作为支持身体倾斜，不致摔跌，增加其撑力。

8. 救急药包以每人各带一点鸦片为宜，及少许急救药，再各带狍子皮一张。

### 己、小部队的战斗动作与指挥问题

1. 敌人特点

A. 军事上敌对我是采取藏、漏、跑、拼的办法。①我部队出发清剿至某地其附近，敌尽量不暴露，避免我们发觉轻易不下山。②部队搜山时人倘没

---

①应为"枪支"。
②应为"侵彻力"。
③应为"鞡子"。

有发觉地营，即使从其旁边经过则屏气息声观望，不敢主动动作。如黄花松甸子我搜山部队未发觉地营，从距其房子只百十米处通过继续前进，敌见我部队似未发觉时，抽空子跑到大山上，我部走远，敌又从容回返地营。③我部清剿时敌之警觉性很高，见我发觉后，不敢恋战，尽力逃跑。如索罗营子我搜山部队靠近后，敌虽可凭地形、地物抵抗，但他不敢打，走之了事。④到无法隐身□□□□□□□□□舍命死拼，仰仗□□的□□炮手□高，人胆大。如此次闹子沟堵窝棚战斗，模范侦察排长杨子荣同志牺牲于匪手，敌数次期（企）图冲出来未逞，则据门窗死拼，顽抗不缴枪，直至最后被手榴弹炸伤，子弹将尽，不得已而缴出枪。

B. 政治上和我们是绝对敌对的。原因：①汉汗[①]、特务、恶霸坏蛋不敢下山来，怕群众反恶霸清算；②国民党分子，他有一定的政治立场、阶级立场，不轻易投降；③惯匪下来后过不了日子，不易谋生，在山上可以抢夺掠劫种大烟来享受，以土匪为职业；④他们的口号是"宁在山头望监狱，不在监狱望山头"。

2. 我们怎样清剿

A. 兵力之规定：①一般的我们应三倍于敌人，方能不使漏网，因为□□炮手少了，压不住敌人，必须□敌人还得□，我得以三战一才能□□□□□；②太多了容易暴露，不灵活，不便利指挥，联络困难；③不要因一胜而骄傲不在乎，因此轻敌。三五个人就侥幸硬拼，容易吃亏。

B. 战斗序列及一般之布置：①一点两面战术的原则，即将接近敌人时成前三角形队形。②三角尖之班是冲锋突击班，其任务堵门口，是全战斗中的主要攻击力量。因此，在火力上应以轻便的自动枪、匣枪、冲锋式、手榴弹为宜。再加以行动果敢，动作勇猛。③后两个班即是两面包围，防止逃窜及敌之猛冲时作侧翼援队用，一般的在敌之左右两侧，轻机应在此处；④各班间以50～70米左右为最适合，不可过远，亦不可密集。（a）因为战斗正面狭小不需过远；（b）太远有空隙敌易抽空窜出；（c）过于密集则易受敌杀伤。

3. 动作其要领是肃静、迅速、勇猛，多找可靠之响导[②]。

---

[①] 应为"汉奸"。
[②] 应为"向导"。

A. 在 300 米以外，部队应成一路纵队向敌方肃静隐蔽、观察前进。

B. 300 米以内时散成三角队形，其尖角班更应观察、肃静，隐蔽摸进后，二个班[①]切不可暴露，而使尖角班受损失。

C. 这时，指挥员应在尖角班后 30 米左右处观察前进，既可指挥尖角班，又可指挥后二个班。

D. 在一百米以内敌已发觉时，应向前猛扑，一面用火力掩护，敌尚未发觉时，应迅速肃静快进。

E. 巴（扒）墙上门千万不可大意，存侥幸心理，应严防敌人死拼，要先用自动火器猛烈压倒敌人（下马威，用精神威胁），再乘隙向内投手榴弹，同时喊口号瓦解。

F. 敌答应缴枪时不可进去，要叫他们先把枪扔出来，然后一个一个的[②]出来投降。

G. 尚[③]敌窜出，必然分散，此时应穷追。

4. 通讯联络，在大队中一般之通讯联络工具不起什么作用，只有音响联络是比较便利。近距离或学禽叫声、砍树印以作[④]联络路标。

原载于 1982 年，黑龙江省档案馆编《黑龙江革命历史档案史料丛编——剿匪斗争》。

---

[①] 应为"两个班"，下同。
[②] 因为"地"。
[③] 应为"倘"。
[④] 应为"做"。

杨子荣英雄事迹有关背景资料

中华民国三十五年（1946年）四月三日《牡丹江日报》第二版

# 自卫军扫清牡省南部匪患
# 彻底歼灭马匪两千

## 解放居民五万　打通与间岛联系

【本报消息】郑逆云峰、马逆喜山匪部两千余（内有天桥岭李茂庆部五百余，南湖头王清部五百余）盘据①于鹿道、春阳、镜泊湖、天桥岭一带，涂炭百姓，民不聊生。我军为了为人民除害，遂于二月十五日晚向该匪部全面进攻，至三月四日战役胜利结束。期间②我全体指战员克服了雪地冰天，气候严寒路

---

① 应为"盘踞"。
② 应为"其间"。

途艰远,种种困难,历时十七天,大小战斗共十一次,除马逆喜山带残匪数十余名窜逃外,余者敌匪被我全部消灭。兹将战果公布于下:

毙伤敌匪一团长李金喜,守卫团长刘万春以下官兵四百余名。俘敌匪首郑逆云峰以下官兵六百四十余名。敌匪被迫向我投降者六百余名。缴获:平射炮一门、迫击炮五门、重机九挺、轻机十八挺、掷弹筒二十三个、长短枪二千余支、子弹二十余万发、战马二十余匹。解放居民地三十二个屯,群众五万余。并打通与间岛的联系,图佳线马莲河至春阳已可通车。

(战士报社)

中华民国三十五年（1946年）六月三日《牡丹江日报》第二版

# 宁安万人公审大会
# 枪决郑逆云峰

【宁安消息】前报郑逆云峰由牡解宁公审，节□三十日午后一时，于宁安县政府院内，乘"五卅"纪念会结束后，继续举行。到场者有军方战士学校学生各机关各团体及群众共万余人。于群众极度愤恨情绪中，首由二支队王参谋长任检察官，宣布罪状略谓："郑逆云峰过去就是汉奸特务，与张逆景惠过从甚密，是日寇忠实走狗。光复后不改前非，仍以特务手段煽动青年，于牡丹江市本已一度被政府捕获，但是政府本着宽大政策毅然释放。可是这个坏东西不但不感谢政府的宽大，更变本加厉使特务分子潜入民主军队进行瓦解工作。（群众高喊可恶可杀！）并且他以后又到马匪喜山那里去，自称是中央军，在那里指挥怎样抢掠屠杀人民。鹿道陡沟子马莲河一带的同胞受害极惨。在正月间，我们的军队把他活捉来，现在把这个坏东西摆在同胞们的眼前，我们应该怎样处置它呢？（群众高喊，杀掉！杀掉！）我以检察官的立场向临时革命法庭控诉郑逆是人民公敌，以民众之要求处以死刑。"继由审判官魏司法科长起立宣判谓："郑逆云峰所有罪状一死不足，他是人民的公敌，我们必须把它除掉。依检察官之求刑并接受群众的意见，判处郑逆云峰死刑，执行枪决。"（群众掌声如雷，高喊痛快痛快，我们拥护民主政府的判决！）当将郑逆云峰押赴县城西广场执行枪决。

（宁安县通讯小组）

中华民国三十五年（1946年）四月四日《牡丹江日报》第一版

# 牡省治安益趋巩固
# 南北大军会师柳树河　围歼顽匪活捉匪首
# 缴获各种炮三十余门俘虏千余

【本报消息】几个月来威胁我牡市安全，进扰牡市近郊，数度侵占桦林、柴河之胡匪高永安、张德振、李开江等匪帮二千余，经我军于十六日起开始全面进剿，大小十余战，赖我全军将士为保卫人民、巩固治安、不惜牺牲，终将顽匪全部歼灭，与自佳木斯南下大军会师柳树河子，克奏全功。除匪首高永安在逃外，其余张德振、李开江以下千余名悉数就缚。缴获重炮两门，山炮两门，平射炮、小钢炮等十九门，迫击炮九门，长短枪千余支。现自牡市至佳木斯交通已经畅通。从此牡市治安将益臻巩固。

李司令员接见本报记者，详谈战役经过

【本报专访】牡丹江省北部顽匪高永安等部二千余，盘据五林河、仙洞、柞木台子、马桥河等地，蹂躏地方，屡图配合牡市特务暴动，破坏牡市和平。春节前后，尤为猖狂，几度侵占桦林、柴河，断绝牡丹江、佳木斯行旅，妨碍粮食运入市内。我人民自卫军为确保地方治安、解救匪区民众，决心予以剿灭。经长期布置，集中强大兵力，于十六日开始进剿，迄二十八日战斗全部胜利结束。李司令员于百忙中对本报记者详谈战役经过如下：

此次剿匪战斗命令下达后，我各部健儿士气极为高涨，决心继剿灭牡省南部马喜山匪部之后，将盘据①牡市北侧顽匪予以肃清，巩固牡市治安。战斗在十六日拂晓打响，战线绵亘数十里，接触一日，我军即按照预定计划撤返原防。十七日午夜，我主力突然分路猛扑敌匪据点，敏捷神速，一气攻克板院、四道

---

①应为"盘踞"，下同。

岗、仙洞、北甸子等五六个村庄，守敌全部为我击溃。除击毙者外，俘虏九十余，缴获炮三门、掷弹筒五个、机枪四挺、步枪百余支。继即乘胜直追，于两小时内，继续攻占敌匪重要巢穴五林河，横扫附近敌匪，解放了腰亮子、三道岗、清西等五六个村庄，俘获人枪二百余。遂逼近敌匪老巢马桥河。匪部经我数度沉重打击后，主力全部集中于此，企图凭围寨堡垒固守顽抗。战斗极为激烈，敌匪在我猛烈进攻下，至午后乃告不支，弃寨越山而逃。

**匪徒黔驴技穷、造谣捣乱，又被事实彻底粉碎**

我军一面安抚地方，一面为执行宽大政策，向敌匪进行宣传攻势，促其悔悟投降。但顽匪仍悔悟无心，盘据柞木台子、杏树底一带，企图继续挣扎，并暗中又将特务头子姜学瑢派出，联结牡市特务敌伪残余，图扰乱我后方，并散布谣言，捏造"中央军与美国大军二十五日即可到达牡丹江市""中央军派来猩猩队[①]""从哈尔滨来了三百特务"等等谣言，以图苟延残喘。但是，事实又是另一回事！二十五日恰恰是匪部主力遭我彻底击灭的日子。

自二十一日我军与自佳木斯南下大军取得联系后，即布置最后一战。佳木斯大军自东向西，我牡省部队自西向东，对残匪进行聚歼。二十五日午夜，我军即向敌匪最后强固据点杏树底猛攻，于完成包围后，即再次促匪投降，但此等胡匪尚不知死活，妄想"中央军自天而降"，执迷不悟。我军乃集中炮火，向敌阵地猛轰。敌匪初犹顽抗，我炮手以准确射击，首将敌西南角炮楼轰平，继又击中东南角炮楼。同时，火药库亦中弹爆炸，敌匪大乱。我各路健儿，遂在激昂冲锋号吹动下，攻入围寨，于二十六日下午一时，守敌全部解决。除击毙者外，俘匪队长以下一百七十余名，缴获长短枪三百余支，轻机枪九挺，重机枪四挺，各种炮五门，其他弹药军用品无数。次日，即分三路向柞木台子猛进，敌匪闻风丧胆，不敢抵抗，于我军完成包围后，全部残匪即在李开江、张德振率领下缴械投降。我军立即分兵进攻辛里屯、南沟、槲树河子等处，残匪已成釜底游魂，纷纷束手就缚。是日，计俘匪人枪六百余、迫击炮九门、山炮二门、重炮二门、平射炮七门、重机枪十挺、轻机枪十二挺。次日，继续西进，扫荡残匪，于二十八日在柳树河子与佳木斯部队会合，战役遂告胜利结束。

---

[①] 猩猩队：反动土匪欺骗群众的一种说法。

感谢牡市人民支援前线，剿匪阵亡将士功绩永在

李司令员称：此次剿匪战役之迅速获得胜利，固由于士气高涨，全体指战员奋不顾身，有敌无我。但牡市各界人士在战斗期间，不断在物质与精神方面支援前线，给予士气极大鼓励，也是短期内能以肃清顽匪的重要原因之一。最后，李司令员称：在我们庆祝胜利之际，我们不能忘掉剿匪战役中英勇牺牲与负伤的同志们，他们为保卫牡丹江治安而流血牺牲，他们的功绩将永垂不朽。

中华民国三十五年（1946年）五月三十日《东北日报》第一版

# 国民党反动派土匪政策完全破产
# 人民自卫军屡战屡捷　牡丹江全境匪患肃清

## 毙伤俘土匪五千余人　缴获枪炮甚多
## 牡市与间岛吉林东安佳木斯交通畅达

【本报讯】综合牡丹江日报报道：牡丹江人民自卫军为粉碎国民党反动派把牡丹江人民重新抛入法西斯恐怖深渊之企图，保障人民生命财产安全，肃清全境匪患。三个月来，辗转跋涉于崇山峻岭冰天雪地之间围剿土匪，迭获胜利，迄今共毙伤俘匪众达五千余人，缴获无数。终使匪患大致肃清，前为土匪盘踞地区人民获得解放，而且打通南与间岛、吉林之联系，北与东安、佳木斯之交通，使东、北满广大民主地区联成一片。

三个月来国民党法西斯在牡丹江委派民族叛逆，勾结敌伪残余，组织土匪武装。北据勃利一带者有谢逆文东、李逆华堂之汉奸队伍，曾先后窜扰鸡西、林口，与牡丹江市北惯匪高永安、张德振、李开江相联系，威胁牡市。南据春阳以迄鹿道、镜泊湖地区者有马逆喜山、郑逆云峰之土匪武装，不断扰犯东京城。而牡丹江市内特务分子更凭借此两股土匪为外援，几次策动暴动。由于土匪猖獗，致使全省交通遭受严重困难，匪区人民陷于饥寒绝境。鹿道匪区人民断绝春耕种子，勃利、林口两市遭其洗劫一空。高匪盘踞地区甚至在春冻未解之际即已疫病流行，人民渴望解救之迫切，有如当地老百姓对自卫军战士所说："你们再晚来一天，我们就要完了。"

我人民自卫军为解民倒悬，为民除害，于二月间开始分路进剿。二月十五日晚冒着严寒向盘踞于鹿道、春阳、镜泊湖、天桥岭一带之郑匪云峰、马匪喜山部二千余人（内有天桥岭李茂庆部五百余，南湖头王清部五百余），展开全面进攻，历时十七天，大小十一战，除马喜山带残匪数十窜逃外，余匪悉数被歼，计毙伤匪一团长李金喜、守卫团长李万春以下四百余名，俘匪首郑云峰以下六百四十余，残匪被迫缴械者六百余名。我缴获平射炮一门、迫击炮五门、重机枪九挺、轻机枪十八挺、掷弹筒二十三个、长短枪一千余支、子弹二十余万发、战马二十余匹。解放居民地三十二个屯，群众五万余。图佳线马莲河至春阳间已可通车。

我军于剿灭马匪后，不顾疲劳，于三月十六日又集中强大兵力进剿盘踞于五林河、仙洞、柞木台子、马桥河等地。并曾数度侵占桦林、柴河，进扰牡丹江市近郊之顽匪高永安、张德振、李开江二千余人，战线绵亘数十里。十七日午夜，我主力突然分路猛扑匪据点，一气攻克板院、四道岗、仙洞、北甸子等六村庄，乘胜直追，续克重要匪巢五河林及马桥河。残匪集结于柞木台子、杏树底一带，企图顽抗，并散布谣言，捏造"中央军与美国大军二十五日即可达牡丹江市""中央军派来猩猩队[①]""从哈尔滨来了三百特务"等谣言。二十一日起，我佳木斯南下大军自东向西，我牡丹江部队自西向东，对顽匪进行聚歼。二十六日攻下其最后强固据点杏树底，再分兵三路，向柞木台子猛进，残匪望风丧胆，不敢抵抗，在李开江、张德振率领下全部缴械。我军二十八日与自佳木斯南下大军会师于柳树河子，克奏全功，除匪首高永安在逃外，余众悉数就歼。缴获重炮两门，山炮二门，平射炮、小钢炮等十九门，迫击炮几门，长短枪千余支。自牡丹江至佳木斯交通已畅通无阻。

我佳木斯自卫军于二月间即开始剿匪战后，先以精锐部队西进，扫荡佳木斯至哈尔滨沿线，解放依兰等城镇，继以三个强大兵团挥戈南下，直捣谢逆文东、李逆华堂老巢勃利县城，一战而歼其总司令部，俘获参谋长以下千余人。匪"总司令"从被窝内裸体跳出，仅以身免。当地人民纷纷拿出埋藏武器，配合作战，引导我军搜索残匪。不兼旬，我即解放勃利全境。继又配合牡丹江北上大军围歼高永安、张德振等匪部，于柳树河子与牡省大军会师奏凯。

---

①猩猩队：反动土匪欺骗群众的一种说法。

中华民国三十五年（1946年）七月二十七日《牡丹江日报》第二版

# 某团急袭五林残匪
# 毙俘匪团长以下百余

【五林消息】我自卫军某团主力部队，近来接到军区剿匪命令。我全体指战员一致奋起，于七月十二日出发。大家日夜不停，奋勇猛进，决心消灭土匪，不让他再复活起来。二十三日早三时，在五林县境内柞木台子与匪首九彪数百人接触。经激战两小时后，生俘匪团长以下七十名，击毙七十余名，军马十四匹（还给百姓），缴迫击炮二门，重机一架，轻机八挺，冲锋式八支，步马枪五十六支，弹药一部。现我军继续追击中。

（徐昌）

中华民国三十六年（1947年）十月四日《牡丹江日报》第一版

## 仙洞区二千群众复仇　枪决匪特张德振等
## 该犯等曾抗击我军　杀害群众无数

【五林消息】仙洞区各村二千余群众，于上月二十六日上午十时，在仙洞学校大操场联合斗争大坏蛋张德振等六犯。有百余群众诉苦复仇。坏蛋张德振伪康德二年与汉奸赵宝义杀害我抗联同志和老百姓，后因有功于日寇，当了满拓经理兼仙洞村协和会长，掌握全村大权，平时欺压穷人。光复时，当维持会会长，又任中央胡匪上校团长，在桦林及马桥河一带打死我军民很多。后被群众斗争并不向人民低头，有枪不拿出来，被佛塔密村在他家起出匪枪、步枪各两支。

…………

以上等该犯，经群众数次斗争讲理，民主政府报以宽大政策进行教育，但他们并无改悔之意，这次在群众激愤下被处枪决。

（特约通讯员武纪国）

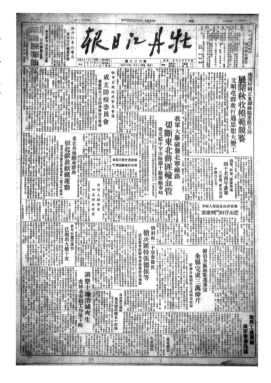

中华民国三十五年（1946年）六月二十二日《牡丹江日报》第二版

# 我军恢复东宁后
# 给予匪部打击甚重

【本报消息】东宁境内土匪起十三日止，以大部为我击溃。我军自给予绥阳、绥芬河胡匪以重大打击后，即于八日进军东宁。当时在大通沟击溃土匪二百余，缴获重机枪一挺，步枪十余支，即乘胜猛进。奔袭东宁城，击溃悍匪王志林部二千余，缴获野炮一门、步兵炮一门。重机枪一挺、汽车三辆、步枪四十余支。十一日中午完全恢复东宁城。次日，老黑山之匪千余，倾全力反扑，分三路向我猛攻，又经我军击溃。毙匪百余，伤七八十名，俘六十名，缴获重机枪四挺，迫击炮二门。步枪六十余支，汽车一辆，我军负伤八名，牺牲二名。现我军正在肃清残匪。

中华民国三十五年（1946年）六月三十日《牡丹江日报》第一版

# 东宁绥阳剿匪全胜
# 匪首吴家三虎一死一俘一降

## 缴获大炮十一门　人民热烈劳军

【东宁消息】东宁绥阳剿匪已获全胜，王志林匪部全部为我消灭，我军于十三日解放东宁后立即扩大战果，肃清附近残匪，即向王匪老窝黑虎山进攻。同时间，北上部队亦已赶到。在南北夹击下，将匪全部解决。东宁剿匪战役，至廿一日告一段落，先后毙伤二百余，俘虏二百五十余，投降的四百五十名，溃散回家的四百余。现尚有残部二百余名窜向穆棱境内，我军止继续清缴中。匪首王志林在逃，吴家三虎则一死（吴三虎被间岛部队击毙）、一俘（团长吴振山）、一降（参谋长吴振江）。缴获山炮六门，野炮一门，九二式步兵炮二门，平射炮二门，迫击炮十门，重机枪十挺，轻机枪六挺，长短枪六百余支。我军伤亡六十余名。当地人民，起初由于土匪的欺骗宣传，恐吓居民，我军所到之处烧杀一

空，群众恐惧。待我军到后，不但不烧不杀，且被俘土匪经教育后，立即释放回家，事实粉碎了土匪谣言，群众对我军大加欢迎，自动发起劳军，城内即慰劳猪肉四百斤，并热烈亲切看护伤兵。许多逃匿回家的散匪，决心改过，自动献出枪械，并纷纷向我军控诉土匪罪恶。土匪盘聚东宁之后，即下令每家派一壮丁，粮食全部抢完，民主政府杨县长亦被扣留，囚于老黑山（现已脱险）。当地人民经此惨劫后，已深切认识到武装起来、保家自卫的必要。此次东宁剿匪，我军以六七百人，消灭二千余土匪，前线将士之不辞辛劳，英勇作战实堪钦佩。

中华民国三十五年（1946年）七月十二日《牡丹江日报》第二版

# 林总司令通令全军　嘉奖本区剿匪部队

## 勉为开辟创造根据地而奋斗

【本报消息】我绥宁民主联军部队在刘司令员率领下，以七八百人，歼灭东宁王枝林匪部二千余。捷报传出，我民主联军总司令林彪将军，政委彭真、罗荣桓等，特于日前向全军通令嘉奖，并勉其继续追缴，肃清残匪，广泛与深入的①发动群众，为开辟和创造根据地而奋斗。

【本报消息】马逆喜山匪部被消灭以后，马逆潜藏山中，最近又暗中活动。啸聚六百多人骚扰宁安境内新安镇、南湖头、卢家屯一带，非常残暴。我军即派队前往剿灭，于本月六日在卢家屯与匪激战，将匪全部击溃。毙匪百余，缴获轻机枪二挺、重机枪一挺、掷弹筒一个、步枪三十余支。残匪二百余向南湖头逃窜，现正追击中。

（叶明）

① 应为"地"。

中华民国三十五年（1946年）七月十七日《牡丹江日报》第一版

# 解放绥阳东宁两县　我军剿匪综合战果

【本报消息】王枝林匪部约二千余，与国民党特务结合侵占绥阳、东宁后，即大肆蹂躏地方，造谣欺骗，奸淫抢掠，征款抓丁无恶不为，老百姓恨之入骨。我军为了拯救两县人民，乃于五月下旬开始向土匪进剿。五月二十二日克绥阳，六月十日克东宁。土匪溃成数股，我军跟踪追击，前后历时一半月，大小战斗十余次，除匪首王枝林仅带残部三十余逃窜，余者全部就歼。兹将综合战果如下：

毙伤匪团长吴三虎、安×以下官兵四百余，生俘匪首姜开山、吴二虎以下官兵六百余，被迫投降者吴大虎以下八百余（内有三百余投降我间岛部队）。主要缴获野炮一、山炮六、迫击炮五、九二步炮二、平射炮二、重机七、轻机九、长短枪一千五百余支，各种炮弹三千余发，各种子弹数万发，汽车二十辆，及其他军用品甚多。解放县城两座，群众五万余。我方伤指导员林基坦同志以下八十余名，阵亡排长王奎德同志以下十余名。

（战友生活社）

## 王枝林吴三虎等顽匪　鱼肉地方罪恶种种

一、扩匪

他们鱼肉人民的罪恶行为堵住了自己的嘴，不能说什么漂亮话，为国为民去动员青年参军了，可是他们会说瞎话欺骗群众。他说高丽人[①]（他对群众说八路是穷的人）被八路利用了，来了杀人放火鸡犬不留。我中国人现在解放了还能受他们这种气。这样他欺骗了无数青年。这是他扩匪的方法之一。其次就

---

① 当时对当地朝鲜族人的称呼。

是优待匪属。谁家青年要是当了土匪，他的家就可以不遭抢掠之灾，或者遭受要轻些，这样有很多青年都被逼得干上了土匪。

## 二、大烟风行

当官的抽大烟的很多，每到一村一屯都要支起烟灯拿起烟枪过过瘾。在战场上把督战责任交给别人，也要找个没风的地方背着匪兵抽一抽。就因抽的官又多又勤，所以他们每到一屯就要大烟，似乎比要兵粮还急。百姓没大烟就得捐款去买。

## 三、中央军的飞机怎么还不来增援呢？

我军攻打细鳞河时攻的①相当猛烈，顽匪的士兵焦急又恐惧地说："中央军怎么还不来增援啊，前天不是还来撒了不少传单吗？"传单的确是由天上飞下来的，可是并不真像王枝林所告诉他们是中央军的飞机来撒的，而是王枝林几个土匪头子，秘密的②把印好的宣传品送到高楼顶上，用竹杆子③一头捆上一些用力一挑，宣传品就满天飞舞了。这时候他就告诉士兵："中央军以飞机来撒传单了，快拾着看吧。"还说："今后我们打仗怕什么，万一不行飞机还能来增援呢！"

## 四、不投降就被消灭

经过了细鳞河、东宁尤其是东宁县，胡匪个个惊心胆战④，这样孙营投降了，姜营还不投降。碰巧在二月十九日，我们某连去打他的时候，和他在胡沟叉口上遇见了，撒腿就跑，我们就跟踪追击。匪营营长姜开山年高气衰（七十六岁）跑不动了，也没有人管了，被我俘虏。三十多士兵也放下武器。余者在将近午夜时逃亡肩厂沟，哨也睡了，在下半夜，我军包围了肩厂沟，冲杀而入，匪部一百八十余名中有一百六十个当了俘虏，他们都埋怨的⑤说："这就是不投降的好处啊。"

（张濬涛　李振华）

---

①应为"得"。
②应为"地"。
③应为"竹竿子"。
④应为"心惊胆战"。
⑤应为"地"。

中华民国三十六年（1947年）二月十四日《牡丹江日报》第一版

# 在我军连续清剿威力下　惯匪吴二虎投降

【本报讯】东宁惯匪吴二虎（吴振江）在我军连续清剿下，已走投无路，冻饿不堪。于本月九日率匪四名，携轻机一挺，步枪两支，匣枪两支，向我大渡川驻军投降。东宁一带之匪患不日即可肃清。

短评

## 惯匪吴二虎投降

入冬以来，我军分区主力各部，冒风雪，宿冰地，坚决剿匪，获得重大胜利。大股土匪先后击灭，只落得少数惯匪散匪游窜深山雪里，挨冻挨饿，朝不保夕，不知什么时候就会落入人民战士的铁掌，真是到了穷路末途。吴亚臣冻死荒郊于前，坐山雕被活捉于后，就是明证。

我们深信，在我军分区各部，结合民兵自卫队，继续搜缴之下，必能在短期内将境内一切胡子全部肃清，不使一个土匪漏网。我们从已降和被俘土匪口中了解到，今天有许多残匪，所以忍饿受冻，死也不投降的原因，就是上了胡子头的当，胡子头欺骗他们说，投降了就会被杀头。对于我军宽大政策了解不够。因之，在配合我军坚决肃清一切土匪的方针下，还要抓紧事实，扩大宣传。任何土匪只要缴出武器，保证以后再不做坏事，允许其投降，改过自新。

东宁惯匪吴二虎，现在投降了。这一事实告诉我们：第一，残匪在我军坚决搜缴下，已无法存在，不投降就只有死路一条，何去何从，虽罪大如匪首吴二虎者，也不得不缴械投降，另寻生路。第二，像吴二虎这样的惯匪，只要他缴出武器投降，我军□能允许，□说明我军网开一面，一切土匪的生路，只有投降一条。

中华民国三十六年（1947年）二月二十四日《牡丹江日报》第一版

# 中央胡子头吴二虎投降经过

【东宁通讯】正月十四日，翻身会杨会长带武装十一名，另外一名过去当胡子的姓孙，前往小地营起子弹，起出四箱九二式子弹，在山半腰中又拾一支三八式马枪。以后下山到刘锣□沟屯，该屯是胡子经常出没之地，这时天就黑了。吃饭后杨会长说："咱们在屯外坐夜吧，不睡觉了。"于是都布置好了。姓马的武装在铁道边站着，不一会儿，姓马的就叫着："从山上下来一个人进屯了。"姓马的遂招呼杨会长，一起到屯长家，问屯长这屯有胡子没有，屯长说没有。杨会长说："那么我们要查户口了。"屯长说："你查吧。"随即把武装叫到一处查户口。查到老孙家，查出一个叫王文福的，问他干什么的，他吞吞吐吐说不出来，身上还发抖。以后王从里拿出一封投降信，就说："我是胡子，我来投降来了。"姓王的前几天已和屯长联络过一次，故此次把信拿来。信上写的四人投降，吴振江匪号吴二虎，他当胡子团长，他们哥三个，吴大虎仍在山上，吴三虎已被我们队伍打死了。孙殿魁是胡子营长，吴振魁、王文福[①]。以后杨会长和姓王的谈到半夜，说明共产党宽大政策，同时又给吴二虎写一封信，叫王文福上山去。第二天四个人带武器下山了。他们四人交枪及子弹数量如下：轻机枪一挺、匣子二支、三八式步枪一支、九九式步枪二支、九二式子弹九箱、匣子子弹一百发。

（田玉书）

---

①与以上吴振江、孙殿魁共同是投降的四个人。

中华民国三十六年（1947年）三月二十四日《牡丹江日报》第一版

# 吉林省府工作队员活捉巨匪吴大虎

【本报延吉消息】吉林省政府工作队员李武春、付长春、杜万仁，省政府警卫员唐凤义及车夫韩、林等人，因公去东宁一带，于珲春至东宁的途中，将危害已久，百姓恨入骨髓的中央胡子吴振山——外号"吴大虎"逮捕。下面是吴大虎的罪行及逮捕他的经过：

吴大虎在解放以后，被蒋委为"中央胡子"第一路军少将参谋长，和伪旅长王枝林召集数万匪徒，肆虐于东宁、老黑山一带。掠夺烧杀，危害百姓。去年秋季，在我民主联军某部的围剿下全部击溃。唯吴大虎与王枝林漏网，仍然在老黑山一带扰乱人民，但总没找到他们的巢穴。东宁一带就是妇女孩子，提起"吴大虎"来，没有一个不痛恨的。

李武春等六人，由珲春至东宁途中，在关心百姓的询问中，得知吴大虎的罪迹，心中万分痛恨。事偏凑巧，三月九日李等由东宁起身回来，行至距东宁百余里的山林中，那是约在夜里两点钟左右。在森林的前面，忽然发现一个人，因为是深夜，料定不是好人，当即逮捕。经过周密的询问，那个人便供认他就是"吴大虎"的警卫员，并告诉说："'吴大虎'就在白头山的山洞中。"李武春等一心为人民除害，不顾一切危险，直奔白头山去。到白头山匪洞前时约在午后两点钟，正值"吴大虎"携枪探出身来，经过一番激战，"吴大虎"便被活捉了，并缴获了手枪、大枪各一支及子弹若干发。

像李武春等这样勇敢的探穴捉匪，实在可以作[①]一般同志们的榜样。

（董淑萱）

---

[①] 应为"做"。

中华民国三十六年（1947年）五月二十三日《牡丹江日报》第四版

# 牡丹江军分区特别军事法庭
## 布 告

法字第 号

查匪首吴振山匪号（吴大虎），年四十三岁，山东省掖县人。"九一八"事变后，在东宁当警察巡官，后又经商。"八一五"解放后，当中央胡子。去年，策动东宁"五一"暴动，充当王枝林匪部旅参谋长，积极给匪部修枪五六十支。收罗敌伪残余，扩大匪部。该参谋处设大肚川，扰害人民。由于我军追剿，被迫投降两次，我将其宽大释放。该犯仍不知悔改，复结合匪徒占山为营。我派其弟吴二虎（亦为投降之匪首）去劝说，希其真正归顺。而吴大虎竟威胁其二弟，不敢归我，该匪等仍据山待机。由于我军奋勇搜剿迫该匪等人三次移设密营，终于今年三月被我生俘。

…………

以上吴、展、郝三犯皆罪大恶极之匪犯，死心塌地，与民为敌，终为我军俘获。其罪恶事实已供认不讳，本庭为维持治安，保障人民之生命财产起见，对此等罪魁，决予严惩不贷。特宣判吴大虎、展聚蒲、郝福廷三犯以极刑。定于五月二十三日，验明正身，绑赴刑场，执行枪决，以儆效尤。

此布

庭　长：严佑民
中华民国三十六年五月二十三日

中华民国三十五年（1946年）七月九日《牡丹江日报》第二版

# 磨刀石驻军展开政治攻势
# 动员匪属寻夫索子

## 明白了宽大政策匪徒纷纷回家

【保安一营消息】本营自到达磨刀石后，即向土匪展开政治攻势，促其悔悟，迅速投降，十天来已收到初步成绩，既有宋树生、孙立志、耿向仁等十七名先后投降。将枪弹交于本部。我们当即按宽大政策处理，对其生命财产予以保证。并给他们开了证明书，准其回家务农。

为什么短短的十天当中就能有如此的成绩呢？我们检讨有如下的经验：第一是召开土匪家属座谈会，详细解释我党、我军和民主政府的宽大政策，说明当土匪的只要投降，对他的生命财产我们一定给予保证，否则就要坚决的①消灭，其家属也要

①应为"地"。

受连累，并指出当土匪没有出路，整天的担惊受怕，饭也吃不到，夜间还不敢在村子里住，躲在山上受罪，投降后就可安居乐业。第二动员地方上有名望的人士，请他们来帮助宣传解释。这点也非常重要，因为群众都相信他们的话。即使土匪及其家属对我们有些怀疑，经过他们的宣传和提出担保也会马上打消。由于我们采用了上述办法，所以磨刀石的土匪属已纷纷出动，到匪部寻夫索子，简直成了一个浪潮，目前瓦解土匪的工作仍在进行中，估计在不久的将来还会有新的成绩。

（张月亭）

杨子荣英雄事迹有关背景资料

中华民国三十五年（1946年）九月二十日《牡丹江日报》第二版

# 海林、世环镇各界人士热烈慰劳剿匪战士

【海林消息】我军自剿匪胜利归来后，海林的妇女联合会，在雨中向驻军某团进行慰问。第二天他们又募集了一些慰问品，统计数目如下：妇女会，猪一口、牙粉四大盒。工农联合会，牙粉四大盒、肥皂五十块。铁路工会慰问金三百四十元。朝鲜第二街，慰问金三百九十元。青年会三百八十元。壮年会二百捌十一元。第三日更有妇女联合会和工农联合会，组织代表并携带慰问品，妇女联合会慰问金五千元。工农联合会慰问金三千元。并有慰问袋和慰问信等，和军队各单位代表一同前往谢家沟病院去慰问。我军收到这些慰问品后，深为感激，坚决肃清土匪，确保人民安居乐业，以为报答。

（高校书）

【世环镇消息】马匪自上次被我主力部队击溃以后，都四散在森林里。最近又集合了四百余，从山林里窜出来。为了抢小麦和冬季衣服，便在世环镇以北，实行了抢光剥光政策，并扬言要过江搔扰①，人民恨之入骨，畏之如虎，纷纷要求我军清剿。当地驻军某团为铲除这一祸根，为民除害起见，遂于九月四日出兵清剿，经二日战斗，土匪百百余被我击溃。除毙伤外，其余全部窜回林中。当地人民，为感谢为民除害的军队，都自动发起了慰问。仅在七天中受到二十余村屯的慰问品、慰问信十余件。肥猪三口，鸡子一千二百五十个。钱一万一千四百三十一元。月饼、点心、麻花三百五十余斤，挂面五包（系张刑氏孙李氏二老太太慰问的）。现当地驻军与当地人民真是打成一片。现在离驻军较远的屯子，亦正纷纷赶来慰问中。

（高孟卿）

又：世环镇的妇女会员们，听说这次在剿匪中，有些同志负伤了，他们深深知道，这些同志的负伤是为了人民。因此，他们自动的在阎老太太率领下，

---

① 应为"骚扰"。

亲自到驻军某团伤院里要求洗衣服或绷带。因为衣服绷带都被鲜血染红了，不甚好洗，但是他们始终是迫切的①要求着。阎老太太并说，你们在前方打仗，流血都不怕，俺们怕什么？说完就吩咐会员把一些堆积在一起的衣服、绷带拿走了。烈日晒在他们背上。他们毫不在乎，愉快的②洗了不到一上午，二十多件衣服，五十多条绷带都洗得很洁净的晒在绳子上。他们除了以实际行动来拥军外，并携带了鸡子二百五十个、钱一百元、挂面五包及慰问信一封，对负伤战士表示万分同情和敬意。

（高孟卿）

①②应为"地"。

中华民国三十五年（1946年）九月二十七日《牡丹江日报》第二版

# 新海县政府正式成立
# 召开各区乡代表大会

## 通过施政方针大会胜利闭幕

【海林讯】筹备已久的新海县，已于"九一八"正式成立。由于时间短促。来不及召开参议会。为补救这一缺憾。尽量发扬民主起见。县府特于开庭的那一天。召开了区、乡、村各界代表大会，以征询各阶层人民对于政府之意见，到有各区村代表一百五十余人。大会历时两天，已于十九日胜利闭幕。

大会第一天，首由张公安局长致开幕词，说明因时间短，来不及开参议会。我们为了发扬民主，特开了各界代表大会。希各位代表对政府多提供意见。

在来宾致辞中，驻军王团长特别说明了军队和政民的关系，他说："民主联军是政府的卫队，是人民的护兵，谁敢侵犯政府和人民，我们就消灭谁。"继由各区

村代表讲话，一致表示愿在民主政府领导下，建设一个模范的新海县。接着是刘县长的政府工作报告，指出我们虽然有些成绩，但缺点仍然很多，有些干部官僚主义，坐在机关里发号施令，只知向群众征收，而没给群众什么好处。在李副县长逐条报告政府施政方针经全体通过之后，进行体会。晚间并有各种游艺节目，招待各代表。第二天上午，大会进行讨论。代表们纷纷发言，尤其对于救济雹灾（本县有三个区受了雹灾）和武装自卫问题，发言更为热烈。其次，对于生产建设、负担、取消乡等问题也都进行□讨论。至下午二时。始由刘县长做解答。四时许大会闭幕。现各代表皆已返回原地，对大会的各种决议，正进行传达和执行中。

（张月亭）

中华民国三十五年（1946年）九月二十九日《牡丹江日报》第二版

# 我军剿匪胜利　沿途群众纷纷慰劳

【新安镇消息】这次我们部队到新安镇一带剿灭马匪，在×家烧锅北山战斗结束后，×家烧锅的几个老百姓赶着牛驮着干粮（内有鸡子等）送到我们阵地来，很和气地向我们说："同志们很累吧！现在我们村里送来了几点干粮，给同志们充饥吧！"这时有的同志高兴笑着说："老大爷！谢谢你们，我们不十分饿呢……"

后来，我们又到了×家烧锅休息，老百姓对待我们像对待他一家人那样周到亲爱，至三营临走的时候，老百姓摆队欢送，并且说："同志！再什么时候能回来呀，回来时请到俺家坐坐吧！""大爷！大娘！我们一定来的，我们一定忘不了你们！"我们同志这样回答着。

我们在马厂休息的时候，新安镇、东西旧街几个村庄的老百姓组织了四五百人，要来慰劳，后来因天落雨，道路泥滑，他们只得选举

了四五十人的代表，赤着脚前来慰劳，并且送来了许多的慰劳品，当时我们军队热烈的①招待了一番，大家无限的②感激，接着马厂屯石河区也送来了不少的慰劳品。

马匪窜至沟内时，我们要去追击，因沟内没有村庄，没有粮食吃，便预先告知新安镇区政府准备一些热干粮。朝鲜群众闻悉后，便把他过年过节所吃的打糕做好，装了一汽车送到马厂来。

我们在杨木林子休息吃饭的时候，房东是个年约六十余岁老太太，看见我们非常感激的③说："你们这个队伍真好，吃饭自己做，自己又刷碗扫地，一点也不麻烦俺们。若是马喜山在这里，俺们得像侍候洋鬼子的那样，一个不周到，他就打你骂你，唉！你们这个队伍真是天下少有的。"

（刘崇礼）

---

①②③应为"地"。

中华民国三十五年（1946年）九月二十九日《牡丹江日报》第二版

## 海林各界代表参加　驻军召开模范大会

【海林消息】驻军×团政治部，为了动员全军，提高战斗力和工作素质的向上，密切结合群众，创造巩固的根据地，粉碎土匪侵扰和美蒋联合的进攻，达到和平民主的实现。于日前召开全团各种模范大会，除战士外，尚有各界代表参加。大会为五天，分为战斗、工作、群众纪律等等使模范同志们虚心介绍推动其他同志，一方面使其他同志学习，共同努力，使成为尽美尽善的人民保卫和平的强大力量。

10月，二团召开第一届奖励英模大会，在选出的11名模范中，杨子荣荣登榜首。图为会议代表合影，后排左起第三人为杨子荣。

中华民国三十五年（1946年）七月二十日《牡丹江日报》第一版

# 二支队保持我军光荣传统
# 爱护群众感动老百姓热诚拥军

【本报宁安消息】宁安各地人民对二支队的遵守群众纪律，帮助地方政权，都一致赞誉。去年十二月严冬时期，二支队到达宁安时，正值马匪到处猖獗，二支队连休息都没有，马上出发进剿，不避雪地冰天。这些战士们，因不习惯穿乌拉，所以有冻坏手脚的，当地政府与人民看到队伍为民除害而冻坏手脚前来慰问，二支队的同志回答说："不要紧，我们为了保护老百姓，就是牺牲了也是甘心的。"听这话的人都很感动。

二支队在每一次剿匪胜利后，总要在新解放村屯，召开群众大会，讲解我军政策，检举坏人，罪过轻的促其悔过，有些罪大恶极为当地人民所痛恨的，则交给群众公审处决。每到一地，尽量的①不麻烦群众，自己做饭、自己拾柴、自己担水，常常帮助群众担水，损坏老百姓的东西一定赔偿，借物一定送还。在马莲河与斗沟子剿匪战争中，群众自动来送饭，被我二支队同志看见了，走出很远的地方去迎接，同时恳切的②向群众道谢。因此使很多老乡感动得不知说什么好。

群众有交出以前敌人遗弃的枪支弹药时，二支队马上发钱奖励。在马莲河村有一个老汉送了二箱零一袋半子弹给二支队，当时马上得到五百元，老汉感动的③说："马喜山土匪到各户用枪逼着硬要子弹，而且只要你拿一粒子弹来，他就逼着向你要十粒，二支队的同志们不但不逼，反而发钱。"在斗沟子一家老乡院子里看见一个山炮座和一个炮架子，二支队的同志很不在意的④说："这是炮上用的，老乡拿着是没有用处的。"说了这话的第二天，老乡就找着二支队给送来了。现在这一带的老百姓，在我军群众纪律的影响之下，很快的⑤认

---

①②③④⑤应为"地"。

识了我军是他们自己的军队,有很多老乡曾发誓说:"有了军用品,无论如何也想法交给八路军,死也不交给马喜山。"

二支队的同志们,在与地方政府交涉事情时总是和和气气商量把事办好了。一些新参加工作①同志们,工作的情绪很高,在一些离匪近的地方,政府力量还不到时,二支队的同志马上去帮助他建设政府完成任务。

二支队的群众纪律所以搞好的原因,主要是干部抓的②紧。在每一次出发前,干部都要在部队里再三的③进行动员,解释今天广大群众还没有发动起来,群众对我们还不了解,政权也不象是④关内解放区那样。一切都有基础,所以我们也不能像要求解放区的政权一样。我军是人民的军队,不要违犯群众利益,在今天各地正发动群众的时候,整顿部队的群众纪律是特别重要的。其次就是先把部队内部整顿好,部队建立严格的奖罚制,对一些不可挽救的坏份子⑤就严格惩罚,对好的加以奖励,这一制度在今天我军中拥进大批新成份⑥,这些人还没受到深刻的教育之前,是特别重要的,一面教育干部,一切要从长期着眼、一切为着建立巩固根据地着眼。

(刘哲生)

社论

# 发扬我军光荣传统

今日本报发表东北日报记者刘哲生同志从宁安寄来的消息。二支队在宁安获得广大群众的赞誉和拥护,我们从消息中,可以清楚看出二支队之所以为群众所爱护,决非偶然,而是在七□月来忠诚为人民服务的结果。去年底二支队经长途跋涉,从南满经吉林、折向北满,又从哈尔滨来牡,一路扫荡土匪,大

---

① 应加上"的"。
② 应为"得"。
③ 应为"地"。
④ 应为"像是"。
⑤ 应为"分子"。
⑥ 应为"成分"。

小数十战，甫到牡丹江地区，恰逢匪祸猖獗，马喜山拥有数千之众，盘据①春阳，肆扰宁安，进犯东京城。二支队立刻冒着严寒进剿马匪，不到半月将马匪全部歼灭，解放鹿道到春阳两侧地区，打通图宁线，把宁安人民从土匪蹂躏下解放出来。可是，二支队指战员并不因功骄矜，除了继续参加省内剿匪之外，到处进行了群众工作，保持与发扬了我人民军队的光荣传统。每到一村，就召开群众大会，进行各种宣传，解释我党我军的政策，帮助群众制裁坏蛋，肃清敌伪残余。而更加重要的，是严守军纪，所到之处，不仅不扰民，并且积极帮助当地群众打扫院落、挑水、劈柴。今春冻开之后，在战斗训练间隙，又展开生产运动，所有这些实际行动，都深深感动了群众，认为是从来没有见过的军队，热烈拥护他们，舍不得他们离开。二支队就这样和群众血肉相联②起来，人民把子弟送到二支队去当兵，宁安、东京城一带青年学生踊③进二支队的军政干校学习和参加工作，人民把敌伪武器自动缴给军队……出现了军爱民、民拥军的亲密关系。

从二支队的获得群众赞誉中，也告诉了我们一个道理，即我们任何部队，如果想解决一切困难，只有依靠广大群众的拥护。而群众的拥护与不拥护，又决定于一个部队本身的是否处处表现忠诚为人民服务，而一个部队的是否能在前方好好打反动派，在后方好好剿匪，在战斗训练之余，能帮助老百姓进行各种工作，不但不扰民，并且能发扬我军与群众密切结合的光荣的传统，却又决定于领导干部和政治工作。二支队在领导上，对于军纪是极端重视的，除了以身作则之外，对于破坏群众纪律的个别份子④，决不宽容。二支队的政治工作与政工人员，在部队中也有很大的工作效率和很高的威信，受到尊重。宁安的人民，不难记得，红军撤退之后，二支队接管宁安，宁安是从来听不到城内有枪声的，而当牡丹江"五一五"暴动之后，人心惶惶，天刚黑路上即禁止行人了，而宁安剧院却在午夜十二时才散戏。这一件小事，足以说明纪律的严明，命令的贯彻程度。二支队到了牡丹江地区之后，虽则也增加了很大的新的成份⑤，

---

① 应为"盘踞"。
② 应为"连"。
③ 应为"拥"。
④ 应为"分子"。
⑤ 应为"成分"。

但仍能保持与发扬这一优良传统，这主要是依靠领导上抓得紧，所以还能使这个部队能①保持与继续老八路的传统和作风。当然，二支队也并不是尽善尽美的，也还有缺点和弱点，但那只是少数个别的现象，我们相信二支队全体指战员，能不负人民的赞誉，继续努力、消灭掉一切疵瑕，创造人民子弟兵的模范。同时，我们更热望一切驻牡的兵团，能吸收二支队的经验，严整军纪、努力剿匪，参加群众工作，共同为完成建立巩固的绥宁根据地而努力。最近某师已继抽调大批干部下乡工作之后，又深入动员进行爱民教育，检查纪律、检查群众观点，我们更希望所有其他兵团都能学习某师，积极开展这个工作，来一个各个单位内没有挑战的比赛，群众是最好的评判员，几个月之后，一定能看出谁是模范的。本报愿忠实的②反映各单位为建立绥宁根据地的每一点成绩和经验，希望各部队指战员能热烈为本报投稿。

①应删除"能"。
②应为"地"。

中华民国三十五年（1946年）十一月四日《牡丹江日报》第二版

# 谢文东残匪图南窜吉林
# 中埋伏匪团长毙命

【本报消息】谢文东匪部自十月上旬经我军北上剿匪，就向南窜来，企图沿夹皮沟、黑牛背、仰脸沟等大山沟跑到吉林找中央军去，在钓鱼台把全军召集起来开了一个会，说明在牡丹江由于民主联军的猛攻猛打，已经站不住脚了，要想活下去只有到吉林，谁愿跟着去，去了就能升官，如果不愿意去，可以放下枪，结果放下枪的有好几十。据老百姓说："现在还干胡子队的多一半都是吗啡瘾头特别大，无家无业的坏蛋，官比兵多，兵比枪多。"顺着山沟往南跑走做着找着中央当大官的美梦。27日雪夜走至大洼地方，谢匪的警卫匪碰上了我们埋伏。遭我一连一阵枪班副尚立代同志一梭毒打，打倒好几个，机机枪①，打死了谢匪的四儿子谢荣（是谢匪的警卫团长），损兵折将是其次，这一下子连到吉林去的美梦也被打得粉碎了。谢文东哭红了两眼，好几顿也没吃下一点饭，胡子已成惊弓之鸟，失去了作战能力，白天不敢进屯，整天蹲在寒风刺骨、大雪侵人的深山里，又挨饿又受冻，说不定什么时候就要挨打。胡子的情绪万分低落，就连谢匪的膀臂、胡子头李德林也说了："哎！还打个什么劲，都是中国人。"连他都不愿再打了，可见得一般士兵的情绪，据老百姓说，有一帮胡子已经准备投降了。

（政指②孙尚元）

---

①原文如此。
②政指：政治指导员。

## 谢匪一部被迫缴枪

【本报军息①】十月三十一日,我某团二营五连在羊脸沟与谢匪一部二十余遭遇。我军当即占领有利地形,向土匪射击。土匪无力抵抗,全部交枪受俘。

---

①军队方面的消息。

中华民国三十五年（1946年）十一月二十六日《牡丹江日报》第一版

# 林总司令暨本军分区首长传令嘉奖我剿匪部队

牡丹江分区全体指战员们：

你们在头道河子、二道河子等地，配合合江部队给谢文东匪部以很大打击，特传令嘉奖。望全体指战员，继续发扬战斗精神，备足干粮，到深山密林中去，再接再厉，彻底歼灭残匪。

林 彪

我分区部队全体指战员同志们：

  我们在最近剿匪战斗中虽有部分收获，但成绩不大，并将数次应获得更大战果的机会失去了。各部队首长除将此电令深入传达外，并对最近数次战斗详加检讨，鼓励部队勿骄傲，再接再厉，在精神上物质上更做充分准备，以期按时完成总部首长给我们彻底肃清土匪之光荣任务，生擒更多的匪部首领来回答林总司令对我们的奖励。

司 令 员 刘子奇
政  委 何  伟
副司令员 刘贤权
田  松

中华民国三十五年（1946年）十二月二十二日《牡丹江日报》第一版

# 山市杨木顶子捉匪十五　毁灭匪巢全胜而归

【新海消息】日前，由本县公安局张局长率领保安队一部，在山市杨木顶子一带，擒获胡匪十三名，投降两名，该地蒋伪胡匪大部肃清。十三日上午三时，由前投降两名土匪带路，张局长率保安队一部由山市出发，进山剿匪，沿途曾对土匪常住的村子进行两次包围，并在其常走的路上，埋伏了一整天，都扑了空，至天黑乃直扑杨木顶子匪巢，经半小时战斗，生擒匪连长刘玉双等五名，十四十五两日继续搜山，又俘获土匪人枪一部，并将匪巢烧毁，使其无容身之地。逃出之残匪，因衣食无着，大部被迫投降，至十六日止，共俘获匪连长以下十三名，加上先前投降的两名，计十五名。缴获轻机枪□挺、冲锋式一挺、步枪十三支、子弹数百发及物品一部。现山上还有六名土匪，四支步枪，我们本拟继续搜缴，后因匪连长再三保证，在两三天内一定将人枪送来，否则拿他是问，我们见其很有把握，所以答应他的请求，先行归来，如逾期不送，当再次前往搜剿。

（张月亭）

注：据查阅相关档案，张月亭为海林第一任公安局长。

# 牡丹江军区一支队、二支队部分领导人名录

## （1946年）

一支队（军区干部兼任支队领导）

司 令 员：李荆璞（军区司令员兼）

　　　　　刘子奇（二任）

副司令员：刘贤权（军区副司令兼）

　　　　　田　松（军区副司令兼）

政治委员：李大章（省委书记兼）

　　　　　赵浩波（二任，军区政委兼）

副政治委员：金光侠

政治部主任：张静之（省长兼）

　　　　　邹　衍（二任，军区政治主任兼）

参 谋 长：金光侠（省委副书记兼）

　　　　　陶雨峰（军区参谋长兼）

后勤部长：李梦吼（军区后勤部长兼）

二支队（山东海军二支队）

司 令 员：田　松

政治委员：李　伟

参 谋 长：王云舞

政治部副主任：房定辰

作战科长：罗　红

侦察科长：陈利锋

行动科长：丛树生

管理科长：陆　茸

组织科长：宿　灿

宣传科长：徐树之

保卫科长：房定辰（兼）

秘　　书：刘　培

供给处主任：王世国（李相官后任）

一团

团　　长：王云午（兼）

副 团 长：肖永志

副政治委员：王茂才

政治处主任：刘金凯

一团一营

营　　长：李忠明

教 导 员：李高升

副教导员：连永琪

一连连长：×××

副 连 长：周天林

副指导员：王绍宽

二连连长：张保才

指 导 员：牟传达

三连连长：孙范模

指 导 员：巩洪芳

一团二营

营　　长：×××

教 导 员：邹世桂（全营朝鲜放）

一团三营

营　　长：苟××

教 导 员：倪春溪

二团

团　　　长：王敬之

副 团 长：罗绍福

政治委员：王希克

副政治委员：曲　波

参 谋 长：连　城

作战参谋：陈　庆

政治处主任：王日轩

二团一营

营　　　长：王孝忠

副 营 长：张继尧

教 导 员：朱绪（锡）庆

一连

连　　　长：周义珍

指 导 员：周永光

二连

连　　　长：陈大正

副 连 长：曹凤仪

指 导 员：范树谦

二团二营

营　　　长：王敬一

副教导员：戴常勇

二团三营

营　　　长：马佩芳（峰）

副 营 长：刘春晓

教 导 员：林建义

七连

连　　　长：栾绍家　卫宜山（前任）

指 导 员：陈培民
副指导员：战　生
**八连**
连　　长：杨发祥
副 连 长：都洪玉
指 导 员：刘成斋

根据《牡丹江党史资料（第四辑）》（黑龙江朝鲜民族出版社1988年6月第1版，1988年6月第1次印刷）、《海林党史资料（第三辑）》（中共海林县委党史工作办公室1988年6月编印）、《中共东宁县地方史第一卷（1926—1949）》（黑龙江人民出版社2012年3月第1版，2012年3月第1次印刷）整理。

## 我军在牡丹江地区剿匪作战中牺牲的部分烈士名单

| | | | | | | | |
|---|---|---|---|---|---|---|---|
| 马路天 | 吴国文 | 李文秀 | 张秀义 | 王仕杰 | 李新有 | 王文礼 | 李　文 |
| 王　鼎 | 杨大有 | 韩春国 | 朴大权 | 金小娟 | 李海廷 | 林永和 | 周庆跃 |
| 姚天国 | 丁义清 | 丁天义 | 曲国文 | 曲忠民 | 朱　文 | 朱大昌 | 阎玉文 |
| 阎凤国 | 申文义 | 贾凤文 | 朴小南 | 金秉南 | 于喜盛 | 文天国 | 宋炳义 |
| 曾元昌 | 张永春 | 赵大成 | 钱永贵 | 李顺春 | 王四玉 | 孙小初 | 周吉祥 |
| 王　义 | 宋天成 | 李永初 | 朴大男 | 颜永福 | 刘树海 | 周可和 | 王吉春 |
| 韩天义 | 张有树 | 王文和 | 李大男 | 冯　义 | 马有义 | 马文有 | 牛天文 |
| 牟子智 | 郑凤财 | 褚德有 | 张　义 | 初凤山 | 王明玉 | 孙志国 | 孙　涛 |
| 李福生 | 刘庆魁 | 刘　义 | 孙文义 | 张福文 | 李　生 | 蔡　刚 | 中天义 |
| 孙东英 | 朴大昌 | 金永焕 | 权天义 | 陈庆昌 | 陈国详 | 杨子玉 | 王足盛 |
| 滕国英 | 金　平 | 张玉春 | 张凤春 | 王忠仁 | 孙宝忠 | 魏长和 | 姜中申 |
| 李玉成 | 王喜义 | 刘义申 | 朱和文 | 林风奎 | 王世义 | 施文忠 | 林　忠 |
| 朴永忠 | 李文瑞 | 秦凤义 | 尤国福 | 徐焕文 | 许志详 | 杨如成 | 史可文 |
| 申忠义 | 何秀春 | 孔子春 | 曹万春 | 金义春 | 徐立令 | 朴顺子 | 金春子 |
| 郑国春 | 杨仁子 | 侯长中 | 陈文岐 | 张文超 | 李文忠 | 张志革 | 朴顺永 |
| 林配明 | 韩小春 | 林春义 | 张大昌 | 姜四玉 | 花玉合 | 庄春海 | 庄玉威 |
| 季昌福 | 盛小三 | 郎　玉 | 李　春 | 吴　振 | 席春海 | 江宏义 | 江春英 |
| 于清德 | 李春成 | 江春和 | 朴春和 | 姚玉山 | 姚宝春 | 庄宝和 | 王建春 |
| 李　信 | 李永吉 | 周顺子 | 王石有 | 周顺吉 | 金顺姬 | 朴春子 | 张石春 |
| 张国祥 | 李杏春 | 曹玉祥 | 史子春 | 邱小详 | 陈少国 | 赵春山 | 杨文庆 |
| 杨庆海 | 史文玉 | 付玉春 | 吕文华 | 孙志高 | | | |

此烈士名单是1957年4月清明节从原木制烈士碑的背面抄录下来的，原载于"海林杨子荣烈士陵园简介"。（正面杨子荣、高波）

# 牡丹江剿匪

牡丹江地区的土匪总人数近万人，其主要匪股如下：（1）郑云峰匪股。郑云峰为"国民党滨绥图佳先遣军司令"，有2000余人，活动于牡丹江南部、宁安一带。（2）马喜山匪股。马喜山为"挺进军旅长"，有近千人，活动于宁安的东京城一带。（3）王枝林匪股。王枝林曾被委为"旅长"，有600多人，活动于东宁、绥阳一带。（4）张德振、高永安、李开江匪股。张、高、李3人皆被委为团长，共有近千人，活动于牡丹江东北部的五河林、柞木台子、马桥河一带。（5）"九彪"匪股。有100多人，活动于牡丹江北部五河林一带。（6）"座山雕"张乐山匪股。张乐山为"国民党东北第二纵队第二支队司令"，有数十人，活动在海林一带。

1946年1月底，中共牡丹江省委、牡丹江军区决定集中牡丹江部队主力实施剿匪，战略方针是：先南后北，集中优势兵力，各个击破，消灭敌人的有生力量。第一战役，南攻北守，打通牡图交通；第二战役，南守北剿，稳扎稳打，力求全歼；第三战役，大军东进，解放牡丹江全省。

第一战役由牡丹江军区副政委谭文邦任前线指挥，兵力部署是：西进部队为5000人左右，保卫牡丹江的部队为4000人左右，西部牵制敌人的部队为1600人。

战役开始后，首先攻打马莲河的马喜山匪部，经1天激战，消灭敌人400余人，俘虏100余名。2月15日，剿匪部队向盘踞于鹿道、春阳、镜泊湖、天桥岭一带的郑云峰、马喜山、李茂庆、王清匪部4000余人展开全面进攻，经17天的战斗，除马喜山带残匪逃走外，其他各路土匪悉数被歼。俘匪首滨绥图佳少将保安司令郑云峰以下2000余人，毙伤匪团长李金喜以下1000余人，缴获大量枪支弹药。是役打通了牡丹江至图们的交通，奠定了剿匪全面胜利的基础。

南进战役取得胜利后，剿匪部队立即挥师北上，进行第二战役。兵力布置是：南面在东京城、马莲河、北湖头配置1500人；牡丹江市内留下机动兵力3000人；北剿兵力8000多人。

3月15日，剿匪部队分路向盘踞于北甸子、桦林、柴河镇、五河林、仙洞、马桥河、杏树、柞木台子等地的高永安、傅邦俊、李开江、张德振匪部4000多人发起进剿。当天夜晚，首攻北甸子未克，改用"调虎离山"的战术，于次日以一部兵力将敌诱至预设阵地，全歼敌700多人。尔后快速向北甸子前进，一举将其占领，张德振逃窜。3月17日午夜，主力部队分四路猛袭匪军据点，接连攻克四道岗、马桥河、桦林等处，然后乘胜追击，攻克重要匪巢五河林。残匪集结于杏树底、柞木台子一带，并派人向谢文东匪部求援，企图继续顽抗。剿匪部队不给敌以喘息之机，于3月23日向杏树底前进，先头部队到马桥河遭敌伏击，后续部队赶到后，迅速反击，将敌击溃，乘胜跟踪追击，至杏树底向敌发起猛攻，将其全歼。

3月26日，合江军区司令员方强率部队由林口向南推进，牵制谢文东增援牡丹江的匪军。牡丹江部队兵分3路，由西向东对柞木台子匪军发起猛攻，匪军向北逃窜，被合江部队堵住。在两军前后夹击下，匪军3000余人全部被缴械。28日，牡丹江部队与合江部队在柳树河子会师，至此，牡佳交通全部畅通。

4月5日，第三战役开始实施。兵力配备是：组成两路剿匪大军，第一路由副司令刘贤权率领，沿滨绥铁路向鸡西、鸡东、密山、虎林、宝清挺进；在牡丹江市南、西两面布有机动兵力，待机肃清残匪，巩固已解放的地区。

正当东线部队进行大规模剿匪之际，土匪王超、姜学瑢、王小丁匪部阴谋在牡丹江举行暴动，企图夺取牡丹江政权。军区获得情报后，进行了相应的部署。5月15日拂晓，匪军700多人分别向军区司令部和保安团发起进攻，在军区司令员李荆璞的指挥下，按原定部署，警卫营4个连从侧后向匪军进行包抄，司令部警卫连以4辆坦克和1个排从正面冲击，匪军在前后夹击下，溃不成军，四散逃窜。部队随后追击，与埋伏在车站的部队相互配合，将残匪包围。经过二三小时的激战，残匪伤亡殆尽，余皆被俘。此战，匪首王超自杀，王小丁被活捉。

与此同时，第一路东进部队，在坦克和火炮的配合下，向盘踞在穆棱的谢文东匪部所属700余人发起进攻。经两个多小时的激战后攻克,接着部队乘胜追击,一举解放绥芬河。部队进入绥芬河后进行短暂的休整,尔后①向东宁匪部发动攻击,经激战将东宁占领。

6月中旬,第二路东进剿匪部队对盘踞在东安、密山、连珠山等地的土匪发起围攻,激战一昼夜,将匪部大部歼灭,俘敌300余名,毙伤300多人。

1946年7月,牡丹江地区剿匪的3个战役全部结束,大股土匪基本肃清。

原载于《黑龙江省志·军事志》,黑龙江人民出版社1994年11月第1版,1994年11月第1次印刷。

海林市雪原公园

---

①应为"而后"。

## 土匪分布情况

| 番号 | 匪首 | 建制 | 人数 | 武器 | 活动地区 | 备注 |
|---|---|---|---|---|---|---|
| 15集团军上将总司令 | 谢文东 | 三个团 | 3000 | 炮，电台，轻重机枪，掷弹筒 | 桦南、勃利、林口、东安、鸡西 | 原抗日联军八军军长，投降日寇，后为匪。1946年12月3日在勃利枪毙。 |
| 东北先遣军中将副军长 | 张雨新（张黑子） | 两个团 | 2000 | 炮，电台，轻重机枪 | 依兰、勃利、林口、牡丹江 | 张作霖部某团副官，投降日寇后当汉奸，1946年12月15日在刁翎枪毙。 |
| 第1集团军上将总司令 | 李华堂 | 两个团 | 1000 | 炮，轻重机枪 | 通河、方正、勃利、依兰、林口、牡丹江 | 原抗日联军九军军长，投降日寇，后为匪。1946年12月12日在押送路上翻车轧死。 |
| 15集团军中将军长 | 孙荣久（孙访友） | 三个团 | 1000 | 炮，轻重机枪 | 依兰、林口、东安、勃利 | 惯匪。1947年4月1日在勃利枪毙。 |
| 东北先遣军少将司令 | 郑云峰（郑大头） | 三个团 | 2000 | 炮，轻重机枪，电台 | 宁安、牡丹江、汪清、延吉 | 惯匪。1946年5月30日在宁安枪毙。 |
| 东北挺进军上将军长 | 马喜山 | 三个团 | 2000 | 炮，轻重机枪，电台 | 宁安、鹿道、春阳 | 惯匪，日伪特务。1951年3月15日在宁安枪毙。 |
| 东北挺进军少将旅长 | 王枝林（张兴汉） | 三个团 | 3000 | 炮，轻重机枪 | 东宁、绥阳、穆棱 | 日伪的汉奸，1946年8月在哈尔滨枪毙。 |
| 东安省保安队总队长 | 郭清典（郭海潮） | 六个大队 | 1000 | 炮，轻重机枪 | 密山、鸡西 | 中央军营长，抗日被俘为匪，1950年9月1日在密山枪毙。 |

| 番号 | 匪首 | 建制 | 人数 | 武器 | 活动地区 | 备注 |
|---|---|---|---|---|---|---|
| 十五集团军一〇五团 | 张德振 高永安 李开江 | 三个队 | 500 | 炮、轻、重机枪 | 林口、牡丹江 | 均为大地主、日伪村长，高1946年3月战斗中击毙；张1947年土改时被俘、逃，下落不明；李多次被俘、逃，下落不明。 |
| 东北先遣军上校 团长 | 郎亚彬（癞狼） | 一个团 | 600 | 轻、重机枪 | 鸡西 | 日伪军官，土匪。1948年2月在转心湖山里被扎死。 |
| 牡军区少将司令 | 王介孚（王超） | 三个队 | 500 | 轻、重机枪 | 穆棱、牡丹江 | 伪警察，土匪。1946年5月15日暴乱失败畏罪自杀。 |
| 六路军旅长 | 赖明发（赖大肚子） | 三个队 | 500 | 轻、重机枪 | 密山、鸡西 | 地主，土匪。1946年7月在半截河镇枪毙。 |
| 保安队大队长 | 俞殿昌 | 三个队 | 500 | 轻、重机枪 | 宝清、密山 | 伪军军官，土匪。1946年12月9日被我军击毙。 |
| 第1集团军参谋长 | 潘景阳 | 张雨新匪部 | 2000 | 炮、轻、重机枪 | 依兰、勃利、林口、牡丹江 | 地主，土匪。1946年12月15日在刁翎枪毙。 |
| 东北先遣军中将 副指导 | 车理珩 | 张雨新匪部 | 2000 | 炮、轻、重机枪 | 依兰、勃利、林口、牡丹江 | 地主，土匪。1946年12月15日在刁翎枪毙。 |
| 保安大队长 | 卢俊堂 | 六个大队 | 700 | 炮、轻、重机枪 | 密山、鸡西 | 土匪。1946年5月被击溃，逃跑，下落不明。 |
| 保安大队长 | 杨世范 | 十个中队 | 600 | 炮、轻、重机枪 | 密山、鸡西 | 土匪。1946年5月被击溃，逃跑，下落不明。 |
| 先遣军第一师副师长 | 曹本初（曹大架子） | 三个中队 | 500 | 轻、重机枪 | 密山、鸡西 | 土匪。1946年10月土改时打死。 |

| 番号 | 匪首 | 建制 | 人数 | 武器 | 活动地区 | 备注 |
|---|---|---|---|---|---|---|
| 保安队队长 | 许大虎（许大马棒） | 一个团 | 500 | 轻、重机枪 | 宁安、海林、牡丹江、林口 | 土匪。1946年3月22日在林口杏树村投降。 |
| 保安团长 | 吴振山，吴振海，吴振江（吴家三虎） | 三个团 | 1000 | 炮、轻、重机枪 | 东宁、绥阳 | 地主、土匪。1946年6月11日击毙，大虎投降，二虎击毙，三虎击毙。 |
| 保安队长 | 许福，许祯，许禄，许祥（许氏四杰） | 四个队 | 500 | 轻、重机枪 | 海林、宁安、牡丹江 | 地主、土匪。1946年5月20日击毙，福、禄被枪毙，祯、祥逃跑，又捕后祥死于狱中。 |
| 三十一团团长 | 周国华 | 三个队 | 1000 | 炮、轻、重机枪 | 穆棱、牡丹江 | 土匪。1945年12月27日在二站金场被群众杀死。 |
| 保安三旅旅长 | 李德林 | 三个队 | 500 | 轮、轻、重机枪 | 海林、牡丹江 | 地主、土匪。1947年3月在五林县枪毙。 |
| 二支队司令 | 张乐山（座山雕） | 两个队 | 200 | 轻、重机枪 | 海林、牡丹江 | 地主、土匪。1947年2月7日杨子荣率队捕张等土匪25名，死于牡丹江监狱中。 |
| 东北第一挺进军 | 李树东 | 一个团 | 400 | 轻、重机枪 | 汪清、牡丹江 | 地主、土匪。1946年2月三支队警卫团收降。 |
| 东北第2挺进军 | 王克贵 | 一个团 | 400 | 轻、重机枪 | 汪清、牡丹江 | 土匪。1946年2月三支队警卫团收降。 |

| 番号 | 匪首 | 建制 | 人数 | 武器 | 活动地区 | 备注 |
| --- | --- | --- | --- | --- | --- | --- |
| 保安大队 | 王希武（王败火） | 3个中队 | 120 | 轻、重机枪 | 密山、鸡西 | 地主，土匪。1946年6月击溃，逃跑，下落不明。 |
| 保安大队 | 祁少武 | 3个中队 | 200 | 轻、重机枪 | 密山、鸡西 | 地主，土匪。1946年7月击溃，逃跑，下落不明。 |
| 五十二军军长 | 孟尚武 | 3个队 | 150 | 轻、重机枪 | 密山、鸡西 | 伪军官，土匪。1946年9月29日处决。 |
| 保安队长 | 董凤山 | 3个中队 | 100 | 轻、重机枪 | 鸡西、林口 | 土匪。1946年2月被击溃，下落不明。 |
| 第一挺进军 | 王 清 | 一个团 | 500 | 轻、炮、枪 | 宁安、牡丹江、汪清 | 土匪。1946年7月击溃，逃跑，下落不明。 |
| 东北挺进军 | 范兴山 周学武 | 两个团 | 400 | 轻、炮、枪 | 东宁、穆棱 | 土匪。1946年6月被击溃，逃跑，下落不明。 |
| 伪公安局，先遣军三十一团，伪县政府 | 马海涛 田永春 王槐梦 | 四个营 | 1900 | 轻、炮、枪 | 穆棱 | 土匪，伪官吏。1946年2月1日缴械捕获。 |
| 三旅九团长 | 孟大光 | 一个团 | 200 | 轻、炮、枪 | 穆棱 | 土匪，伪警官。1947年11月在沈阳捕捉归案。 |
| 保安队 | 傅老鸦 | 一个团 | 400 | 轻、炮、枪 | 穆棱 | 土匪。1946年2月在猴石沟战斗中击毙。 |

## 杨子荣英雄事迹有关背景资料

| 番号 | 匪首 | 建制 | 人数 | 武器 | 活动地区 | 备注 |
|---|---|---|---|---|---|---|
| 保安队 | 于风涛（于鹏飞） | 一个队 | 100 | 轻、重机枪 | 穆棱、牡丹江 | 土匪。1951年11月捕，1953年5月24日判死刑。 |
| 先遣军九旅旅长 | 刘亚杰（九彪） | 三个团 | 500 | 炮、轻、重机枪 | 穆棱、海林、牡丹江 | 惯匪。1946年秋击溃，1952年7月16日击毙。 |
| 占山好 | 乔锡坡 | 一个队 | 60 | 长、短枪 | 虎林 | 土匪。1947年4月被击毙。 |
| 保安团长 | 毕星奎 | 一个团 | 200 | 长、短枪 | 鸡西、东安、平阳镇 | 惯匪。1946年6月13日捕获法办。 |
| 独立营营长 | 孙汇 李子佰 | 三个连 | 300 | 轻、重机枪 | 海林、牡丹江 | 惯匪。1946年春击溃匪部，1951年捕获法办。 |
| 东北先遣军第十一师、第二十四别动队 | 周放之 | 三个中队 | 400 | 炮、轻、重机枪 | 海林、柴河、牡丹江 | 1946年夏击溃匪部，1951年4月在柴河区处死。 |

摘录于《牡丹江党史资料第四辑》，黑龙江朝鲜民族出版社1988年6月第1版，1988年6月第1次印刷。王景坤供稿，张蕴英整理。

# 1946—1947年牡丹江地区剿匪斗争大事记

高尊武  李建华

## 1946年

1月23日  我军区四团政治委员邹世环,在宁安马河剿匪战斗中,光荣牺牲。

1月29日  宁安县临时参议会通电蒋介石,遣责①他派遣军队向解放区进攻,破坏东北人民和平民主新生活的罪行。要求蒋介石立即执行停战决定、停止向解放区进攻。

2月1日  绥东军分区司令部直属骑兵连和穆棱独立营共500人,在苏联红军的配合下,借参加"会议"之机,将国民党三十一团和公安局武装全部缴械,逮捕了国民党的党、政、警、军等反动头目。缴获炮4门、机枪6挺、步枪1500多支,推翻了国民党政权。

2月2日  田松率海军二支队到达海林县,参加剿匪斗争。军区司令员李荆璞同志前去欢迎和慰问。

2月6日  我二支队一营营长李忠明②率领一个营的兵力,袭击了马喜山匪部。打死土匪30余人、俘匪50多人、缴械枪支150多支。

2月9日  牡丹江军区第一届战斗模范大会在海林召开。参加大会的战斗模范147名。大会由政治主任房定辰主持。李荆璞司令员、田松政委、李伟政委讲了话。(《中共牡丹江市党的历史活动大事记》1988.10)

2月14日  田松司令员、李伟政委率领二支队进驻宁安,进行剿匪。张

---

①应为"谴责"。
②应为李中明。

闻天在宁安接见了田松,称赞他们边进军、边剿匪、边扩军,是"小长征"。东京城伪四团被二支队收编。

**2月15日** 2月15日,由田松司令员亲自指挥二支队一团全部、三团大部和三支队警卫团袭击鹿道。经过19①天的激战,除马喜山带数十名残匪逃脱外,两千余名土匪全部被歼,匪首郑云峰被擒。

**2月16日** 由李荆璞司令员亲自率领二支队二团一营参加北路剿匪部队,在南路部队的配合下,一举攻下柴河、桦林、五林。歼灭土匪李开江、张德振各一部。

**2月下旬** 陶雨峰率领绥东军分区司令部直属部队、穆棱县保安大队和兴源镇部队共100多人,在兴源镇截击"付老鸹"匪队。匪首和50多名匪徒被打死,缴获小炮一门,步枪50多支。

**5月1日** 东宁县保安大队在土匪王枝林、"吴三虎"和国民党特务的策划下,发动叛乱。他们里应外合,袭击县政府。县长杨森林、公安局长李东升等人被捕。排长乔振山等人光荣牺牲。

**5月2日** 国民党东北挺进军王枝林匪部,攻打绥阳县大甸子,杀死100多人。

**5月4日** 国民党东北挺进军王枝林与绥阳县"复兴维持会"勾结混入绥阳县绥芬河区公安局内部的"复兴维持会"残余分子,里应外合袭击了公安分局,区长赵长华,公安分局长肖凤云、公安队长孙振环惨遭杀害。

**5月8日** 王枝林匪部派国民党特务田小元、佟志人勾结绥阳县公安大队卢凤岐,攻打绥阳县城。县长魏绍武、公安局长于佑民率领警卫战士奋力还击。最后,弹药耗尽,匪徒攻入县城。魏绍武、于佑民等人壮烈牺牲。

**5月11日** "付老鸹"匪队的残部100余人,在"付老鸹"小老婆的策划下,趁我主力部队剿匪之机(县里只留一个班)攻打穆棱县城。县委书记李毅、副县长尚景坡带领县政府干部和公安干警沉着应战,一直坚持到剿匪大部队回城,打退了匪徒多次进攻,保卫了穆棱县城。

**5月上旬** 我军区副司令员刘贤权率二支队二团为主力的东路剿匪部队,

---

① 应是17天。

在坦克车的掩护下，先后攻克穆棱、东宁等地，救出东宁杨县长，歼灭王枝林、"吴三虎"等土匪1000余人。

5月15日　国民党特务姜学瑢、王介孚等勾结付邦俊、王小丁等土匪300余人，包围了牡丹江市政府和干部学校，企图推翻我政权。我守卫部队英勇还击，平息了蓄谋已久的反革命暴动，匪首王小丁等200余人被俘。

同一天，谢文东勾结郭清典、卢俊堂等匪部，分路围攻东安和鸡西市。牡丹江三支队警卫团和十七团在虎林独立团和牡丹江十四团的配合下，粉碎了土匪的联合进攻，保卫了东安市和鸡西市。

5月16日　在马桥河伏击战中，牡丹江军区副司令员刘贤权率领部队在绥东军分区司令部（驻穆棱）的配合下，打死匪兵100多人，俘虏100多人，缴获平射炮1门、重机枪2挺、轻机枪4挺，长短枪100多支、汽车4辆、粮食5万多斤。

5月17日　国民党东北挺进军王枝林的范兴山、周学武等匪部400余人，攻占了马桥河。我军区一团、十四团、十五团各一部，在副司令员刘贤权率领下，向马桥河发起进攻。整个战斗历经5小时。毙伤敌人百余人，俘匪百余人；缴获平射炮1门、重机枪2挺、轻机枪10挺。一举收复马桥河。

5月22日　牡市①政府在火车站广场，召开公审大会。在"5·15"战斗中俘虏的王小丁等人被枪决。

5月26日　郭清典等匪部乘我军换防，攻占东安市。烧杀掠夺，血洗东安市，杀害60多名朝鲜族同胞。

5月30日　牡丹江市各界就"5·15"事件举行祝捷追悼会。并通电全国，要求国民党当局停止内战、停止全国各地的特务活动。

同日，中共宁安县委、县政府召开万人公审大会。国民党东北第一挺进军司令郑云峰被枪决。

5月31日　绥宁军区部队再度收复绥阳县城。

6月2日　我民主联军向东宁地区进军，首战细鳞河，将敌大部击退，一举占领敌主峰的山炮阵地，缴获山炮1门，俘匪10余名。

---

①即"牡丹江市"。

6月11日　我军发起解放东宁的战斗。在进军东宁、部队到达道沟岭时，遭到匪徒孙忠魁营部警卫连、机枪连和手榴弹连约200人的袭击。后来，在刘贤权副司令员的指挥下，我炮兵、坦克部队向敌人发起了猛烈的反击，我军战士在炮火的掩护下向山头发起冲峰①，一举粉碎了敌人伏击阴谋。

同日，牡丹江军区部队收复东宁县城，于东泊儿屯生擒匪团长关振山、姜开山以下600余人，缴枪100余支、炮13门、轻重机枪16挺、子弹数万发、汽车22辆。东北民主联军总司令部通令嘉奖东宁等地剿匪部队。

6月11日　我军占领东宁后，匪首王枝林集结南路匪军几百人，向我军反扑。在南山遭到我军的猛烈打击，俘敌30余名。

6月初　被国民党收编为东北挺进军第一纵队第三旅第九团团长孟大光匪部80多人，在穆棱兴源镇被我穆棱县保安大队和兴源镇保安中队给予沉重打击。打死匪徒40多人，缴获长短枪40多支。

6月12日　我驻宁安沙兰保安队班长许建勋和石明山叛变投靠马喜山匪部。我六连全部被缴械，李连长被刺死，刘（成斋）指导员被打伤，杀害11名同志。

6月22日　牡丹江军区剿匪部队进攻东安、密山、连珠山一带。将大部分土匪歼灭，毙伤俘敌600多人，缴获各种炮19门、机枪20余挺、步枪300余支，解放了东安县城。

6月30日　马喜山残匪在阿卜河子截击我军汽车1辆，杀害我指战员24人。

7月3日　马场农民自卫队在三道河子剿匪，活捉匪首孙万昌等6名。

7月中旬　三五九旅和三支队警卫团剿匪部队在东安地区将国民党旅长、汉奸赖明发捕获。

7月23日　我自卫军某团在五林柞木台子同"九彪"匪部展开激战，生俘匪团长以下百余名，击毙70余名，缴获军马14匹、迫击炮2门、重机枪1挺、轻机枪8挺、冲锋枪8支、步枪80余支、弹药一部分。

8月12日　二支队一团三营和直属部队一部、赴宁安沙兰站剿匪。

8月　国民党东北挺进军王枝林匪首，在哈尔滨被我公安局捕获，经哈尔

---

①应为"冲锋"。

滨卫戍司令部宣判镇压。

9月30日　我二支队两个连在宁安三灵屯剿匪，歼灭马喜山匪部10多人。

9月　东北民主联军绥宁省军区十四团团长董振东，率队在穆棱八面通北侧"后营子"深沟里，消灭谢文东匪部一个团。同时，打死一些被匪队收容的日本兵，活捉日兵200余人。

11月3日　八面通炮三团团长宋成志率领一个连，在黎树镇双河村剿匪。打死打伤匪徒20多人。

11月20日　三五九旅八团二营五连副连长李玉清带领10名战士，在牡丹江西岸四道河子四方台活捉匪首谢文东及他的儿子。12月3日，在勃利县公审枪决。从此，谢文东匪部全军被歼灭。

12月12日　国民党东北挺进军第一集团军上将指挥官、北满大匪首李华堂，被三五九旅剿匪部队在刁翎生擒，残匪全部被歼灭。俘虏团、营、连长150余人。匪首李华堂在押送途中死亡，匪首张雨新（张黑子）、车理珩及李华堂匪部参谋长潘景阳等，于15日在刁翎被处决。

## 1947年

2月5日　《东北日报》报道：牡丹江军区在一年中，共进行剿匪战斗36次，歼敌2000多人。缴获各种枪支1300余支，战马90余匹，火炮19门。

2月7日　牡丹江军区侦察员英雄杨子荣等6人，化装侦察匪情，勇敢深入匪巢，将国民党东北第二纵队第二支队司令、匪首座山雕（张乐山）以下35[①]名全部活捉。

同日　海林县召开公审大会。公审后，将"座山雕"押送牡丹江公安局。

2月23日　侦察英雄杨子荣在追剿李德林残匪战斗中，于闹枝沟里壮烈牺牲，时年31岁。东北民主联军司令部授予他"特级侦察英雄"的光荣称号。

2月　王景坤率领警卫团和梁定商的虎林独立团，在虎林追歼乔锡坡匪部。

原载于《牡丹江党史资料（第四辑）》，黑龙江朝鲜民族出版社1988年6月第1版，1988年6月第1次印刷。

---

①有误，应为25。

# 海军支队的战斗历程

刘金凯　宫野进　解志一

一九四四年十一月，抗日战争胜利在望，驻胶东刘公岛、龙须岛的汪伪海军六百余人杀敌起义，投向人民怀抱。这支部队在党的关怀、培育下，在战斗和工作的实际锤炼中，逐渐成长为坚强的人民武装力量，为民族解放、保卫和建设祖国，作[①]出了贡献，立下了功劳。对这一有意义的历史进程，把能搜集到的材料，联缀成篇，用以缅怀英烈，激励后来，并证明党的团结、教育、改造政策的英明正确。

## 一　在启蒙路上

*起义归来*

一九四四年秋天，伟大的抗日战争，经过全国军民七年多的艰苦奋斗，已经取得了重大胜利，抗日根据地大为扩展，日本帝国主义已日暮途穷，抗战胜利即将到来。在胜利形势的鼓舞下，驻山东威海刘公岛、龙须岛的汪伪海军起义了。

一九四四年十一月五日，驻威海刘公岛汪伪海军六百余人，怀着对敌人的强烈仇恨和爱国热情，在练兵营卫兵队队长郑道济和教练班长连城、毕昆山的领导下，杀死日军十七人、伪军官多人，携带钢炮三门、机枪五挺、长短枪六百余支，当夜乘舰艇离开了刘公岛。次日黎明，在牟平县双岛登陆。当这支队伍行至文登县双林前村时，我东海军分区辛冠吾股长驱马赶来欢迎和协商谈判。在党的团结抗日政策的感召下，起义的组织者郑道济等人，毅然参加了八

---

[①] 应为"做"。

路军。五天以后（十一月十日），汪伪海军驻龙须岛派遣队六十七人，经过当地党和军队的工作，在队长丛树生的领导下，生俘日军二人也起义归来。

这两支起义部队先后开进抗日根据地，受到沿途广大群众的热烈欢迎。"热烈欢迎杀敌起义的兄弟们"的口号，此起彼伏。老大娘和大嫂们把煮鸡蛋和炒花生塞满战士的口袋；妇救会员、儿童团员们端着热茶送到战士面前。起义战士不仅深受感动，而且得到教育，有的战士在日记中写道："现代青年在根据地，现代妇女在根据地。"到达东海军分区驻地时，胶东行署曹漫之主任、东海军分区刘勇司令员和仲曦东政委专程赶来，和起义部队的战士见面，与起义骨干亲切交谈并合影留念。

十一月二十二日，在文登县西铺集召开了海军支队命名大会。东海军分区刘勇司令代表胶东军区许世友、林浩、吴克华等首长，宣读了海军支队成立和任命中队以上干部的命令，命名起义部队为山东胶东军区海军支队，任命郑道济为海军支队上校支队长，欧阳文（胶东军区政治部副主任）兼任支队政治委员，连城、毕昆山、李仁德、丛树生为一、二、三、四中队上尉中队长。大会上，郑道济支队长率领全体官兵宣誓并发表通电。连城代表起义官兵致答词。最后，分区仲政委作①了热情洋溢的讲话。他赞扬起义人员具有爱国热情和民族观念，不愧是炎黄子孙、中华民族的好男儿；对他们参加八路军表示热烈欢迎。全体官兵也都为自己参加八路军，成为人民子弟兵的一员感到光荣，庆幸自己从此走上了一条光明道路。

随后，海军支队开进了胶东中心根据地——牙前县大石疃，进行冬季战备整训，准备迎击日寇冬季扫荡。

**在党的抚育下成长**

为了改造好这支以知识青年为主要成分的起义部队，山东分局书记、山东军区司令员兼政委罗荣桓同志，亲自报请延安总部为部队命名，并作②了重要指示：改造这支队伍，不能操之过急，要在建设陆军的基础上建设海军。胶东区党委书记、军区政委林浩也亲自过问海军支队的组建工作。

部队到达大石疃后，吴克华副司令赶来看望。欧阳文政委召集了部分起义

---

①②应为"做"。

骨干座谈会，了解部队思想情况。大众报社记者陈伯坚、军人周报记者蒲英、孟凡、军区画报社社长鲁平都赶来采访、拍照。军区政治部还赠送了一批图书，组织了球赛。

经过座谈、访问，基本上弄清了部队的历史和现状：他们虽然是伪军，但与以兵痞、流氓为主要成分，配合日寇讨伐，严重危害人民的伪军不同。这支部队成员，大多数是平津一带失学、失业的青年学生为谋求职业，向往当海军，被骗入伍。编入伪海军后，大都困守孤岛，没有参加"讨伐"，没干直接危害人民的事情。士兵平均年龄约二十岁，其中，初中、高小学生居多，部分读过高中和专科。在岛上，士兵整年过着不得温饱、挨打受骂的"囚徒"生活，他们对日军、汉奸有着强烈的仇恨。

生活在四十年代的青年学生，大都接受过一些抗日爱国思潮的影响和熏陶。他们在学校读书时，就唱《毕业歌》《义勇军进行曲》和《我的家在松花江上》[①]等歌曲。日军占领华北后，又经历了当亡国奴的痛苦生活，他们多数人具有一定的爱国思想。由于日伪和国民党的反共宣传，使这些生活在敌占区的青年，对国内政治形势和抗战形势缺乏正确的了解和分析。他们对国民党的本质认识不清，有不同程度的正统观念；对共产党，则比较普遍地"怕"，即使稍有政治认识、不相信敌人欺骗宣传的人，对共产党的真实情况也不了解。针对起义战士的思想情况，军区首长指示：刘公岛、龙须岛官兵杀敌起义，是革命的爱国行动，不能因为他们干了几天汪伪海军，就鄙视他们，要耐心细致地做好他们的思想改造工作，使他们早日成为名副其实的八路军战士。

为了加强领导，搞好团结、教育、改造工作，军区派王子衡同志任副支队长，李伟同志任政治处主任；派徐诚之、宿灿、冯飞、陈利锋、刘兰永等同志到政治处、参谋处工作；派罗江、刘金凯、王日轩和曲波同志任中队政治委员。他们都受到指战员的热情欢迎。军区还从战斗部队中抽调一百名老战士（多数是党员），从根据地各中学选调了一百五十名青年学生（多数是党员、青年队员）参加海军支队。在以后的工作和战斗中，他们都成为政治骨干和战斗骨干。又将军区特务营二连，调为海军支队警卫中队，以适应敌后的战斗环境的需要。

海支起义人员，酷爱大海，他们从事海军的憧憬，只有在中国共产党的领

---

[①] 应为"《松花江上》"。

导下才能成为现实。受编之后，他们谱写了一首新海军的进行曲，经胶东军区政治部批准在部队中教唱"我们是中国未来的新海军"的歌声唱出了他们的希望。正如原胶东军区林浩政委所讲，今天我们没有船，还不具备建设海军的条件，但是我们将来会有的。我们需要一支强大的人民海军。现在就要为海军建设准备干部。我们要在发展陆军的基础上，建设人民海军。

起义战士乍到根据地，处处感到新鲜，但也感到陌生，对新调来的干部、战士们态度则有些拘谨。

由于刘公岛上的伙食低劣，体力消耗大，起义战士的健康状况不好。出岛之后，身上不冷了，肚子不饿了，但虚弱的身体还没有完全恢复，加之又染上了疥疮，一些新来同志也受到传染。这是摆在面前必须立即解决的一件大事。

军区首长对海军支队非常照顾，不时增拨细粮，给予特殊供应。各中队民主选出了经济委员，成立了经济委员会，实行经济民主，定期公布帐目①，调剂伙食花样，官兵同灶就餐，这些人民军队的传统作风，深深感动了起义战士。

各中队从党员中推选热心工作的同志去搞伙食，加强了炊管人员。如老战士王子贤、于国良、陈延龙，学生党员宫野进、王春瑞等同志担任事务员和炊事班长。他们不顾疲劳从几十里外的集市上，背回猪肉、青菜，并带领炊事班，起早贪黑地把饭菜做得可口、多样。节假日里干部、党员去伙房帮厨，密切与炊事班的关系，并包饺子改善伙食。他们还做了面条送到病号同志们的床前。哪个中队伙食搞得好，就受到支队表扬。一时办好伙食成了各中队之间的竞赛项目之一。三中队共产党员陈延龙，被评为模范炊事班长，受到支队首长表扬。

卫生队的军医把搞来的硫磺②磨成粉末，再用猪油调成药膏，发给战士，点燃柴草，边抹药边熏烤，配合烧开水烫虱子，不到半月就彻底扑灭了疥疮。

由于改善了伙食、治愈了疥疮，起义战士们的体质增强了。红润的脸颊浮现出幸福的笑容。休息时新老战士比赛角力，围观者喝采助兴，不时发出团结友爱的欢笑声。

针对起义官兵的思想状况，军区政治部批准，以《从九·一八到七·七》（新华社编）一书作为政治学习材料，进行系统的政治教育。通过揭露蒋介石

---

① 应为"账目"。
② 应为"硫黄"。

"攘外必先安内"的误国政策，澄清了模糊认识。支队还邀请了胶东参议会参议员、行署教育处长、老同盟会员张静斋老先生作①了关于"蒋介石其人"的报告，欧阳文政委作②了"共产主义与三民主义"的报告，都收到了良好的效果。系统的政治学习和丰富的生活实践，使不少同志开阔了视野，提高了觉悟，逐渐消除了对共产党、八路军的误解与怀疑，对调来的共产党员和干部也渐渐产生了敬慕和友好的感情。

思想改造工作不是一帆风顺的，少数起义同志还有错误认识，有的把思想改造说成是"同化"；有的看不起调来的老战士，认为他们不懂数理化。某些老战士也看不惯起义战士的城市生活习惯和作风。选调参军的根据地学生，常为不同见解与起义战士争得面红耳赤，相持不下。在这种情况，遂发生了起义战士殴打根据地参军学生的事情。

支队政治处及时召开了各中队政委会议，分析了事情发生的原因，研究了处理办法。大家认为，起义战士的本质是好的，杀敌起义本身就说明他们是爱国的。但起义人员的政治进步有快有慢，长期沉积的模糊认识不可能短时间消除，因此，思想改造工作不可急于求成，必须坚持教育为主，耐心细致地进行思想工作。来自不同方面的同志，要发扬优点，克服缺点，取长补短，共同进步。打人当然是错误的，但也不惩办，而是从团结的愿望出发，动员起义干部进行教育批评，帮助他自己认识错误，并坚决改正。经过各方面的工作，打人的事情园满③解决。这对起义战士、老战士、参军学生和干部都是一次实际的政策教育。

胜利的鼓舞

一九四五年春节前夕，我支队驻牙前县大楚留村，暂时归抗大一分校三支校蔡正国校长、廖海光政委指挥。

大楚留村位于牙山东南麓，距抗大驻地燕刘家村只有十华里，附近的村庄住着抗大的学员队。

牙山是栖霞县境内一座海拔七百公尺的大山。它西联④艾崮山脉，东与昆

---

①②应为"做"。
③应为"圆满"。
④应为"连"。

仑山脉相通。陡峭的山峰，紧密连接着，远远望去犹如锯齿。这里山高林密，层峦迭嶂①，是开展游击战的好地方。

牙山人民有着光荣的斗争传统。清初，农民英雄于七，领导着数十万农民抵抗清兵，坚持斗争十二年，就是以牙山为根据地的。一九四一年春，我军赶走了胶东国民党投降派，这里已成为胶东抗日根据地的中心地区。一九四三年，行政公署把这一带划为牙前县，胶东的党、政、军、民领导机关和后方医院、工厂、学校都设在这一带。

抗大蔡校长、廖政委来看望部队，邀请起义同志去抗大参观。代表们走进抗大驻地，只见街道清洁，房屋整齐，粉白的山墙上都写着工整醒目的标语："坚持抗战，反对妥协"，"坚持进步，反对倒退"，"坚持团结，反对分裂"，"今年打败希特勒，明年击败日本侵略者"……学员宿舍是借用的农家闲屋。地面上用土坯砌起一条土台，土台内铺着散发清香的麦草。大衣、被子、背包整齐划一，摆成一行；土墙上挂着军用水壶、挎包，地面架着枪支。到处整齐清洁，井然有序。上课时，宿舍当课堂，背包当凳子，膝盖当桌子，门板当黑板。抗大的军政教育、文体活动，都搞得生龙活虎，一派团结紧张严肃活泼的新气象。几年来，多少有志青年，从这里走上抗日战场，为民族解会②事业而英勇战斗。参观抗大是一次生动实际的教育，不少同志进一步认识了人民军队艰苦朴素、团结战斗的本质和传统作风。

为了锻炼部队山地行军作战能力，春节前，支队政治处组织了一次集体登山活动。早饭后，四个中队七百多人，迎着习习寒风，盘旋于白雪皑皑的崎岖小径，宛如一条绿色的长龙。坡陡径窄，战士们喘着粗气，冒着热汗，努力登攀，终于登上了馒头似的主锋③——磨盘顶。四中队班长陈大正率领全班同志，率先到达主锋。仅有蓝球④场大的主锋怎能容纳下七百多人呢？陈大正用旗语通知继续向山顶攀登的战友们。于是，各中队的战士一层一层地围坐在山坡上小憩，俯瞰山川景色。只见白云缭绕下的山村茅舍，升起袅袅炊烟。小桥涓溪，

---

①应为"层峦叠嶂"。

②应为"解放"。

③本文"主锋"应为"主峰"。

④应为"篮球"。

行人如蚁。远方的桃村集上，选购年货的人们熙熙攘攘。村南几处坍塌的房屋和被烧焦的圆林[①]，那是日军侵华的"赫赫战果"，战士们默默地想着，饱受日军铁蹄蹂躏的大好河山，正等待着我们去解放……

国民党暂编第十二师赵保原部，是抗战末期国民党投降派残存在胶东最后的一伙。他盘据[②]在海（阳）莱（阳）边境的顽底一带，深沟高垒，自恃强固，勾结日伪多次下乡扫荡，奸淫烧杀，无恶不作。八百万胶东人民，早就盼望人民子弟兵为他们铲除这一祸害。一九四五年除夕之夜，我军集中强大兵力，向赵逆发起总攻。经过七天七夜的连续战斗，将赵逆部队大部歼灭，彻底解放了顽底地区。我海军支队警卫中队参加了这一战役，胜利地完成了所担负的任务。

这一年的春节异常热闹。驻军附近的老乡们，抬着猪肉、白菜，扭着秧歌，锣鼓喧天地来到大楚留村，慰问海军支队，共同欢庆讨赵战役的伟大胜利。接连几天，各村的秧歌队络绎不绝，一直欢腾到午夜。起义的同志们来到抗日根据地的第一个春节，就是在胜利与欢乐中渡过[③]的。

讨赵战役的胜利，不仅使海、莱抗日根据地联[④]成一片，而且为解放烟（台）青（岛）和整个胶东半岛奠定了基础。人民扬眉吐气，海军支队的同志们得到鼓舞，起义战士也进一步认识到人民力量的无比强大。

在开荒中锻炼

为继承和发扬人民军队的光荣传统，增强劳动观念和阶级感情，响应军区开荒生产的号召，海军支队全体指战员，于一九四五年四月上旬，肩枪荷锄，开赴乳山县石港村。

开荒是一件繁重的体力劳动，既要身体好，又要掌握要领。这对生长在农村的老战士和青年学生来说并不陌生，而对出身于城市的起义战士却是一个新课题。在开荒中老战士和青年学生，不仅自己干得又快又好，还向起义战士传授技术，发挥了骨干作用。从怎样站脚、挪步、握镢，到出手、刨土，都讲清

---

[①]应为"园林"。
[②]应为"盘踞"。
[③]应为"度过"。
[④]应为"连"。

要领，作①好示范。谁落下进度，就帮谁刨一阵，谁的手掌打泡、磨破了，就赶快替谁包扎。收工时，帮助别人扛工具；返回驻地，又烧热水给大家洗脸、洗手、洗脚、打饭、放哨，尽量让起义的同志们休息。为了提前超额完成任务，他们摸黑起床，戴月劳动。工休时，还给房东挑水、扫院子，有的同志一气挑水五十担。这些感人肺腑的模范行动，博得了起义战士发自内心的敬佩，他们深感老战士吃苦耐劳、诚恳朴实，是值得学习的榜样。他们与老战士、青年学生之间的关系更加亲密了。

半个多月的辛勤劳动，换来了丰硕的思想成果。在开荒总结时，大家纷纷发言："开荒给我们上了一堂生动深刻的政治课，我们学会了不少的新东西"，"在学校读书时，也常背诵'锄禾日当午，汗滴禾下土'的诗句，只有今天才领会到它的真正含义，品尝出辛苦劳动的甜美"，"看到自己亲手开出的荒地，心中充满欣慰和自豪"。被评为劳动模范的黄德功、宗玉珩等出席了军区劳模大会回来说："原来只知道开荒种地多打粮食，减轻人民负担，改善部队生活。现在我们进一步懂得了劳动光荣、劳动创造世界，劳动人民最伟大，是创造历史的主人。"

第一批入党

开荒生产任务完成后，各中队党支部先后收到了一批起义战士的第一批入党申请书。

半年来，起义战士如饥似渴地认真读书学习，增长了知识，开阔了眼界。系统的政治教育和革命的实际生活教育，使他们看到了中国革命的前途和希望。在党员同志们的亲切帮助下，他们开始明白了，共产党为什么那样深得人民的爱戴拥护，共产党员为什么吃苦在前，享受在后，事事都带头干，从不计较个人得失，是什么力量在支配。他们终于懂得了，共产党是按照社会发展规律，推动历史前进的最伟大的政党，每个党员都具有崇高的理想，为实现全民族的解放，最终消灭阶级、消灭压迫，解放全人类，为建立美好的共产主义社会而英勇奋斗，他们甘愿牺牲个人利益，甚至献出宝贵的生命。在日常工作中，党员敢于坚持真理，事事带头，起模范作用，受到起义战士的敬佩。随着思想觉悟的

---

① 应为"做"。

不断提高，起义战士不再满足于仅有的爱国主义思想和抱负，而把实现共产主义、解放全人类作为追求目标。经过深思熟虑，他们终于写出了入党申请书。

党支部及时研究了起义战士的申请，考察了他们的现实表现，通过了接受他们入党的决议，报送支队政治处批准，于"五一"反扫荡后，批准了杨健、马骏、于瑞昌、孙尚元等同志入党。

首批起义战士加入中国共产党，受到众多起义战士的称赞，愿意向他们学习。继他们之后，海军支队在即墨战斗、灵山剿匪以及向东北进军中，又陆续接纳了许多积极分子入党，其中包括排以上干部。由于新党员的不断增加，党支部增添了新的血液，党的战斗堡垒作用增强了，为进军北满、开创牡丹江根据地，打下了坚实的组织基础。

首批起义战士加入共产党，标志着对这支起义部队的改造工作已取得很大的成果，说明了这支部队的政治素质已逐渐提高，也充分证明了党的团结、教育、改造的政策的英明正确。

## 二　向东北进军途中

一九四五年八月八日，苏联政府宣布对日作战。九日，毛主席发表声明：由于苏联这一行动，对日战争时间将大大缩短，对日战争正处在最后阶段，最后战胜日本侵略者及其走狗的时间已经到来了。在这种情况下，中国人民的一切抗战力量，应举行全国规模的反攻，密切而有效地配合苏联及其他盟国作战。八路军、新四军及其他人民军队，应在一切可能条件下，对一切不愿投降的侵略者及其走狗，实行广泛的进攻，歼灭这些敌人的有生力量，夺取其武器与资财，猛烈地扩大解放区，缩小沦陷区。（见《解放日报》）

八月九日，延安《解放日报》社论指出："自日寇发动对我侵略战争以来，我们的大好河山横遭蹂躏，我们千百万同胞，惨遭凌辱、压迫和屠杀。这一血海深仇，已到了清算的时候了。"为配合苏联红军进入我国境内作战，并准备接受日（满）敌伪军投降，八月十一日，朱德总司令发布了第二号命令：

"一、原东北军吕正操所部，由山西、绥远①现地，向察哈尔、热河进发。

"二、原东北军张学诗所部，由河北、察哈尔现地，向热河、辽宁进发。

---

①应为"绥远"。

"三、原东北军万毅所部，由山东、河北现地，向辽宁进发。"

### 参加即墨战斗

日寇投降后，我支队奉命与兄弟部队一起向青岛进军。八月下旬，参加了解放即墨的战斗。

经过半年整训，在胜利形势的鼓舞下，支队全体指战员，求战心切。战士们说，天天喊抗战呀！打日本呀！我们连枪都没有放过。今日不打更待何时？现在要配合主力部队，攻打即墨城，个个摩拳擦掌，欣喜若狂，决心打好这一仗。

八月二十五日夜晚，总攻开始了。部队进入前沿阵地，作为二梯队，准备阻击由北门逃窜之敌。午夜，指挥部传来命令，为攻城部队补给手榴弹。二中队接受了这一任务，派三区队长杨健率二十几名同志，冒着炽烈的炮火，为前线送去了手榴弹。凌晨，主攻部队攻克东门、北门，战斗向纵深发展。指挥部命令海军支队，沿着炸开的突破口冲进城里，参加巷战。拂晓后，天色微明，七班长王道华，发现日军藏匿在民宅内，遂率领全班冲了进去。先俘虏了在外瞭望的翻译官，晓以大义，令其进去劝降，同时高喊瓦解敌军的口号。日军五人，举手投降。当他们发现地上一挺拆掉零件的轻机枪时，立即派出会日语的同志，进行宣传教育，日俘遂从草堆里将机枪零件扒出来，重新装好交出，我缴获三八式轻机枪一挺，步枪数支。

战斗在南关的四中队，向南门外日军据点送去劝降信，又组织战士向敌人喊话，令其缴械投降。日军复信说："尚待南京命令。"四中队当即组织火力，准备强攻。

午后二时许，西南方向，传来了隆隆的坦克响声，从青岛赶来增援的敌人越来越近。遵照指挥部命令，我支队在经过战斗给敌人以杀伤之后，撤出即墨城，转移灵山一带待命。

参加解放即墨战斗，是我支队组建以来的第一次战斗，通过这次战斗锻炼和考验了部队。事实证明，尽管战士们大都是来自城市、乡村的知识青年，但经过教育和训练，这支新部队是能够承担和完成上级赋予的战斗任务的。

### 渡海北上

海军支队九月中旬返回莱西县水沟头，补充了由地方部队升级的五百名新兵。支队由原来的五个中队，扩编为两个大队（各下属三个中队），一个警卫中队，人数已逾千名。王子衡同志另有任用，田松同志接任副支队长。李伟任副政委。

路过水沟头，向东北挺进的八路军和新四军部队，络绎不绝，海军支队的指战员们目送一批批北上的部队，心急似火，互相询问，我们到哪里去？

一九四五年十月二十一日，我支队奉命开赴龙口之前，田、李首长先去莱阳城，进见了林浩政委。经过四天的连续行军，于二十四日下午，到达黄县龙口镇。这个渤海之滨的小港，早已集中了大批渔船，天天运送向东北挺进的人民军队。

十月二十四日，许世友司令员、袁仲贤副司令员在龙口接见了田松副支队长、李伟副政委，指示：中央要我们先于国民党占领东北这一战略要地，东北亟需部队和干部。你们立即作①好准备，明天下午就乘船过海，在庄河登陆，那里有我们的办事处接待你们。到东北后，要积极参加保卫东北的战斗和工作。

当天下午四时，支队召集干部会议，传达了军区首长的命令，作②了具体布置。晚间，各中队党支部，召开了党员大会，要求共产党员成为执行命令的模范。在各中队的军人大会上，掌声、口号声响成一片，情绪极为热烈。干部战士一致表示，坚决执行军区首长的命令。有病的同志也不肯留下。

十月二十五日，作③好出征准备，下午五时许，部队从龙口码头登船，十只大木帆船和三艘渔轮，排成一路纵队驶向渤海的远方，消失在茫茫夜色中。从此，海军支队的指战员们怀着依恋之情，告别了哺育过他们的胶东父老，走上新的征途。

为了隐蔽，船面上只留值勤人员，余者全部进仓④休息。低矮的船仓⑤里，大家围坐一团，一边畅谈大好形势，一边憧憬着美好的未来。前卫船上的战士们，听到船上隆隆的机器声，手痒地去帮船工干活。区队长胡孝温同志，走进了船长室，接过罗盘和海图，代替船长驾驶。船工们称他们为"行家"师傅。这些临时帮工的战士，又操起旧业，重温美妙的海上生活，向往未来新中国海

---

①②③应为"做"。
④应为"进舱"。
⑤应为"船舱"。

军建设的大业。

经过两昼夜的海上航行，大部分部队于二十七日晨抵达辽宁省庄河县。庄河县城是大连东北部的一个濒海港口，由于落潮，船不能靠岸，部队涉水登陆。这时，驻庄河县的李炳令（山东军区六师政委）办事处，已为部队安排了食宿，并与安东肖华（辽南军区司令兼政委）办事处取得了联系。

李伟副政委遂往安东肖华办事处，汇报情况，请示任务。肖华同志指示：一、海军支队立即改变番号为东北人民自卫军辽南三纵队二支队，支队长郑道济、政治委员欧阳文另有任用；田松任副支队长，李伟任副政治委员，王云舞任参谋长，房定辰任政治部主任；二、部队稍事休整，即开往北满，沿途要作①好群众工作，积极扩大部队，武装自己；三、到达吉北后，应与东北局北满分局、北满军区联系。

为了完成北上任务，支队向部队提出如下要求：加强党支部的战斗堡垒作用，提高指战员的思想觉悟，积极培养、发展党员和选拔干部，以适应形势发展的需要；全体人员要严格遵守三大纪律八项注意，切实做到纪律严明，秋毫无犯，以实际行动扩大我党我军在新区的政治影响；全体指战员人人都做宣传工作，走到哪里，宣传到哪里；连队民运组在做群众工作时，努力动员青年参军，但要防止伪满警察、宪兵、地痞流氓混入我军；大力收集日伪散落在民间的武器弹药，并设法说服看守仓库的苏军人员支援我们部分武器和冬装。

十一月七日，支队经过休整，精神饱满、斗志昂扬地离开了庄河县，途经凤城、宽甸、桓仁、通化市，到达吉林市北二台子一带。由于我军纪律严明，宣传工作普遍深入，受到沿途人民的赞许。于是青年农民、工人和学生纷纷报名参军，支队很快发展到两千多人。

时届初冬，吉北地区已是大雪纷飞，寒气袭人。为弄清情况，确定下一步的行动，并解决部队急需的武器弹药和御寒被服，田松副支队长和李伟副政委，分别去吉林市，会见了吉林地区党政负责人袁任远、王效明等同志，领回了少许武器弹药。王说："你们来得正好，这里缺少干部，又没有关里的老部队，工作困难很多。当前吉林大部地区被国民党'先遣军'所控制，他们袭击我们

---

①应为"做"。

的部队，暗杀我们的干部，斗争复杂激烈。苏军不久就要撤走，希望你们能打开局面。"经王介绍，田松副支队长又乘坐苏军卡车，前去长春，会见了中共代表周保中、曹里怀，补给了少量的武器、弹药。他们说，补充武器装备不能单靠苏军，还要自己想办法。吉林独立支队刚成立不久，要打下舒兰、榆树，还要依靠你们。

田、李返回部队后得悉，吉北、哈南地区的苏军已经撤走，被国民党"先遣军"占领。支队委员会决定：坚决消灭吉北、哈南几个县的"先遣军"，用缴获的武器装备部队，同时，协助地方建立政权，发动群众保卫家乡；在战术上则采取集中兵力、各个歼灭的办法，不断扩大战果。

首战乌拉街

雪后的吉北平原，气温骤降，雾霭茫茫。江畔薄冰乍结，寒气刺骨。盘踞在乌拉街的治安队，拒不接受我军劝降，他①占领了渡口，抢走了渡船，妄想凭险顽抗，阻挡我军北上。

吉北平原物产丰富，舒兰、榆树、五常三县，又是哈尔滨的南部屏障。在我军进入吉林之前，三县伪满县长周士璋等，均自任维持会长，网罗了伪满国兵、警察，组成治安队，实行三县联防，并接受了长春国民党的委任。江北重镇乌拉街是他们的外围据点，并在白旗屯、朝阳镇派兵驻守，互为犄角。他们自以为兵精弹足，又有天堑可凭，足以挡住我军。

首战必胜，一定要在战斗中打出军威，扩大影响——这是我支队全体指战员的共同愿望。战士们纷纷请战，争当突击部队；党员和积极分子，向支部递交决心书，要求党在战斗中考验他们。

担当主攻任务的二大队，经过两天的紧张准备，从远处找到两支②民船，做好渡江准备。十一月二十八日凌晨，主攻连队先行偷袭，随即强攻。他们在轻重机枪的掩护下，冒着弹雨，一举攻占了滩头阵地，直插街心，展开了巷战，全歼守敌三百余人。我指导员李生修和数名战士光荣牺牲。黎明，我大部队已全部过江。

---

①应为"他们"。
②应为"只"。

乌拉街战斗，我判断正确，决心果断动作迅速，首战获胜，为以后的战斗提供了可贵的经验。

### 继战白旗屯

兵贵神速，乌拉街的战斗正酣，由支队王云舞参谋长率领的一大队、警卫中队，即飞兵夜袭溪浪河，全歼守敌五十多名，我无一伤亡。继而乘胜前进，于当日上午八时许，包围了白旗屯。

白旗屯南距乌拉街七十余华里，是舒兰县的一个大镇。驻有舒兰、榆树、五常三县治安队五百余人。伪满白旗屯警察署长、治安大队长赵士英为总指挥。赵士英以保护乡民、维持地方治安之名，强行拉壮丁、敲诈勒索、荼毒人民之实，人民恨之入骨。

一大队和警卫中队，分别从东、南、北三面突破敌人前沿防线，将敌人压制到洪源烧锅和耿家大院两处。榆树、五常两股敌人，见前沿失守，我军攻进街里，赶忙从西门撤走，向腰崴子、新立屯方向窜去，村里只剩下舒兰伪治安队赵士英百余人。赵匪凭借两处地主大院，顽固据守，拒不投降。

为了减少伤亡，支队首长决定，推迟歼灭赵匪的时间。夜幕降临，二中队突击队的爆破手，在轻重机枪的掩护下，将炸药包送到碉堡下。只听一声巨响，碉堡被炸塌。突击队的战士们端着刺刀，冒着枪弹硝烟冲进了大院，与敌人展开了白刃战。警卫中队副班长、刺杀英雄刁宪吉，在战斗中，一连刺倒了十个敌人，不幸中弹牺牲。警卫中队宋指导员、战士王学文等数名同志也在战斗中英勇牺牲。晚八时许，战斗结束，我生俘伪治安大队长赵士英以下七十余人。

战后，二支队立即贴出安民告示，同时派出群众工作组。向当地人民宣传我军作战的目的和各项政策，并开仓放粮，救济贫苦人民，得到了群众赞扬。在各次战斗中，我军坚持宽俘政策，对被俘的治安队，不打骂、不虐待，经过教育，愿参军的留下，愿回家的，发给路费和证明。被我释放回家的俘虏，将我军作战勇敢、纪律严明等情况，如实地告诉亲友们。他们辗转相传，迅速广泛地扩大了我党我军在新区的政治影响。

从白旗屯逃窜到腰崴子之敌，于十二月一日，被我二大队围歼。少数漏网匪徒，北逃榆树、五常。

乌拉街、白旗屯、腰崴子战斗，我支队虽然取得了很大胜利，但也显示出战斗经验不足,战术技术不够熟练等弱点,致使骨干伤亡较多,付出的代价较大,支队首长及时提出"勇敢加技术"的号召,各中队都认真总结经验教训,进一步提高指挥艺术和战斗力。

会战朝阳,解放舒兰

十二月十四日,支队指挥部移驻焦家岭。一大队进驻离朝阳镇八里的关大桥村,派出干部,实地侦察,加紧战前准备。

朝阳镇是舒兰县的旧城,人口近千户,原有的土围墙,构成了一道天然防御工事。围墙上共有五座碉堡,下边设有火力点,控制着墙外的开阔地。守敌有舒兰县的八个治安队和五常的一部分治安队,兵力共有两千余人,由伪满舒兰县长周士璋亲自坐镇,警察署长蒋仓指挥。我支队曾让白旗屯的释放战俘给周士璋带去一封劝降信,匪徒们拒不投降,扬言要在朝阳镇与我决一雌雄,妄图作困兽之斗。

十二月十五日午后二时,舒兰匪首周士璋,派出他的亲信、伪县政府行政科长杨玉琦等人,前来"谈判"。田松副支队长严令他们当晚十二时前放下武器,迎接我军进城。过了时限,就坚决消灭他们。杨玉琦等人见田副支队长态度严厉,游说不成,只好狼狈返回朝阳镇。匪首周士璋拒绝投降,我支队全部及范德林团一部,遂对敌发起进攻。

一大队一中队担任主攻,十五日深夜,开始向镇南朱家窝铺运动,在朝阳的东南方向与敌外围伏兵接火。顿时,朝阳镇南①外枪声大作,火光冲天。

在月亮高照的雪地上接敌倍加困难。三排在扫清外围时,遭敌狙击,伤亡较大,改由一排担任攻城突击队。在轻、重机枪,掷弹筒相继发生故障的情况下,突击排的勇士们以惊人的勇敢,前仆后继,冲进了围墙,后续部队冲了进去,迅速包围了警察署,与敌人展开了巷战;镇西方面佯攻的二大队遭敌炮击,我前沿阵地一个班,伤亡过半,但阵地巍然不动。随后,支队命令二大队变佯攻为强攻,很快攻进镇里,展开巷战,分割敌人。这时五常县的治安队,见势不妙,乘乱从北门逃窜。战斗至清晨,除少数敌人溃窜外,被歼千余,我缴获大批武器弹药,解放朝阳。接着,紧追东逃残敌,于当天上午九时又解放了舒

---

① 疑为"朝阳镇南门"。

兰县城，敌人一部被歼，一部逃窜。

朝阳战斗是我渡江北上途中第一次较大的攻坚战斗。对吉北、哈南战役的胜利起了决定性的作用。我军彻底摧毁了敌人三县联防，使敌人在以后的战斗中再不能组织较大的抵抗，为我连克榆树、五常，建设地方政权创造了有利条件。

解放榆树、五常

我支队解放舒兰后，留下伤病员和辎重，继续北上。十二月二十六日午后抵达榆树县新立屯与守敌展开激战。

新立屯位于榆树县东南，守敌约四百余人。我担任突击任务的一大队二中队，首先从南小桥一带冲进屯去，少数敌人逃窜，大部仍固守顽抗。我先将敌人包围，夜晚七时许，炸毁了碉堡，连续攻克数处敌人固守的大院，全歼守敌。随即向榆树县城前进。

榆树县城守敌治安总队约四百余人，分布在四个城门，妄图作①垂死挣扎。由于我军胜利，敌兵无斗志，惶惶不安。

十二月二十七日拂晓，我二大队和一大队二中队，隐蔽地接近了县城围墙，先用小炮轰击南门，击毙敌中队长王兴元、王世宪等人，匪军大乱，我军乘机越过围墙打进城里。守敌仓惶后退从北门逃跑。其他城门的守敌不战自散。在我二大队和一中队的穷追合击下，毙伤敌数十名，俘敌一百余人。我伤亡数人；缴获机枪四挺、长短枪和弹药物资一部。我支队将榆树县城移交给吉林独立支队，部队东向前进。

五常县的敌人，分兵防守于南部山河屯和西部团山子，以防我军两路夹击。

一九四六年一月三日下午，我一、二大队前进到团山子（孙大骡子屯）时，遭到敌保卫总队一大队宋树棠部二三百人的伏击。我二大队五中队长李兰村等同志率领部队，向匪徒发起猛攻。我毙伤俘敌数十名，匪大队长宋树棠受伤后被迫率百余人投降，残敌逃向五常。此役，我数人受伤，中队长李兰村等同志在战斗中牺牲。

一月三日傍晚，我军逼近县城，突然发起攻击。守敌七百余人，抵抗甚微，弃城东遁。我无一伤亡，解放五常县城。敌少数被毙伤溃逃，我俘虏和受降约

---

①应为"做"。

四百余人。

山河屯之敌闻讯我军进入五常县境，急速向县城靠拢，但不知我军已占领县城，当日夜晚，五十多人进入我军阵地，当即被我俘虏。

我二支队在解放舒兰、五常之后，支队政治部立即派出解志一、徐诚之二同志分别担任两县县长，组成县政府，布告城乡，稳定社会秩序。舒兰新县长就职的第二天就开仓放粮，赈贫济民。领了粮食的老乡们，眉开眼笑地奔走相告，齐声称赞田松支队好。进城之后，部队严格遵守三大纪律八项注意。各中队民运组向驻地群众宣传我军宗旨，动员青年参军，为人民打天下，夺江山。驻地的老乡们纷纷把自己的子弟送到部队。仅舒兰一地，不到半月时间，就有三百多名青年参军。

五常扩编、挥师东进

部队攻占五常后，二支队的新兵骤增（其中有一部分解放战士），补充了轻重机枪、迫击炮等武器装备。舒兰、五常两县人民政府，为部队筹集了棉衣、靰鞡，解决了新兵的冬装。此时二支队总人员已超过三千，比过海时增长两倍。原来过海的老战士，大都提升为班、排干部，有的担任连级职务。

一九四六年一月上旬，田松副支队长去宾县，晋见了中共北满分局、吉黑军区负责人高岗和陈云同志。高、陈命令：一、二支队将下属两个大队扩编成团，积极扩军，武装自己。二、副支队长田松任支队长，副政委李伟任支队政委。三、部队扩编以后立即向牡丹江开进，五常地区移交哈南军区。陈云同志说："牡丹江那里有中央委员张闻天、李大章同志，当地的土匪很猖獗。我们新组建的部队，有的靠不住，有的战斗力不强，牡丹江形势非常危急，亟需你们去打开局面。"又说："送你们一部五百瓩①的电台，以便保持联系，你回去后，立即整编部队，限一月中旬向牡丹江开进，坚决把那里的土匪肃清。保证省市、军区领导机关的安全，协助地方发动群众，加强当地的党政军建设。"

田松支队长返回部队后，按照高、陈首长指示，整编部队，调配干部：将一、二两个大队编成两个团，每团下属一、三营（暂缺二营）和一个机炮连；警卫中队扩编为警卫营，另编一个炮兵连。一团肖永志任副团长，王茂才任副

---

①应为"千瓦"。

政委，刘金凯任政治处主任；二团曲波任副政委，连城任参谋长，王日轩任政治处主任。整编后部队于一月十五日离开五常东进。

为便于行军作战，五常县城里留下一团八连和警卫二连两个新建连队，保护县政府和近三百名伤病员。由支队供给处长李象观、警卫营副教导员林殿卿指挥。

部队出发当天下午根据五常人民的要求，二支队处决了恶贯满盈的五常一霸——宋闫王（宋树棠），为五常县人民除去一害，受到人民群众的称赞。

临近春节，土匪数百人，突然向五常县城反扑，匪徒们扬言要血洗五常，留守部队和拿起武器参加战斗的伤病员们奋起自卫，坚守县政府和后方医院。从早晨起到下午四时，打退了土匪一次又一次的进攻，在我驻拉林三支队的增援下，里外夹击，粉碎了土匪的反扑，保卫了新生政权，保护了五常人民。四月我留守部队和机关、伤员离开五常，开赴牡丹江归建。

回顾两个月的战斗历程，这支年轻的部队，在党的领导下，继承和发扬了我人民军队的光荣传统，依靠全体指战员的努力，经受了生与死的严峻考验，模范地遵守三大纪律八项注意，不畏艰苦，不怕流血牺牲，攻必克战必胜，受到新区人民的欢迎，并称我们是"老八路"。事实证明：这支以青年学生为主要成员的海军支队，业已成为一支较为成熟的人民军队。它在胶东半岛绽开的蓓蕾，行将在祖国的东北大地上结出丰硕果实。

## 三　战斗在牡丹江畔

牡丹江市是北满根据地的东部重镇，地处东北边陲，曾是伪满东部五省总署所在地，滨、绥、图、佳铁路的交叉点和东向苏联、南下朝鲜的交通枢纽，战略地位十分重要。

二支队到达前，牡丹江军区组建的新部队有些叛变投匪。国民党"先遣军"郑云峰、马喜山、谢文东等匪部，从南北两面逼近牡丹江市。谢（文东）匪高永安、张德振、李开江部，从北边的五林向南蠢动，直抵距牡市十余华里的桦林等地。南边，郑云峰、马喜山匪部，盘踞图佳线上的鹿道、春阳、天桥岭一带，前锋逼近东京城。他们疯狂叫嚣"打进牡丹江，活捉李荆璞（军区司令员）"；这些匪徒，残杀人民，抢掠财物，造谣破坏，蛊惑人心，致使牡丹江局势动荡不安。在这紧急关头，中共北满分局、北满军区命令二支队火速向牡丹江驰进。

### 小山子战斗

逃到五常县东部山区七十余华里小山子镇的匪首陈振东等，为麻痹我军，曾派人到五常联系"投降"。当我军东进抵达小山子时，匪徒原形毕露，开枪阻击。支队首长命令担任前卫的二团，打开通路，掩护大部队前进。二团先头部队连续几次出击，敌人凭借有利地形和围墙工事进行顽抗；我进攻受挫，伤亡数十人。部队纷纷请求继续组织进攻，拔掉这颗"钉子"，为牺牲的烈士复仇。为了迅速奔赴牡丹江，支队决定，停止进攻立即前进。二支队东进之后，在哈东军区王奎先副司令员亲自指挥下，攻克了小山子，歼敌大部，我留守五常县城的一团八连和警卫营二连，参加了这次战斗。

从五常到牡丹江市，沿途崇山峻岭，林木茂密。雪地行军，困难更多。指战员发扬了不怕疲劳连续作战的光荣传统，日夜兼程，经过十七天的长途行军，途经一面坡、苇河等地，于二月二日到达牡丹江市以西的海林县。军区李荆璞司令员专程赶来欢迎和慰问，并召开了连级以上干部大会。会上李司令员详细介绍了牡丹江地区敌我斗争情况，传达了党和人民的殷切希望，要求我们早日消灭牡丹江地区的土匪，为保卫和建设牡丹江根据地作[①]出贡献。支队全体指战员，不顾长途跋涉的疲劳，立即投入紧张的战斗准备中。

在剿匪战役开始前，部队曾消灭了一股土匪：

二月六日夜晚九时，我支队一团一营奉命攻打新安镇。经过激战，新安镇的马匪大部被歼。战后，我派出干部、战士向群众作[②]宣传，把土匪抢掠的粮食分给老百姓，"海林县来了八路军"的消息很快传开。

### 讨郑、马战役

根据牡丹江省委、军区决定，首先剿灭势力最强、对牡丹江地区威胁最大的郑云峰、马喜山匪部。

匪首郑云峰曾在旧东北军中当差，与伪满总理大臣张景惠过从甚密。他到牡丹江前，南京国防部曾面授机宜，委他为"滨绥图佳先遣军少将司令"。他到牡丹江后，以南京国民党的招牌，网罗了敌伪残余、土匪、叛军马喜山、王清、孟兆志、李茂庆等部，组成了土匪武装。匪首马喜山，马贼出身，曾任伪

---

①②应为"做"。

满山林警察和劳工大队长，是双手沾满抗日军民鲜血的日本忠实走卒。他聚集匪徒两千余，实力最强，郑匪封他为"滨绥图佳先遣军副司令"兼"第一旅旅长"。马匪心毒手狠，经常杀害人民和我军、政干部，曾在一次偷袭中打死我军区四团政委邹世环等多人，是个血债累累、十恶不赦的家伙。

郑、马匪帮盘踞在东京城以南、间岛以北的图佳线上，鹿道是他们的大本营，老松岭、春阳是他们的后方基地，镜泊湖是其第二巢穴，一旦形势于他们不利，就退到镜泊湖一带山区，继续与人民为敌。

战役开始前，支队政治部召开了政工会议，总结了部队过海后，行军作战的政治工作经验，研究布署了剿匪战斗中的政治工作计划。会上，一团三营教导员倪春溪还介绍了原一大队一中队朝阳战斗中的政治工作。二月二十一日又举行了庄严肃穆的追悼大会，追悼进军途中的殉难烈士，动员进剿郑、马匪帮。会上，田松支队长号召全体指战员，坚决执行省委、军区的命令，以剿匪胜利的实际行动为死难烈士复仇，为人民除害；同时要求部队严格遵守群众纪律，爱护群众利益，做好群众工作，扩大我军的政治影响。会后，各团、营分别召开了战斗动员大会，班排纷纷上书请战，争当突击队的决心书雪片般飞来。

经过周密地①作战准备，支队首长决定，一团全部、二团三营（欠七连）、支队警卫营和军区四团各一部，由田松支队长亲自指挥，奇袭鹿道：用小部分兵力沿铁路线正面佯攻，把敌人的注意力吸引到东京城、马莲河一带；主力从侧面迂回前进，直插敌人心脏——鹿道，然后再向两翼发展，逐一消灭敌人。

位于宁安县东南的鹿道，离我出发地八十多华里。沿途森林茂密，山路崎岖。时值隆冬季节，气温低达零下三四十度，朔风怒吼，寒气袭人。出征剿匪的战士，踏着没膝的积雪，攀登于崇山峻岭之间，步履艰辛迤逦前进。帽沿②渗出的汗水，结成了冰凌，眉毛胡子挂满白霜，出气似喷雾，眨眼粘睫毛。远远望去，这支翻穿大衣的部队，犹如月下银蛇在山林间游动。

寒夜行军，气温特低，为了避免冻伤，部队不敢停下休息。经过十个小时的连续行军，于十五日拂晓进抵鹿道，立即按战前部署，向前运动。

---

① 应为"的"。
② 应为"帽檐"。

一团肖副团长观察了地形，布置好火力。担任主攻的一营立即投入战斗，首先切断鹿道与春阳的联系，从背后直插街心。顿时枪声大作，杀声震天。季忠明营长、李高升教导员率领一、二两连，在重机枪掩护下，恰似两把尖刀直插敌人心脏。此时，一团三营和二团三营，占领了东山、南山阵地，做好了打援准备。

我军攻进街里，与敌人展开巷战。激战一小时，在夺取了若干阵地继续向前发展时，受到郑匪司令部的火力阻击。季忠明营长命令二连连长张世藩集中火力掩护，一连副连长周天林抱着炸药包从侧翼冲上去。只听一声巨响，敌司令部的房屋半边倒塌，战士们冒着滚滚硝烟冲了上去，匪徒们纷纷举手投降。这时一个身穿藏青棉袍、头戴狐皮帽、满脸尘土、约有六十多岁的家伙，举着双手走出来，此人便是匪首郑云峰。

由于敌人司令部被捣毁，匪首郑云峰被俘，匪众失去了指挥，除少数残敌逃窜外，余皆被歼。唯有东北山顶上少数残匪，依托碉堡顽抗，威胁着部队的行动。季忠明营长不幸中弹，以后牺牲。支队首长带来两门山炮，只打了两发炮弹，敌人即狼狈逃窜。至此，不到半天时间，全歼鹿道敌人，彻底摧垮了郑云峰苦心经营的老巢。

二月十六日上午九时许，匪首马喜山，率其匪徒五百余人，自春阳扑来，妄图夺回鹿道。接连多次进攻，都被我一团三营和二团三营打退。敌人遗尸累累，抱头鼠窜，我东山、南山阵地巍然屹立。

二月十七日上午，我打退马匪再一次反扑后，当晚集中兵力，主动出击，翌日拂晓，将集结于老庙多次向我反扑的匪徒全部歼灭，击毙匪团长一人。继而我又一举攻下春阳，捣毁马匪后方老巢。马匪喜山丢下妻儿老母，只率残部百余人，向吉林省逃窜。

鹿道大捷，取得了讨郑、马战役决定性的胜利。战后，军区决定牡丹江四团与二支队一团合编，陈恩普任团长，罗绍福任参谋长。部队略事休整，乘胜向镜泊湖进军。

镜泊湖山青水秀，盛产鱼米。五凤楼是镜泊湖的东大门，马匪一部及五凤楼治安大队长耿绪珍率部驻守于此。我军攻占了鹿道、春阳等地后，匪部惶惶不可终日。

三月四日夜晚，部队从春阳向镜泊湖进发。战士们顶着暴风雪，穿过深山老林，直插五凤楼。担任主攻任务的三营七连，在接敌运动中，由于地形开阔，遭敌火力阻击，两次冲锋，均未奏效，伤亡较大。此时天色微明，肖永志副团长决定暂停进攻，包围敌人，并发炮示警，匪大队长耿绪珍遂于下午四时交枪投降，少数马匪逃走。我军进驻五凤楼后，出榜安民，并对交出枪支弹药的村民发给奖金。

为了扩大战果，不给敌人以喘息之机，派出部队，向尖山子、荒地沟、南湖头进发，消灭了王清匪部，相继解放了镜泊湖地区。马匪团长孟兆志率少数残匪南逃吉林省。

从二月十五日起至三月四日止，历时十七天，大小战斗二十一次的讨郑、马战役，胜利结束。此役毙敌团长李金杰、刘万春以下官兵四百余名；俘敌匪首郑云峰以下官兵六百余名；敌伪被投迫降六百余名，缴获平射炮、迫击炮六门，轻重机枪二十七挺，长短枪二千余支，解放居民点二十三个屯、群众五万余人。

鹿道战斗告捷的第二天下午，击退马匪反扑的枪声刚停，从机务段的车库里，开出一列火车。由于给水塔被砸坏不能供水，部队发动了铁路员工和他们的眷属，肩挑、头顶（朝鲜族习惯），给火车头上满了水。没有煤做燃料，就用木柴代替。闲置半年的火车头，喷吐着白烟，大吼了几声，载着大批物资开往宁安，运回了军民需要的粮食和日用品。铁路畅通了，经济生活活跃了，军民拍手欢呼。五月三十日，牡丹江市、宁安县军民先后召开了公审大会，处决了郑云峰。这个恶贯满盈的土匪头子，终于结束了他的罪恶一生。

**北路剿匪战役**

三月中旬在南路大军展开讨郑、马战役之后，我北路部队也开始进剿谢（文东）匪高永安、张德振、李开江部。这批匪徒约二千余人，盘踞在牡丹江以北林口、海林一带，经常南窜骚扰，残害人民，破坏交通，威胁我牡丹江市的安全。此役参战部队有：我支队二团一营（欠一连，配七连）、配属团机炮连一部和十四团三营，李荆璞司令员亲自指挥。

我支队二团一营在团政治处主任王日轩和营长王孝和的率领下，三月十六日从牡丹江出发，首战草甸子，歼敌一部，余匪溃散，部队乘胜向桦林追击。

土匪李开江闻讯逃遁，我部尾追到柴河。当夜接到牡丹江军区来电，匪徒企图向桦林反扑，命令我部立即返回桦林。部队于拂晓占领了桦林东山、北山，控制了由桦林通往林口的公路，严阵待敌。

上午八时许，来犯之敌炮击我北山阵地，在不足七十平方米的山顶上落弹百余发。随后，在重机枪的掩护下向我发起进攻。我二连在七连密切配合下，与敌鏖战一整天。全连同志用密集排射和手榴弹击退了敌人多次进攻，我阵地巍然不动。傍晚，副连长曹凤仪率一个排向敌人发起冲锋，敌人遗尸几十具，狼狈逃窜。我牺牲排长、战士各一人，数名战士负伤。

守卫东山的七连隐蔽在山凹处，连长带一名特等射击手和几名战士在山上监视敌人。山下一伙敌人抬着一挺重机枪，向我阵地蠢动。连长即令特等射手向抬机枪的匪兵开火，当即毙敌两名，其余匪兵爬①在地上不敢起来。进攻东山的匪徒在匪军官的驱赶下向我阵地发起数次进攻，均被我击退。傍晚，当二连在北山向敌发起反击时，七连长率领全连冲下山来，与敌拼搏，敌伤亡惨重，向板院方向逃窜。

部队继续围剿残匪。三月中旬解放了五林；三月廿一日进攻板院，经过激战将守敌四百多人击溃，歼敌一部，俘敌数十名，下午二时，解放了板院。战斗刚刚结束，牡丹江军区又令部队连夜出发，偷袭杏树村，要求全歼敌人。

部队于晚九点从板院出发，避开通往杏树村的大路，沿着板院河以北的深山小径，踏着很深的积雪，隐蔽地向杏树村进发。经过六个多小时的艰难行军，插到杏树村北山。匪徒们在其控制的几个山头上点着明亮的火堆，设置了警戒分队。部队迅即按预定战斗方案，偷袭不成便转为强攻。经过短兵相接，消灭了敌人警戒分队后，七连翻过山脊迂回到了村西；二连占领北山即向村北运动；三连直插村东断敌退路，并阻击双河增援之敌；杏树村南山由十四团一个连实施佯攻。营指挥所设在村西北的一个山腿上，团指挥所和炮兵阵地设于北山。部队完成合围后，天已破晓。

这里是东西走向的一条大山沟。杏树村座落②在地势较平坦的南山坡。村北和东西两面都是开阔的稻田，杏树村、青背和北甸子的几股匪徒四百余人，

---

① 应为"趴"。
② 应为"坐落"。

依据巩固的围墙、碉堡进行顽抗。七连冒着猛烈的炮火，从西边向村子运动；为开辟通路，部队多次组织爆破均未奏效。敌我双方暂时处于对峙状态。

班长杨子荣所在的七连一班担任尖刀班。他们前进到离围墙一百多米的凹地，被敌火力压制。杨子荣根据对这一带群众的了解和敌情的判断，征得战友们的同意，决定独身进入敌营，令敌投降。他一面让战友向连里报告，一面赤手空拳闯入敌营。杨子荣面对敌人的枪口，毫无惧色，大义凛然，慷慨陈词，向匪众剖析形势，陈述利害，指明出路；并利用敌人内部矛盾，争取匪徒和群众，孤立顽固匪首。敌人在我军严密包围下，被杨子荣胆略豪气所震慑，不得不缴械投降。我不费一枪一弹，俘敌全部，缴获轻重机枪十挺，平射炮、迫击炮三门，以及大批枪支弹药，创造了我军瓦解敌军工作的成功范例。

杏树村战斗的胜利，不仅消灭了敌人的有生力量，而且在政治上给牡丹江地区之敌以沉重打击。此次战斗是牡丹江北部地区剿匪的转折点，为北线剿匪任务的顺利完成奠定了基础。

为了不给残敌以喘息机会，迅速全歼匪徒，部队在杏树村战斗结束后，次日即向柞木台子南沟进发。部队绕行了六七十华里山路，天亮前到达柞木台子南沟。固守这里约一个营的敌人，已被我军的节节胜利吓破了胆，只经一阵战斗就被我歼灭一部，余敌溃逃。我缴获大批弹药，其中还有我军战史上收缴的口径最大的一五〇毫米加农炮两门，及炮弹一部。

此后，我军还先后攻占了佛塔密、头道河子（北站）、黑牛背、梨树沟、羊脸沟等地。从此，部队除继续围剿残匪外，主要是做宣传、发动、组织群众的工作。

经过两个多月的战斗，我二支队参战部队共消灭土匪一千余人，缴获长短枪千余支，解放了林口、海林及牡丹江市郊地区的一百多平方公里的近百个村庄，稳定了牡丹江北部局势。

**东路剿匪战役**

五月上旬，在南、北两路剿匪战役结束后，我二团大部、一团三营（欠八连）和十四团一部，组成东路剿匪部队，在坦克、战车配合下，进击穆棱、东宁牡丹江东部地区土匪。军区刘贤权副司令和二支队田松支队长先后亲临前线指挥。

国民党特务头子王枝林、惯匪吴三虎等，派遣特务混进东宁县城，策动保安队叛乱，杀害我三十多名干部战士和杨森林县长（未死，被群众救起匿藏），绥阳县长夫妇被杀，使这一带人民再次陷入水深火热中。我东路剿匪，一面为解救受害人民群众，另一面也为牡丹江军政领导机关开辟另一巩固的后方根据地。

我东进部队，首先攻下穆棱县城，又激战马桥河，俘敌数十名。之后，继续解放了绥芬河，敌人退至东宁一线。参战部队短暂休整，补充武器，准备进攻东宁。经过周密侦察之后，二团王敬之团长决定兵分两路，彻底消灭东宁的伪匪。一路部队南下，行至东宁二十余里处遭敌伏击，我勇猛反击，敌人狼狈逃窜。另一路一营两个连从绥芬河向南抄小路绕过东宁，切断敌人南逃退路。二连途中与敌遭遇。陈大正连长立即组织反击，毙敌十余人，缴重机枪一挺，残敌四散，我无伤亡。六月十三日中午，二连行至东宁通往老黑山之间的公路上，截击匪两辆汽车，并查明东宁城空虚，土匪大部集中城北山上，准备阻击我攻城部队。王日轩主任命令部队，火速奔向东宁城。于六月三十日清晨占领县城，释放被囚的干部和群众。同时派出部队，从侧翼向北山敌人发起猛攻，至此，敌人才知道我军已占领了县城，因而军心涣散，仓惶逃窜。我从正面赶来的大部队，开进了东宁县城。这时，另一股顽匪向我城南高地反扑，我待敌迫近，始行反击，陈大正连长带领全连与敌展开白刃格斗，毙敌四十余，生俘三十余，匪徒无一漏网。

之后，我军不顾饥饿疲劳，直奔向老黑山。指战员同心协力，团结互助，三天三夜跋涉于原始森林之中，终于绕到逃窜敌人前面，不费一枪一弹，全部俘虏正在河中洗澡的七十多个匪徒。

二团二连挥戈北上途中，在大渡川俘敌设营的四名匪兵，并得悉惯匪吴二虎即将到大渡川宿营。四名被俘人员，经我教育后全部释放，令其回去劝说吴二虎迅速投降。吴二虎慑于我军强大，在走投无路情况下，率领残匪七十余人向我投降。

至此，我二支队参战部队在兄弟部队配合下，共消灭、击溃土匪二千余，匪首吴家三虎一死一俘一降，王枝林在逃；我伤亡六十余人；缴获山炮、野炮等四门，轻重机枪十三挺，长短枪六百余支；解放了穆棱、绥阳、绥芬河、东宁等大片地区。东线剿匪战役胜利结束。

经过连续三个月的剿匪作战，国民党"先遣军"大股土匪受到沉重打击，我毙伤、俘土匪五千余。一度动荡不安的牡丹江局势，趋于稳定；打通了间岛、图门与东安、佳木斯的铁路交通，东满、北满广大民主根据地联成一片。

**坚决打击匪徒反扑，彻底肃清残匪**

一九四六年四月，我军四平保卫战刚刚结束，苏军宣布撤兵。四月十五日，牡丹江地区的苏军回国。不久军调处执行小组派美方人员从哈尔滨来牡丹江"视察"。六月，国民党公开撕毁了停战协定，向我解放区大举进攻。在这种形势下，暗藏的国民党特务乃大肆造谣，蛊惑人心，胡说什么"中央军要来接管牡丹江了"！散而复聚的残匪又开始蠢动。匪首马喜山、姜学溶①、九彪等，利用牡丹江地区群众尚未充分发动，我支队在完成南、北战役之后，分兵驻守各重要城镇又抽调兵力进行东线剿匪的时机，组织股匪，不时下山骚扰破坏，一时十分猖獗。

五月十五日，潜伏牡丹江市的国民党特务姜学溶、王介孚，勾结叛匪王小丁，包围了我省政府、军区机关和干部学校，发动武装暴乱，被我平息。沙兰站我收编人员排长石明山，勾结马喜山残匪，制造了收编部队的叛乱；打死我战士八人，击伤我连指导员刘成斋，被我反击平定。出没于东京城和镜泊湖之间的一股马匪，先后在老松岭、镜泊湖，截击我运粮汽车、汽艇，参谋王孔济、副连长胡孝温、排长李鸿义等同志不幸遇难。另一股马匪，窜扰我阿堡和东京城，支队供给处警卫排和一团二营一个朝鲜族连出击迎敌，伤亡十余人，丢失轻机枪一挺。

七月十四日，驻守宁安县芦家屯的一团教导连，清晨进山剿匪时，马匪一部乘隙窜入村内，杀害我炊事员、伤病员八人，然后封锁消息，埋伏村头。傍晚，我教导连返回驻地时，遭土匪伏击，连长秦殿忠等三十多人不幸牺牲。支队王云舞参谋长率一团三营八连，决心追剿这股残匪。八连与二营一个朝鲜连队在杨胖子沟与匪遭遇，将土匪击溃。七月十五日晨，王参谋长命令八连出击。我攻下芦家屯西山，消灭土匪一部，夺回丢失的轻机枪，占领了芦家屯。

---

① "姜学溶"应为"姜学瑢"。

中共中央发布"五四"指示后，土改运动深入发展，反坏分子被监视，匪特赖以生存的社会基础被摧毁。残存土匪只能隐藏在深山密林中，苟延残喘。根据这种情况，除了发动群众，依靠地方武装和民兵清剿残匪外，军区独立一、二团以分片包干的办法，派出干部，率领精悍的小分队进山搜剿。

其时，一股残匪出没于万丈沟一带。九月六日，团长王云舞（原二支队参谋长，支队与牡丹江合编后任一团团长）率一团三营和团直重机枪连，立即出动进剿。在三灵屯渡江后，遭到埋伏于山上和村内敌人的袭击。前卫部队八连被敌人火力压制于山坡下，在地形极为不利的情况下，英勇抗击，与兄弟连队配合击溃了敌人，夺回了三灵屯。这次战斗，由于侦察失误，指挥不力，致使部队遭到伏击，伤亡很大，团长王云舞等数十人负伤；三营苟营长等光荣牺牲。但残匪遭我重大杀伤，无力聚集，化为散匪，逐渐瓦解。

七月间，从芦家屯溃逃的残匪，被我穷追不舍，从陡沟、马莲河、老松岭，一直追到镜泊湖，与当地驻军一团一营合力进剿。残匪深怕遭我聚歼，化整为零，四处逃窜。我派兵一部，在通往吉林敦化大小山咀子隘口处，活捉土匪七名。同年深秋，我独立一团三营教导员倪春溪率领一支小分队，深入宁安县虎头山，连续六天在深山老林中追剿，终于活捉了顽匪二十八人。

一九四七年二月二日，我支队二团侦察英雄杨子荣等六同志，奉命去蛤蟆塘一带侦察匪情，他们不辞辛苦，日夜搜索侦察，在弄清敌情，布置周密后，杨子荣同志于二月七日独身孤胆闯入敌巢，与敌人斗智斗勇，经战友们密切配合，将蒋记东北纵队第二支队司令"座山雕"张乐山以下二十五名匪徒全部活捉。为人民除了害，立了功！受到了军区的嘉奖。

根据一九四七年一、二、三季度不完全统计，我剿匪部队共计击毙匪营长等四人、匪兵二十七人，击伤匪兵三人，俘匪支队司令、参谋长等六人，俘匪兵一百二十七人；匪团长等三人、匪兵六十六人向我投降。至此，牡丹江匪患已彻底消除。北部匪首谢文东，一九四七年冬被我合江军区部队俘获处决。匪首马喜山率残匪投靠国民党中央军后，一九四八年在长春外围，被我独立八师三团消灭，此团正是原牡丹江军区新一团。恶贯满盈的马喜山终于被群众查获，押回牡丹江处决。

是战斗[①]又是工作队

一九四六年四月,在完成南、北两路剿匪任务之后,二支队一、二团和警卫营分驻宁安、海林两县,支队领导机关驻宁安县城。根据当时形势和省委、军区要求,部队一边休整,一边继续剿匪,同时,支援地方建设。支队领导同志田松、李伟参加宁安县委工作,由李伟兼任县委书记。又抽调一批干部担任县公安局长、区长和参加土改工作团,深入农村,发动群众,开展反奸、反霸、平分土地斗争。两县驻军负责帮助地方建立县区武装,训练民兵,成立农会,发展地方党员,协助中、小学复学复课。镜泊湖驻军发动群众没收汉奸、恶霸马匪团长王清的土地,分给贫苦农民,动员群众开荒生产。海林驻军派出部队打退土匪骚扰破坏,保护地方干部,保护群众斗争。军民协作,实行军民联防,保卫家乡,亲如家人,为彻底肃清残匪奠定了坚实的社会基础。

一九四六年七月,二支队领导机关奉命与牡丹江军区合编。田松同志任军区副司令员,李伟同志任军区政治部主任(一九四七年邹衍任主任,李伟改任副主任)支队机关与军区机关合并;支队一、二团编为军区独立一、二团;支队警卫营编为军区警卫营,负责省市领导机关和牡丹江市区的卫戍任务。

二支队在与军区合编前后,还抽调了干部,加强了军区谢家沟医院;成立了军政干校(后改为教导营),组建了文工团、解放军官教导团,并抽调干部参加了军区独三团(朝鲜族)的组建工作。在牡丹江地区的建党、建政、建军工作中,二支队作为一支战斗队,又发挥了工作队的作用,作[②]出了一定的贡献。

## 四 光荣传统代代相传

二支队一个突出特点是群众纪律好。我支队虽然建立不到一年就开赴东北,但能继承和发扬人民军队的光荣传统,严格遵守群众纪律,爱护群众利益,博得新区人民的赞扬。舒兰、五常、海林、宁安一带的人民群众,莫不异口同声地称赞:"二支队的纪律严明,秋毫无犯,不愧是关里来的老八路。"他们说:"田松部队来打胡子(土匪),解放我们,不打人,不骂人,说话和气,

---

① 应为"战斗队"。
② 应为"做"。

买卖公平，借物归还，损物赔偿，一有空闲就帮我们挑水扫院子，宁肯自己打地铺挨冻，也不和我们争暖屋火炕。部队打仗还开荒种地，养猪种菜……从古至今没见过这么好的军队。"一九四六年七月，牡丹江军区整顿军纪、维持社会治安，《牡丹江日报》发表文章，表扬了二支队，指出二支队遵纪守法，为新建部队作[①]出了榜样。

遵守群众纪律的优良作风，在朝鲜族部队中也生根开花。以二支队干部为骨干组建的牡军区独立三团（朝鲜族），一九四八年开赴前线；以后，又参加了抗美援朝战争，保持了我人民军队的优良传统作风，受到朝鲜人民的奖誉。

严格遵守群众纪律、维护群众利益的实际行动，是对新区人民最有效的宣传教育。它既能有力地粉碎敌伪的反动滥言[②]，又能尽早地取得新区人民的信任。有了人民的支援，取得剿匪作战的胜利就有了保证。因而，二支队把遵守群众纪律作为打开新区工作的钥匙。有了这把钥匙，我军就能站稳脚跟，战胜一切困难。

《东北日报》曾载专文介绍二支队搞好群众纪律的经验，指出，二支队的群众纪律之所以好，除了认识明确以外，还由于领导抓得紧，各级干部层层负责，建立了严格的奖惩制度。每次出发作战前，支队领导都把爱护群众利益当作一项重要任务进行布置。战后总结，进行表扬批评。各级干部对群众纪律也抓得很紧，定期检查，征求群众对部队的意见；结合各项任务，布置群众工作，使爱护群众利益的优良作风在部队中蔚然成风，代代相传。

**播种友谊**

我支队进入牡丹江后，对日俘及其眷属，坚持革命人道主义精神，严格遵守政策。不打骂、不侮辱，受到日俘及其眷属的衷心拥护。

"八·一五"以后，在宁安县东京城附近还住着一些日本开拓团的眷属，她们不仅遭受冻饿疾病的折磨，时而还受到社会上少数不法歹徒的凌辱。我支队到达后，驻防这里的一团部队，协助地方政府，妥善地解决了她们的生活困难。有病的帮助治疗，缺粮的实行以工代赈，组织她们劳动。为汽车加工木柴

---

[①] 应为"做"。
[②] 应为"谰言"。

燃料，做点心在市场出卖。还在她们聚居的街道，派出部队巡逻，防止坏人欺侮她们，使濒于绝境的日籍妇孺得获重生，敢于出入大街和市场。牡丹江市郊谢家沟医院三百多名日籍医护人员中，有二百多名年轻的日本妇女，为了保护她们的人身安全，我支队派驻了一个警卫排。加强住院伤病员的教育，要求他们严格遵守纪律，服从治疗。我派去的张松岩副院长经常用日语对日籍医护人员进行教育，指出我们共同的敌人是日本军国主义者，阐明我党我军的政策。我以革命的人道主义对待日俘和日籍人员，帮助他们解决生活困难，让他们吃饱、穿暖，使他们安心工作，为我伤病员服务，凡在工作上做出成绩的日籍医护人员，都在庆功会上立功受奖，戴花摄影。对医术高超和有学位的日本医生，生活上给予关照，在当时部队仍以粗粮为主的情况下，给他们吃大米。逢年过节，军区卫生部和医院领导，亲自走访，赠送白糖、纸烟以示慰问。日籍医护人员逐渐消除了疑虑和抵触情绪，对我党、我军产生了敬慕和好感，积极为我伤病员服务。日籍医生多次为部队救活了生命垂危的伤病员。重伤病员王础山、刘成斋、刘秉义等同志，在缺乏药品的情况下，经日籍医护人员抢救，终于转危为安，病愈出院，重返前线。

一九四六年四月间，镜泊湖学园屯、后渔屯的日本女眷受到骚扰，几十名日本妇女跑到我一团一营的营房里，要求保护，他们①操着生硬的汉语说，八路军大大的好，表现出对我军的高度信赖。后来，这些日本妇女被遣送回国，流着热泪，挥动于臂与驻地军民告别，依依之情十分感人。

我支队在舒兰作战中俘虏了一名日本军曹田村义男，他是被土匪裹挟去的机枪射手。领导派了懂日语的葛书亨、徐君同志对他进行教育，他愿为我军服务，请求留在部队中。从舒兰到牡丹江多次在火线上为我们修理机枪、掷弹筒；战斗空隙中教我们使用武器，培训射手。部队到达牡丹江后，他任教于支队举办的轻武器射击训练班。一九四六年冬天，在一次实弹射击示范表演中，因掷弹筒炸膛不幸牺牲。牡丹江市日本反战大同盟支部，为他举行了追悼会，部队送去了挽幛，并派代表致悼词。田村义男的名字，依然留在我们的心中。

告别牡丹江，奔赴新战场

为了支援前线作战，争取解放战争的胜利，一九四七年一月，牡丹江军区

---

① 应为"她们"。

独立一团开赴前方,编入一纵队(三十八军)一师。七月,军区命令李伟副主任率领牡独立二团,与一纵队三十八军一师合编。一、二团的指战员满怀战斗激情,高喊"打到南京去,活捉蒋介石"的口号,告别了牡丹江人民。合编时,一师师长梁兴初同志在欢迎大会上说:"一纵队是老八路的主力(前身是红军),你们(牡二团)是新八路的主力,两大主力汇合一起,这叫做①钢上加钢。"由于大部分干部有文化,战士年轻纯洁活跃,合编以后进步很快。后来,许多人在战斗中立功授奖②,有的被授予荣誉称号。为了纪念已故战斗模范杨子荣烈士,该军至今仍保留着"杨子荣排"的光荣称号。当年的基层干部,后来多人被提升为师、团领导干部,有的担任了军级领导职务。返回牡丹江的独立一团排以上干部,和留军区的干部一道积极投入土改斗争,在协助地方干部搞好土改任务的同时,亲自扩充新兵,组建新部队。仅三个月,牡丹江军区的新独立一团、独立二团就先后组建起来,并立即投入军政训练和肃清残匪的战斗中。

一九四八年二月,牡丹江军区刘子奇司令员和邹衍主任奉命率新牡一团,与合江、安东各一个团组成独立第八师,刘子奇任师长、邹衍任政委。这支部队奔赴前线,参加了解放吉林、长春的战斗。进关后,由于部队素质好,被中央军委选为警卫师(后为公安一师)警卫首都和国家党政机关。同时编入四野六纵十八师的新牡二团,由于部队的军政素质较好,受到重视和欢迎。该师政委张池明同志在给牡丹江省委书记兼军区政委何伟同志的信中说:"你们送来的新兵太好了,给我们部队输送了新的血液。"同年九月,第三个新牡二团编入炮纵。随之,牡丹江军区撤销,部分干部由何伟同志带领,组成铁道纵队领导机构,开赴前线。

全国解放前夕,华东野战军总部调毕昆山等原刘公岛起义同志,成立了海军教导队。全国解放后,中央军委命令,调原刘公岛、龙须岛起义人员一百七十余人参加了人民海军的战斗行列,成为海军建设的一部分骨干力量。第一批潜艇部队有四艘潜艇,其中三名艇长、一名艇政委是刘公岛起义的;第一批出国参加艇长班学习的八名学员中,有四名是刘公岛起义的;第一批四艘驱逐舰的舰长,有三名是刘公岛起义的。他们都为人民海军的建设,为保卫祖

---

① 应为"作"。
② 应为"受奖"。

国领海，贡献了力量，并涌现了不少英雄模范。曾在解放战争中荣获"勇敢奖章"的周天林同志，一九五〇年被选派出席了在波兰召开的世界和平大会；一九五〇年七月在浙东海门琅矶山海战中，分队长邵健鸣[①]（刘公岛起义的）以小艇打大艇，勇敢接敌近战，受伤多处仍坚持指挥，直到壮烈牺牲；一九五四年在浙东海面击沉国民党"太平号"护卫舰的鱼雷艇部队指挥员纪智良荣立大功。在其他各兵种、各条战线上的原海军支队的同志们（包括青年学生和老战士），也都作[②]出了成绩，担当了各级的领导职务。

在党的亲切关怀和正确领导下，在祖国人民的哺育帮助下，海军支队经过了艰辛的改造历程，成长为人民军队的一支坚强力量。不论是战争年代或是和平建设时期，她的成员都在各自的岗位上，作[③]出了贡献，取得了成绩。如今作为一支建制部队虽然已不存在，但她的业绩却给她的每个成员，每个领导过、接触过、关心过她的同志，留下难以磨灭的美好记忆。

### 五 亲切的关怀，崇高的奖誉（略）

说明：

1. 此书是受原海军支队领导同志委托、应地方史志的需要，自一九八三年秋至一九八六年十月经过查阅资料、座谈访问，在有关单位、许多战友和当年战地人民群众的大力支持下，撰写而成。其中主要稿件均经李伟同志审阅。但由于我们水平所限，查访不周，又缺乏原始文件、资料，疏漏偏颇之处在所难免，请批评指正。

2. 所征集的稿件大部被选用，其中未被采用的几篇或转送有关地区、单位，或合并使用；应牡丹江等地征集的烈士名单，已分别转送，如有补遗，请及时告知。

3. 承蒙陆军第三十八集团军给予大力支持，深表感谢。

编　者

一九八六年十月

---

①应为"邵剑鸣"。
②③应为"做"。

# 杨子荣英雄事迹有关问题的考证及其他资料

篆刻《越是艰险越向前》
作者 / 刘炜星

# 杨子荣与威虎山的原型

李其山

杨子荣是解放战争时期东北剿匪斗争中杰出的侦察英雄，小说《林海雪原》问世以来，他与"威虎山"便遐迩闻名。

杨子荣原名杨宗贵，1917年出生于山东省牟平县。做过童工，给日本侵略军当过劳工。1945年秋参加八路军胶东军区海军支队当炊事员。在挺进东北途中，杨子荣经常冒着炮火到前沿阵地送饭，并主动抢救伤员，加入了中国共产党。1945年底，杨子荣所在部队进驻海林，改编为牡丹江军分区二团。杨子荣曾任班长、团直属侦察排排长。当时，二团在海林、尚志、牡丹江、穆棱一带进行了艰苦的剿匪斗争。杨子荣在杏树村只身入匪穴，说服400余名土匪缴械投降，在亚布力后堵活捉许大马棒，在大夹皮沟生擒惯匪"座山雕"，立下了卓越战功。京剧《智取威虎山》所描写的就是大夹皮沟战斗。

大夹皮沟山区，位于黑龙江省张广才岭东部海林县境内头道河子中上游，是林海浩瀚、地形复杂的深山老林，解放前是土匪盘踞的地方。"威虎山"就是指这一带连绵近百里的山脉。

在大夹皮沟山区南部有个"座山雕棚"，是惯匪"座山雕"的巢穴，即小说中所谓"威虎厅"。窝棚建在山坡平坦处，四周用原木垒成，屋顶苫草。杨子荣等剿灭这股土匪时，已将窝棚摧毁，解放后仅存一长方形土坑。附近有一眼山泉。当时这里森林茂密，非常隐蔽。如果有情况，可以顺山沟直达海林、牡丹江或老林深处。这里并非山洞，也没有"九群七十二地堡"。解放初期，独霸一方为非作歹的山区惯匪头子，通称"座山雕"。小说《林海雪原》里写的是典型形象，不是指某一人。本文所说的"座山雕"指惯匪张乐山。1947年1月23日，杨子荣奉命带领五名同志，化装成被打散的土匪，"穿林海跨雪原",在没膝的大雪中艰难行进。进入大夹皮沟后,发现并接触了土匪。杨子荣机智勇敢,凭着掌握的各股土匪情况和黑话,消除了土匪们的怀疑,取得了"座山雕"的信任。杨子荣摸清情况,送出情报,2月6日晚,剿匪小分队里应外合,一举活捉被国民党收买的东北第二纵队第二支队司令"座山雕"张乐山以下25名土匪。杨子荣在这次战斗中荣立三大功。1947年2月19日,《东北日报》以《以少胜多创造范例,战斗模范杨子荣等活捉匪首座山雕,摧毁匪巢,贼匪全部落网》的大字标题做了报道。1947年2月23日,杨子荣在海林北部梨树沟屯附近闹枝沟追剿残匪的战斗中光荣牺牲。

原载于《龙江文史》1992年第三辑。

海林林业局夹皮沟林场威虎山剿匪纪念地(陈继柱提供)

# 杨子荣墓琐记之一

王作文

杨子荣烈士，是中国人民解放军牡丹江军区在一九四七年剿匪战斗中英勇牺牲的战斗英雄。关于他的事迹早有文学家、戏剧家、艺术家们利用文学艺术等手段，通过各种不同体裁，写成小说、戏剧、曲艺等作品，对全国人民进行爱国主义和革命英雄主义教育，对社会主义精神文明建设起到不可估量的作用。笔者这篇琐记意在使读者更全面地了解人民敬爱英烈的某个侧面的拾遗。

葬仪

杨子荣同志活捉号称国民党东北军第二纵队第二支队司令张乐山（座山雕）后，于一九四七年农历二月初二①凌晨，在海林县柴河镇仰脸沟（现改名叫阳光村）北沟的闹枝沟剿匪战斗中，英勇地牺牲了。战士们将他的遗体抬到梨树沟，然后用轱辘马子（森铁的一种运输工具）送到北站村。当时负责这一带地方联络的陈雨静（原东北烈士纪念馆负责人，现已退休），在头道河子找了匹马，由他和战士护送到柴河，由柴河转大火车送到海林镇，将杨子荣烈士遗体停放在老油房院内。

杨子荣的牺牲，立即传遍二团上下，全体干部无不为之痛哭失声；军区首长得知噩耗，也都万分难过。二团领导决定把杨子荣烈士追悼会及葬仪安排好。二团副政委曲波同志和二团团长王日轩商量，到牡丹江殡仪馆请国乐队，给杨子荣弄口好棺材。

团里派人到牡丹江请了殡仪馆的永合班，在新安镇界的黑石砬子弄到一口好棺材。棺材运回海林后，正待给杨子荣盛殓，在新安镇剿匪战斗中牺牲的一

---
① 应为"二月初三"。

位机枪班长被运回海林。战士们由于不忍心再去移动杨子荣的遗体，就将从新安运回的棺材，给这位机枪班长入殓了。

三月十七日上午十一时，在海林镇朝鲜族中学操场上召开了军民追悼杨子荣烈士的大会。参加大会的军区首长、各团代表、二团的指战员，县委书记孙以谨，县长刘克文及各界代表和群众近万人，就连宁安镇的学校，也派师生前来参加。

追悼会开始，奏完哀乐后，军区首长宣读了军区首长命令：将杨子荣生前领导的侦察排，命名为"杨子荣侦察排"。地方的领导作①了简短的讲话。追悼大会结束后，军区首长和各界代表来到油房大院给杨子荣入了殓。入殓后，排开抬杠，当时是按十二杠的抬法（按民间的风俗对死者非常尊敬而隆重的抬法）。抬杠人都是选排长以上的干部担当。

送葬的行列，前导两挺重机枪，左右各一挺。机枪后是一个班的全副武装战士，接着是国乐班。每人吹奏一尺八的唢呐，中间是杨子荣和另一位烈士的棺椁，棺椁后是西乐队，再后是军区首长、二团指战员、地方领导和各界代表、群众。送葬的人，数以千计，前导已到达墓地，排尾还在原地未动。

灵起，两挺重机枪对空射击，鼓乐班吹奏《哭皇天》等曲牌。一路上，机枪射击的轰鸣，唢呐的哀曲，战士的哭泣，加之送行人胸前的白花、花环，汇成一眼望不到头的长河。这种悲切壮烈的场面，正是杨子荣烈士生前同他浴血奋战的阶级弟兄缅怀这位英烈和海林县（原新海县）人民对杨子荣烈士最隆重的悼念方式。棺椁抬到东山角下（现海林镇新海二队队部院址处），那里早已砌好两具圆拱形墓穴，抬杠人用滚木将棺椁推进墓穴，瓦工封好入口。送行人将花圈、挽联、佩花放到烈士墓上。人们眼望着烈士墓前用木制的三丈余高纪念碑，纪念碑上端的红五角星闪耀着光芒，左上角写有：为建立独立民主而奋斗的烈士千古。正中写到：英名永在，浩气长存。建碑时间：中华民国三十六年三月十七日。人们个个脱帽，向烈士默哀，依依不舍地离开墓地，我们为建立独立民主而战的烈士，在这里永远安息了。

---

① 应为"做"。

墓移

海林县人民政府为了纪念在解放战争中为人民流血牺牲的先烈们，特别是为海林在剿匪战斗牺牲的战斗英雄杨子荣烈士，决定重修杨子荣墓，并将东山（碑）为烈士陵园。

决定下达，从全县请来了最佳的石匠；从横道河子运来每块重六吨的花岗石和建碑的其他材料，在陵园园址破土动工。由于施工进度快，第一期工程很快完工。第一期工程主要是建碑和杨子荣墓，县领导决定移墓，请杨子荣生前战友前来参加拣骨仪式。

一九六七年八月的一天，突然有位中上等身材、身着蓝制服的工人，来到县文化馆办公室（因当时凡属文物事宜均由文化馆代管）对馆内工作人员说："我是北京来的，我代表杨子荣生前战友前来参加拣骨仪式。"工作人员很好地安排了这位客人，透过长途电话，得知来人叫魏宝（成）友。曲波在电话中说："这次迁杨子荣墓，是海林县政府及全县人民对革命英烈的缅怀，作为杨子荣生前战友，我们还活着的人来说，理应前去参加，一则表示致谢，二则借此机会，借以哀思。因工作脱不开身，只好委托我的战友小魏同志，代表我和孙达（大）德同志前去参加拣骨仪式，对此，请谅解。"

事隔两天，县领导及有关部门负责人、北京客人小魏同志一同来到杨子荣墓地，当工作人员指着两具棺椁介绍说，东边是高波，西边墓是杨子荣时，魏成友同志立即反驳说："东边不是高波，西边也不是杨子荣。高波的墓不在这里，在牡丹江谢家沟，东边是杨子荣，西边是马路天（机枪班长）。"当时对哪具棺椁是杨子荣发生争执，为了进一步证实，决定开棺拣骨，然后再作定夺。

打开棺椁后，东边是"一三五"的棺材，西边是"四五六"的棺材，而且西边的棺材是经画工彩绘油漆了的，按眼前推测，西边是杨子荣似乎尽其情理，但小魏同志坚持意见，然而一时又拿不出论据所在。在他们争执不下之际，笔者同馆内另外一位同志（当时笔者兼负文物管理工作），又来到墓地，在东边墓拾到大头鞋（帮乱，皮质部分未乱）一双，铜钩一副（军大衣两侧的铜钩），擦枪油一瓶（链霉素瓶，内有多半瓶擦枪油），黄呢衣衣夹数块；西边墓拣到被刀削得一根尖秀[①]的铅笔芯，一副胶质鞋跟，几个纽扣。笔者将这些遗物带

---

① 原文如此。

回文化馆存放起来，以备考证之用。

县领导通过为杨子荣拣骨发生的争议，认为应尽快地澄清哪边是杨子荣的问题，但一时又找不到当年亲手安排杨子荣墓葬的人。根据管理文物工作人员的提议，决定走访杨子荣生前战友。

**出访**

一九六七年八月中旬的一天，海林县原革命委员会主持常务的黄启伦同志，亲自接待即将出访杨子荣生平事迹小组的同志，并嘱咐一定圆满完成任务。

走访小组来到北京，在曲波接待走访小组时，笔者问曲波："曲波同志，在您的记忆里，安葬杨子荣时，两具棺椁哪边是杨子荣？"曲波稍思片刻说："杨子荣的棺椁抬到墓地，我问二团团长王日轩同志，杨子荣应放到哪边？王团长说东边为大，按着他们的意思进行了安排。"笔者又问："即然东边是杨子荣，为啥东边是'一三五'材，西边是'四五六'材，东边为啥不如西边的好？曲波说："是这样：杨子荣牺牲后在黑牛背找了口一三五寿材，回来后觉得棺材不好，又派人从新安镇地界的黑石砬子弄到了一口花头棺材。运回后，由于战士不忍心再移动杨子荣遗体，就把从新安镇剿匪牺牲的机枪班长马路天盛殓了。"笔者又问："杨子荣平时穿的什么衣服，他俩的文化程度如何？杨子荣平时使用的什么枪？"曲波说："杨子荣平时使的是一只德国镜面匣子，入殓时是浑身打浑身①。也就是他平时穿的日本军大衣，死后随葬的还是那件衣服。那件军大衣是黄呢子，里子是羊皮的。由于战士哭得像泪人似的，也就没有来得及给他换衣服。马路天穿的是件黄更生布的二大棉袄，衣扣是黑的，穿双胶底鞋。杨子荣还穿了双大头鞋，那双鞋是缴获日本的战利品，是我亲自送给他的。杨子荣虽然没文化，讲起三国可是一套一套的；马路天是伪满高小毕业生，在连队兼文化教员。"我把两具棺材出土的革命文物，对他讲述了一遍，他听后，对笔者说："东边墓出土的大头鞋、铜钩、擦枪油等遗物，都是杨子荣的。他的穿、用我都记得很清楚。西边墓出土的遗物和马路天平时生活衣着相符。"所以曲波肯定地说："东边是杨子荣，西边是马路天，至于东边墓是高波那就更不对了。我清楚地记得，一次我们从亚布力往牡丹江运送山产品，火车行驶

---

① 天津地方话：混身打浑身。

到横道东一个涵洞时，遭到土匪拦劫，高波为了掩护我，他受了重伤。受伤后，经牡丹江军区野战医院抢救无效，死在牡丹江的谢家沟。"

经过曲波同志佐证之后，我们又走访了杨子荣生前的其他战友。至此，杨子荣墓的真情，得到了证实。烈士陵园的工作人员将杨子荣的忠骨用罐子盛好封闭后，放到第一具棺椁里，将马路天的忠骨放到第二具棺椁里依次排开。每当人们再来拜谒杨子荣英烈时，不会因拜错灵位而感到遗憾！

陵园

陵园园址选在离镇区仅五里之余的帐篷山中峰。而今城区建设已和陵园连在一起。整个陵园占地面积约一万平方米。其中分为烈士纪念碑、烈士墓、杨子荣烈士纪念馆、海林博物馆、儿童乐园、胜天池等区。

陵园的建设，目前已具规模。陵园中的纪念碑，继杨子荣牺牲时安葬在东山坡下建造的木碑之后，又两次修碑。第二次修碑是一九六六年九月，由海林县人民政府主持，霍广生设计，民政科经办，当时是水泥抹面的基碑；第三次修碑是一九六九年，经海林县革命委员会主持，周喜仲设计，民政局经办，碑高八米一，象征着八一建军节。纪念碑的正面刻有海林县书法名流郎文秀书写的"革命烈士纪念碑"七个大字。碑的后面，上端刻有杨子荣、马路天、高波三位烈士的名字，下端刻有，在海林及牡丹江地区剿匪牺牲的杨子荣战友计一百六十五位英烈的名字。纪念碑由花岗石砌成，石廊铁索环绕，石阶十层，显衬纪念碑庄严肃穆；纪念碑的后面，约20米处，是杨子荣、马路天烈士的棺椁，安葬在陵园内。已改建了两次，第二次墓葬，两具棺椁，是用水泥抹面砖砌拱形的墓冢。其墓高1.80米，长2.30米，墓前碑石用花岗岩凿制而成。碑高3.1米，象征杨子荣烈士牺牲时三十一岁，那年为国捐躯的意思。碑志刻着杨子荣烈士之墓，左侧刻着杨子荣牺牲的年月日。马路天墓前碑石，因享年与杨子荣岁数不同，因而略有不同。两墓头西脚东。杨子荣墓前方均植有鱼鳞松。第三次改建是在省民政厅的直接授意下，责成海林县民政局经办。改建后杨子荣墓和墓前碑均用大理石镶嵌。墓前碑宽0.5米，高0.7米，墓宽1.1米，长1.8米，高0.6米。马路天墓及碑石与杨子荣墓同。

这次虽然改建，但并没满足人民缅怀英烈的心情。对此，《羊城晚报》亦发表了评论。县委、县政府决定责成城建设计室周喜仲同志重新设计杨子荣墓，深信能满足人民要求（注：2008年复建烈士墓碑，由海林市书法家协会主席崔德祥模仿书写了高波、孙大德两人名）；陵园内的杨子荣纪念馆，陈列着杨子荣烈士生平、事迹、图片、遗物及他的战友为国捐躯的生平简略。同时正筹备中国人民解放军第三十八集团军现在的杨子荣侦察排的英雄事迹展室；海林博物馆、儿童乐园都给海林人民为英烈建造的幽美环境增加了欣慰。

杨子荣烈士虽然牺牲四十多年了，然而人们并没有忘记为海林解放、为建立固巩的东北根据地，直把一腔热血洒在这块土地上的英烈们。

无论盛夏或寒冬，前来瞻仰烈士陵园、拜谒缅怀杨子荣英烈的人们，络绎不绝。他们站在翠柏环抱、丰碑耸立的山巅，环视新兴的海林县城风光，抚今追昔。当人们仅就回顾杨子荣烈士安葬仪式，迁墓经过，几曾修建丰碑、棺椁，怎能不想到人民对英烈爱的强烈、缅怀的深沉，更加激起继承先烈遗志为腾飞海林、振兴中华而贡献毕生精力①呢！

原载于《海林文史资料（第二辑）》，1988年7月。

---

① 原文如此。

# 从可信的文史资料中寻找
# 杨子荣牺牲的前后经过

## 崔德祥

杨子荣的英雄事迹材料,是在杨子荣牺牲22年后的1969年由海林县和其生前所在部队联合调查形成的初稿,由于当时特殊的历史时期,曲波定稿时加上了一些与调查有出入的情节,所以,那一稿材料还在维护小说和京剧的某些情节,存在先天不足,与真实的杨子荣英雄事迹有一定差距。

后来,杨子荣所在部队有很多老同志的回忆,但是《英雄杨子荣》的作者谷办华说:"往往一个事实几种说法,使我无所适从。就连像杨子荣进杏树底村劝降到底是拿着领导的劝降信进去的,还是他临时决定主动进去的这么重要的情节也截然不同。因为某些原因,即使当事人所说、所写的东西也与事实相去甚远。"

在收集相关历史资料、学习杨子荣英雄事迹的过程中,我们发现,孙大德是杨子荣最亲密的战友。因为孙大德和魏成友都是东北人,所以杨子荣每次外出执行侦察任务时,都要带着他们二人。团部每次布置任务,杨子荣总是说:"孙长腿,走,出发了。"孙大德跟杨子荣摸土匪窝就有14次。孙大德1945年参军,与战友们一起剿匪,当时他才20多岁,到1959年他才30多岁,30多岁讲20多岁的经历,很多事都历历在目,大都接近历史事实,应该才是可信的历史资料。

孙大德同志在1959年6月26日《黑龙江日报》、1960年9月号《文艺红旗》杂志、1961年3月10日《浙江日报》分别发表文章,介绍杨子荣的英雄事迹,综合以上三篇文章,杨子荣同志牺牲的过程大概是:

活捉匪首座山雕以后,部队奉上级命令准备调到东北野战军去,参加保卫解放区、消灭蒋匪军的战斗。当时，部队正驻在海林县练兵，准备上前线。一天有个姓刘的老乡来报告，说惯匪头子郑山炮被我们打断了腿，带着6个土匪、4支匣子枪、6挺轻机枪，在山坡上挖了个窝棚藏着。郑山炮妄想过了冬天，养好了伤，再招兵买马，重做匪首。那姓刘的老乡劲头十足，三番五次地要求给我们带路去捉郑山炮。

于是，曲波政委带着小分队出发了，杨子荣还是带着孙大德和四个侦察员先走。他们从海林坐火车到柴河，再从头道河子沟步行到黑牛背，摸黑再走二三十里，过了一间破房子，走不多远，下了两天的大雪盖路封山，四下一片白茫茫，大家迷路了。那时，天快亮了，大家只好折回破房子休息。这天晚上真冷，大家跑了一夜路，满身大汗，冷风一吹，棉衣冻得梆硬梆硬，就在破房子里烤火取暖。杨子荣一面烤火，一面沉思，突然他跳起来，说：

"你们烤吧！我得好好找路，不然小分队马上跟上来了，到哪儿休息呀！再说天亮前我们不找到路，给郑山炮发现了，那就更麻烦了。"他说完就带着姓刘的老乡，顶着刺骨的寒风，在野外转来转去。

杨子荣终于发现了土匪上山的脚印。他连忙叫孙大德和另一位战士跟他快撵。留下三个侦察员等曲政委带着小分队赶快跟着他们的脚印上山。他们小跑步追了十几里，早晨8点多钟，到了一个山坡，发现一个土匪正跑进土木窝棚里去。杨子荣对孙大德他俩说："咱们动作快点，把木棚门堵住，这个土匪已发现我们跟踪来了。"

三个人飞快地跑到木棚门口。杨子荣在门左边，孙大德在门右边，把枪对准了木门。杨子荣向孙大德他们打个招呼，表示准备开火。然后猛一下拉开木门，连喊两声："不许动！"

因为雪地行军，眼睛给大雪晃花了，屋里黑呼呼的，敌人动不动看不见，只听到敌人扳机枪的声音。杨子荣和孙大德各打了一枪，没想到半夜烤火，枪里的弹簧烤出了水汽，这两枪都没打响。说时迟、那时快，土匪一梭子弹打来，穿过做掩护的门板，打中了子荣同志。这时候，他腿一软，身一蹲，由于伤口太大，流血太快，这位从来面不改色的孤胆英雄，脸刷的一下变白了。他还硬挺着，一手捂住胸前的伤口，一手解下皮带上的手榴弹，使劲咬了咬盖子，但是，已经没有力气扔出去了。他把皮带、手榴弹推给孙大德，用尽力气喊了一声："孙大德，任务！"孙大德擦干眼泪，连着扔出了8颗手榴弹（小分队每人装备 4 颗，两人 8 颗），把土匪炸得吱哇乱叫。但是，土匪们还是躲在窝棚里凭借木板的隐蔽负隅顽抗，这时，小分队的同志们赶到了，集中火力彻底消灭了这伙宁死不降的顽匪。

1947 年 3 月 25 日《牡丹江日报》第四版刊登了由小分队队员孙立真、赵显（宪）功口述，王希良整理的《为杨子荣同志复仇》一文，最早记录了杨子荣牺牲的经过："这次在黑牛背后沟的森林中与可恨的土匪战斗，我们首先包围了敌匪的窝铺，杨排长奋勇当先，堵住敌匪的门口，迫匪交枪，不幸被万恶的郑三炮开枪击中了他的腹部，杨排长便光荣地牺牲了，全体同志都滚滚地流下悲痛的热泪来，一致地呼喊着：'坚决为排长报仇！打！冲！把胡子消灭干净，报仇！报仇！'

"全体同志化悲痛为力量，不顾生死地向敌人猛拼，枪弹、手榴弹，像倾盆大雨似的向敌匪窝棚里猛打，棚盖被我们打掉了，四个万恶的胡匪被解决了。"

当年的历史资料《牡丹江军分区 1946 年冬季森林剿匪几点经验总结》也记录了杨子荣牺牲时的战斗情景："如此次闹子沟①堵窝棚战斗，模范侦察排长杨子荣同志牺牲于匪手，敌数次企图冲出来未得逞，则据门窗死拼，顽抗不缴枪，直至最后被手榴弹炸伤，子弹将尽，不得已而缴出枪。"

据王作文 1988 年 6 月发表在《海林党史资料 3》上《战斗英雄杨子荣墓和碑几经变迁的纪实》一文介绍：

杨子荣同志 1947 年 2 月 23 日上午在海林柴河闹枝沟牺牲后，战士们将他的遗体抬到梨树沟，然后用轱辘马子（森铁的一种运输工具）送到北站村。当时负责这一带地方联络的陈雨静（原东北烈士纪念馆负责人）在头道河子找了匹马，由他和战士护送到柴河，由柴河转大火车运送到海林镇，将杨子荣烈士遗体停放在老油房院内。

3 月 17 日上午 11 时，在海林镇朝鲜族中学操场上召开了军民追悼杨子荣烈士的大会。参加大会的有军区首长、各团代表、二团的指战员、县委书记孙以谨、县长刘克文及各界代表和群众近万人，宁安镇的学校也派师生前来参加了追悼大会。

追悼会开始，先奏哀乐，之后，军区首长宣读了军区命令：将杨子荣生前

---

① 应为"闹枝沟"。

领导的侦察排命名为"杨子荣侦察排"。地方的领导作了简短的讲话。追悼大会结束后,军区首长和各界代表来到油房大院给杨子荣入了殓。然后,按十二杠的抬法排开抬杠(按民间的风俗对死者非常尊敬而隆重的抬法),由排长以上的干部抬杠起灵。

送葬的行列,由两挺重机枪前导,后边是一个班全副武装的战士,接着是国乐班。每人吹奏一尺八的唢呐,中间是杨子荣和另一位烈士的棺椁,棺椁后分别是西乐队、军区首长、二团指战员、地方领导和各界代表、群众。

行进中,两挺重机枪对空射击,鼓乐班吹奏《哭皇天》等曲牌。一路上,机枪射击的轰鸣,唢呐的哀曲,战士的哭泣,送行人胸前的白花、花环,汇成一眼望不到头的长河,前导已经到达墓地,排尾还在原地未动。棺椁抬到东山角下(现海林镇新海二队队部院址处),那里早已砌好两具圆拱形墓穴,抬杠人用滚木将棺椁推进墓穴,由瓦工封好入口。送行人将花圈、挽联、佩花放到烈士墓上。烈士墓前是三丈余高的木制纪念碑,纪念碑上端刻有红色五角星,左上角书写着"为建立独立民主而奋斗的烈士千古",正中书写有"英名永在,浩气长存"八个大字,落款建碑时间:中华民国三十六年三月十七日。

据海林县革命委员会文件(海革定字〔69〕第37号)《关于对历史反革命分子孟同春定案处理的批复》记载,枪杀杨子荣的凶手是当地的农民孟同春,他原名孟连振,外号孟老三。1946年10月在海林县黑牛背的闹枝沟参加中央胡子,在他的窝棚给匿藏的残匪营长丁焕章、副营长刘维章、排长郑三炮等九名土匪做饭、运粮。1947年2月23日这天早晨,孟同春按照丁焕章的指意,为土匪安排更隐蔽的地方匿藏。在即将出发时,正赶上侦察排长杨子荣带领孙大德、魏成友等几名战士先摸上来,堵住窝棚门。杨子荣同志猛拉开房门,吓令①不许动。但因天寒枪冻未打响,匪营长丁焕章见势下令开枪,孟同春首先开一枪,将杨子荣同志打倒,随即乘隙逃窜。

在"文化大革命"清理阶级队伍运动中,孟同春在党的政策教育下,主动坦白交待了反革命罪行,认罪态度较好,被定为历史反革命,(戴上帽子)交群众监督改造。

发表于2023年《牡丹江政协》第三期。

---

①应为"喝令"。

# 关于对杨子荣杏树村战斗中"领导的劝降信"的考证

## 崔德祥

杨子荣在杏树村战斗中,面对两军僵持的局面,为了减少双方的伤亡和群众的损失,来不及亲自向上级报告,只身闯入匪穴,利用我军的强大攻势、群众的压力和匪徒之间的矛盾,不费一枪一弹使土匪400余人投降。这是杨子荣一生中最为辉煌的战斗之一,也是他"孤胆英雄"和"越是艰险越向前"革命英雄主义精神最突出的表现。

然而,在学习有关杨子荣英雄事迹的文献资料过程中,我们发现,有关杨子荣杏树村劝降有两种不同的观点。所以谷办华在《英雄杨子荣》后记中说:"(杨子荣)英雄牺牲以来,不少的单位和个人写了好多有关英雄事迹的材料和文章,这给我写作本书提供了方便。当然,也因此遇到了不少难题,往往一个事实几种说法,使我无所适从。就连像杨子荣进杏树底村劝降到底是拿着领导的劝降信进去的,还是他临时决定主动进去的这么重要的情节也截然不同。"

笔者利用所掌握的历史文献资料,对杨子荣杏树村战斗"是拿着领导的劝降信进去的,还是他临时决定主动进去的"进行了必要的考证。

### 一、"领导的劝降信"的由来

《海林党史资料3》载有王希克同志《忆侦察英雄杨子荣》一文,其中记载:(我)对李荆璞说:"张德振是你亲自收编的,让他投降他可能愿意;李开江头脑简单,从来都听张德振的。"李荆璞说:"可以试试看,反正他也跑不了,不投降打也不迟,只是没人敢送信去。"这时,田松也在听着,他马上说,让二团找人去送。于是当即传令停止射击,我就开始写信。田松命令警卫员把二团副政委曲波(这时二团尚无团长和政委)找来,让他找人送信。曲波回去便让附近的七连连长栾绍家找人。栾绍家就向全连喊:"谁胆大敢给敌人送信去，站出来！"话音未落，一班长杨子荣就应声而出说："我敢去！"说完，杨子荣就到指挥所去了。

这时，我的信已写好。大意是：你们已被全面包围，无处可逃，过去你们还做过好事，如果停止抵抗，保证你们全体"官兵"和家人的性命、个人财产的安全，否则后悔不及。署名李荆璞和我。

杨子荣接过信后，摇动着白毛巾从北山坡上跑下去，边跑边喊："不要打枪，我给你们送信来了。"敌人火力仍未停，只是没有敢打杨子荣。二团在北山坡的曲波、陈庆、栾绍家、陈大正等全体指战员都在惊讶地看着；我们指挥所的人，都替杨子荣捏了一把汗，直到看他进了村，才放下心来。

王希克1987年前后所写的这篇文章，应该是"领导劝降信"的源头。

1995年8月，田松、李伟合写的《"田松支队"剿匪记》，2012年邹衍在所著《我的回忆》一书其中《牡丹江剿匪》篇中也提及"领导的劝降信"。需要说明的是，邹衍当年从延安取道朝鲜"到哈尔滨已经是1946年10月了"，到牡丹江就更晚了，他并没有亲自参加1946年3月的杏树村战斗。

二、"领导的劝降信"存在的疑问

1. 当时战场的情况存疑。王希克文中说："田松命令警卫员把二团副政委曲波找来，让他找人送信。曲波回去便让附近的七连连长栾绍家找人。"但是，刘成斋在给《解放军报》的回忆中说："（杏树村）这次'单刀赴会'斗智斗勇的较量，比'智取威虎山'还要惊心动魄，但曲波当时因伤没能参加战斗，所以在小说《林海雪原》中没有记载。"

曲波在《回忆与遐想（未完的自传）》和《关于〈林海雪原〉》《机智和勇敢从何而来》等文章中，都没有提到杨子荣杏树村的战斗事迹。

2. 劝降对象存在明显出入。王希克在文章中说，盘聚在杏树村的匪首分别是仙洞伪村长张德振团长、柳树河子伪村长李开江副团长、五河林伪村长高永安参谋长。而且，劝降信也是写给他们的。"我们指挥所的人，从山上下来，杨子荣押着张德振、李开江从村子出来。到了跟前，大家都跟杨子荣握手，赞扬他的胆量和功劳。"

"事后，大家询问杨子荣怎么拖了那么长时间敌人才投降，杨子荣从头至尾给我们讲了整个过程。原来，张德振和家住仙洞的匪兵主张投降；李开江和家住柳树河子的匪兵坚决反对投降，主张突围向东南山区逃窜。特别是李开江的三个打手反对得最厉害，与主张投降的争论到激烈的时候，几乎动起武来。匪军头头在屋里争论，杨子荣就在外边参加匪兵们的争论，有些匪兵用枪对杨子荣进行威胁，杨子荣毫无惧色地向匪兵讲述投降与不投降的利害关系。最后，李开江及其部下无奈只得同意投降。"

盘聚在杏树村里负隅顽抗的匪首根本不是张德振、李开江，而是青背的土匪头目许大虎、北甸子的维持会长兼土匪头子王洪宾和杏树村的郭大马棒（名春富）、康祥斌等4人。那么，张德振、李开江实际在哪里？1946年4月4日《牡丹江日报》报道："次日，即分三路向柞木台子猛进，敌匪闻风丧胆，不敢抵抗，于我军完成包围后，全部残匪即在李开江、张德振率领下缴械投降。"

3. 文章形成和发表之后，王希克本人也并不十分确定劝降信就是在杏树村战斗中写的。因为《海林党史资料3》同时刊载关于杏树村劝降两篇不同的文章，所以王希克在1989年12月18日给海林党史办写了一封要求当地调查核实又批评不经认真核实就刊登他的文章的信："可到柳树河子、仙洞（朱家）去问一问，在杏树底投降的是什么人，是团长张德振、副团长李开江率领他们在杏树底投降，还是只有什么连长、会长。退一步说，如果你们认为我说得不对，为什么不对我的忆文纠正（我是说你们核对事实，如有不对就修改）。你们既不修改我的，又登一篇与我不一致的文章，这叫什么党史资料，怎么让人相信？"

其实，当年牡丹江日报社的范垂政在杏树村听了老人的讲述，回来又查找了一些有关史料，于1983年9月22日在《牡丹江日报》发表了《杏树村与杨子荣》的文章。文章记载，杏树村投降的匪首就是许大虎、康祥斌几个"连长、会长"，不是张德振、李开江等人。

需要说明的是，在整个北路剿匪战役过程中，有两次"促匪投降"。之前马桥河战斗结束后，"我军一面安抚地方，一面为执行宽大政策，向敌匪进行宣传攻势，促其悔悟投降"。"二十五日午夜，我军即向敌匪最后强固据点杏树底猛攻，于完成包围后，即再次促匪投降，但此等胡匪尚不知死活，妄想'中央军自天而降'，执迷不悟"。但是综合其他材料，当时面对你死我活的斗争环境，基本都是通过遣返俘虏捎信去瓦解顽匪的。在后来东路剿灭"吴家三虎"时，就是通过遣返被俘的吴二虎劝说吴大虎投降的。

三、"领导的劝降信"只是一家之言，没有得到更多的认同和采用

1. 更多战友的回忆基本都没有"领导的劝降信"。曾任三十八军副政委、时任牡丹江军区二团一营干事的姜国政同志，在杏树村战斗结束后，为了写好这次战斗总结报告采访了杨子荣同志。1986年，他在回忆文章《一次特殊的战斗》中这样描述当时的情景："在前沿阵地上，时间就是生命，就是胜利，争取时间比什么都可贵。由于地形所限，杨子荣无法将自己的想法亲自向上级汇报。于是，他在征得战友同意后，当机立断，把枪交给战友，让他们在自己跃出雨裂沟、闯围子的同时，以最快的速度去向连里报告。然后，他趁敌射击间隙一跃而起，用枪通条挑着一个白毛巾向敌人方向飞奔而去。"

刘贤权、王学俭等其他老同志在回忆中也和姜国政一样没有提到"领导的劝降信"，坚持杨子荣一边让战友向上级报告，一边自己只身闯进敌寨的观点。

2. 权威的传记文章和纪实作品中都没有采纳"领导的劝降信"。1986年出版的《东北解放战争烈士传》中有东北烈士纪念馆温野同志写的《特级侦察英雄杨子荣》。2017年，温野同志又出版了单行本《特级侦察英雄杨子荣》，两次为杨子荣作传，都没有写"领导的劝降信"。

三十八军的谷办华采访了许多和杨子荣一起生活、战斗过的老战友，包括原军副政委姜国政、副军长刘成斋，原牡丹江二团的老同志姜振德、王祝金、袁文刚、刘瑞珠、陈强田，还有原牡丹江军区司令刘贤权当时的警卫排长赵轩等。到北京采访了原二支队的政委李伟、原牡丹江二团的参谋陈庆、七连连长栾绍家等老人，到海林采访了县民政局长关会元。杨子荣生前的老团长王敬之写给谷办华三十多封信。大家提供了许许多多当时剿匪的包括杨子荣的故事在内的情节甚至细节。

谷办华撰写的《特级侦察英雄杨子荣》入选解放军总政治部编辑出版的《解放军烈士传》，他还于1992年与人合著出版了传记文学《杨子荣》，独立创作出版了长篇纪实小说《英雄杨子荣——杨子荣的生前死后》，并编排一部电视剧《杨子荣》，均没有采纳"领导的劝降信"。

山东电视台孙玉平同志在20世纪90年代拍摄的纪实电视片《杨子荣传奇》，

通过采访老二团指导员刘成斋、连长陈大正以及杏树村村民的珍贵历史镜头，客观地还原了杏树村战斗的经过，其中没有提到"领导的劝降信"。

3.诸多相关的历史书中没有"领导的劝降信"。"受原海军支队领导同志委托、应地方史志的需要，自1983年秋—1986年10月经过查阅资料、座谈访问，在有关单位、许多战友和当年战地人民群众的大力支持下，撰写而成，并且其中主要稿件均经李伟同志审阅"，"作为三十八军'军史'旁编"的《海军支队的战斗历程》中，关于杏树村劝降的描述是："班长杨子荣所在的七连一班担任尖刀班。他们前进到离围墙一百多米的凹地，被敌火力压制。杨子荣根据对这一带群众的了解和敌情的判断，征得战友们的同意，决定独身进入敌营，令敌投降。他一面让战友向连里报告，一面赤手空拳闯入敌营。"没有"领导的劝降信"。

在《海军支队的战斗历程》基础上，2007年由中共威海市委党史研究室经过查证、补充、完善、修改，以正史的形式编撰成书、由中国国际广播出版社出版的《光辉历程——记胶东军区海军支队》一书当中，两次提到杏树村战斗，都没有提及"领导的劝降信"。

《中国人民解放军历史资料丛书——剿匪斗争（东北地区）》中《东北剿匪斗争的发展概况和主要进程》和刘崇礼的《回忆侦察英雄杨子荣》没有采纳"领导的劝降信"。

王元年、时戈、白玉武、冯连举著《东北解放战争锄奸剿匪史》、梁尔东著《黑龙江解放战争史》均提到杨子荣杏树村战斗，但都没有提及"领导的劝降信"。

所以，综上几条，"杨子荣进杏树底村劝降到底是拿着领导的劝降信进去的，还是他临时决定主动进去"，就一目了然了。正像王敬之回忆杨子荣时所说："任何时候他都像张飞、李逵一样，只要说打仗，他就一跃而起，求战若渴。只要能够取胜，有命令打，无命令也打。……"

# 掀开尘封的史料　寻找罪恶的"座山雕"

崔德祥

1947年2月13日《牡丹江日报》第一版《战斗模范杨子荣等六人活捉匪首座山雕》报道："我×团战斗模范杨子荣同志（便衣排排长）奉命于二月二日率五名同志，前往蛤蟆塘一带侦察匪情，他们以机智巧妙的方法，查清了敌匪的窝棚，遂于二月七日勇敢大胆地深入敌匪巢穴，将匪首座山雕等全部捕获，创造了'以少胜多'的模范战例，兹将其战果综合如下：一、俘匪首'蒋介石东北第一战区挺进第二纵队第二支队司令'张乐山（即座山雕）、联络部长刘兆成、秘书官李义棠、连长刘忠汉以下廿五名。二、缴步枪六支、子弹六百四十发、粮食千余斤、其他物品一宗。"

从此，"座山雕"的恶名就和人民英雄杨子荣的英雄事迹一起，被写入小说，唱进京剧，搬上荧幕，传遍大江南北，几乎家喻户晓。几十年来，关于"座山雕"张乐山的传闻也层出不穷。那么，接近历史真实的"座山雕"到底什么样，让我们从可信的历史资料中寻找罪恶的"座山雕"。

**老胡子"座山雕"的罪恶**

1947年2月19日《牡丹江日报》第一版《杨子荣抓住座山雕　老百姓纷纷来慰问》一文介绍："海林地区老百姓提起北沟的老胡子'座山雕'无不切齿，过去他们抓住农会会员就杀，如模范村工农会会员徐秀斋去年十月天到沟里去打野鸡，被他们抓住枪毙了。两个火钜匠到沟里拉板子被□审死了，剥棉衣、抢牲口、抢粮食、勒索款子更是经常的事。如头道沟、二道沟、三道沟、红甸子一带，每垧地摊一百几十元，粮食四十斤，其他酒、猪肉、白面等物品都在其内，吓得老百姓不敢去沟里打柴火、种地。如去年沟里很好的庄稼苗都荒芜了。"

1947年2月16日《牡丹江日报》第四版《杨子荣侦察班计捉坐山雕》一文介绍：老土匪张乐山，报号"坐山雕"，自"荣任"中央军东北第一战区挺进第二纵队副司令，即盘据①于海林北沟，不时出没于一、二、三部落屯，头道沟、三道沟、红甸子一带，到处抢掠老百姓的粮食、衣服、财物，有很多老百姓到沟里打柴被他们把马抢走，或把棉衣剥去，苦打一顿，还说："回去告诉翻身会，告诉八路军来打我们吧，老爷在这里等着你们，你们老百姓都和八路一条心，没有一个好东西。""抓住你们这帮穷棒子□□□□不客气，看你们还要翻身。"因此海林地区老百姓纷纷请求驻军为民除害。

**老胡子"座山雕"的身世**

原牡丹江军分区二团政治委员王希克1989年12月18日写给海林市党史办的亲笔信上说："关于座山雕的历史，是根据原牡丹江（军分区）政治部保卫科科长黄夷同志讲的。黄夷同志审讯'座山雕'几个月，直到'座山雕'死在狱中。"

曾任国家农牧渔业部政策研究室主任的黄夷同志回忆："座山雕"中等身材，脸面黑瘦，一腮的灰白胡须，虽已七十左右，但体格还很强壮。他自己也吹嘘说："在山里，年轻小伙子也追不上我。"被我军活捉时，大约已干了五十多年的土匪，是个凶狠残忍、罪恶累累的家伙。

"座山雕"原籍山东省胶东地区（根据记忆可能是昌维）。他幼年家贫，丧父母，同叔叔一起生活。约在十三岁时跟随他一位同族兄长到东北，在伐木场做杂工。此期间认识了一些土匪，他羡慕土匪的"生活"，十五岁入伙当了土匪。他虽年纪不大，但干土匪却很卖力，得到头目的赏识，让他给匪首当勤务、保镖。在他十八岁时，匪首死去，死前指定由"座山雕"接替做头目。他们干的多是抢劫、贩卖烟土等勾当。张作霖曾谋划收编他们，没有成功。张学良将军的部队曾剿灭他们，亦未成功。日寇侵入东北后，侵略军坚持整编他们部队，实际是借机消灭他的队伍。他又将人马拉进山，当土匪。日本投降后，他借混乱之机，招兵买马，把伪满流散的警察、宪兵、特务、国兵网罗起来，组成了一个旅的编制。国民党进入东北后，派人收编了他，委任他为国民党先

---

①应为"盘踞"。

遣支队司令（是第十几支队记不清了）。并许诺国民党占领牡丹江后，安排他在警备司令部任要职。接受国民党的委任后，他投靠了国民党，极残忍地杀害我党干部和积极分子，破坏土地改革，经常利用夜间突然袭击，包围我村镇，抢掠、烧杀、奸淫，无恶不作。他妄图同其他股土匪一起，配合国民党的正面进攻，武装占领我牡丹江市。此期间他的罪恶是罄竹难书的。

**老胡子"座山雕"的下场**

1947年2月19日《牡丹江日报》第一版《杨子荣抓住坐山雕 老百姓纷纷来慰问》："老百姓都要求看看老胡子副司令座山雕。本月十一日上午十时，海林街男女老少，拥挤到大众学校有两千多人，把十二个土匪拉到台子上，由曲副政委讲话后，老百姓纷纷提出控诉，因有其他关系暂未能决定处理，经解释后老百姓又纷纷要求先出出气，群众把那个最坏的胡子刘连长和林外交员狠狠地打了一顿。"

曲波在《从〈二〇三首长话当年〉谈起》一文中回忆：活捉"座山雕"后，《东北日报》还没发消息以前，宁安县、新海县就要开祝捷大会，请杨子荣作报告。我们一查匪首，尚缺其经济部长刘维章、卫队营长丁焕章、恶匪郑三炮及其匪股。为了保密，我即令骑兵函告各县，大会不要开，尚有一股未就歼。我亲审座山雕，这个老匪一句不说，我无能，没审得了，即送军区政治部速审。

黄夷同志回忆："座山雕"被我军活捉后，先押送到二团团部，然后押送到军区政治部保卫科（兼做军法处工作）。我们研究了审讯方案后，经军区领导同志同意，连夜进行审讯，主要弄清两个问题：一是首先审清国民党土匪残余潜伏人员，以便彻底肃清；二是核实"座山雕"的罪恶事实。

第一次审讯我在场并亲自主持。"座山雕"被押进审讯室时，给我的第一个印象是，他像一只被打断了脊骨的、陷入绝境的恶狼，既凶狠又惊恐的一副样子。要他坐到凳子上后，他似乎意识到了但又不相信自己的彻底失败，茫然地叹了一口气，自言自语地说："老帅没把我怎么样！少帅没把我怎么样！皇军也没把我怎么样！没想到落到穷八路手里！"（老帅指张作霖，少帅指张学良将军。）我严肃地向他指出："我们是人民的军队，人民同我们是亲骨肉，这是我们制胜你们的法宝，可你们很难理解这个道理。"他似信非信地说："是，是！"我继续向他指出："靠这个法宝我们打败了日本侵略者，同样靠这个法宝必定推翻蒋家王朝。在牡丹江军民的力量面前，不要说你这个先遣队，就是再有几十个、上百个，也只能落个同你一样的下场。"他低沉地哀叹了一口气说："东满的十几个司令都不行了！"（指牡丹江、合江地区的十几个土匪头子）他还说："我败在你们的土改上，从那以后，穷棒子和你们一条心，我山下的哨子一个个完了，我成了瞎子。"接着我向他指出："你的罪恶是极其严重的。你的每一件罪行人民都是清楚的。你现在只有向人民低头认罪，听从人民、人民政府的裁决。"他对"人民"两字似乎很敏感，极为骇恐，连声说："我有罪，我认罪！可千万别把我交给屯里人（指他们抢掠过的村庄），那样我连个囫囵尸首也落不下啊！"

经过审讯，很快审清了"座山雕"杀害我党干部和积极分子，抢掠人民财物、勾结国民党、组织哗变等罪行。对他派到各地的情报人员，经核对，只有一处我公安机关作为嫌疑分子在做调查，其余都已先后被我方破获。除此以外，他交代了曾派人去吉林同国民党联系，要求给他空投装备，每次都答应了，但都落了空。他还交代，因被我军民追剿得到处躲藏，无安身的地方，曾企图逃往吉林，因我军民封锁严密，没能逃成。

"座山雕"被活捉的消息传开后，遭他残害过的地方的人民要求押到他们那里去公审。"座山雕"的罪恶审清后，省委和军区认为公开审判的时机不成熟，将时间推迟了一个时期。时机成熟后，请示东北军区。鉴于"座山雕"罪恶累累、民愤极大，拟由各地派代表，在牡丹江市开公审大会，控诉之后，处以极刑。请示尚未批回来，"座山雕"得了肺炎，经军区医院派医生抢救无效，死于监狱之中。

"座山雕"被关押期间，按照党的政策，同样给了他革命人道主义的待遇。他的伙食标准同其他犯人是一样的。组织犯人进行生产，因他年老，不让他参加。给犯人上课讲政治、政策、形势，都让他参加听讲。我军的政策使"座山雕"这个十恶不赦的罪犯也不得不承认："你们和过去的军队是大不一样！"他看到保卫科的干部战士参加生产，组织其他犯人搞生产，他也提出参加，开始要求扫院子，后来他说，他会条编，可以编筐篮，都满足了他的要求。他得肺炎临死前，对看守所长说："所长，我大约不行了。你告诉科长，我的事实在大啊！还给我请医生看病，我有愧啊！"这也证明了我军政策的威力。

# 天大的误会——小说《林海雪原》中"许大马棒"的原型原来是匪首张德振

## 崔德祥

很多人都想当然地以为小说《林海雪原》中"许大马棒"的原型是海林县旧街乡哈达村猎户许万海的四个儿子：许福、许禄、许祯、许祥，即"许家四杰"。其实，这是一个天大的误会。许福、许禄、许祯确实是三个十恶不赦的土匪，在当年的剿匪和后来的斗争中，得到了应有的处理。而许祥却在1946年加入了民主联军，参加了解放战争和抗美援朝，1955年被授予少校军衔，多年以来，也在为"许大马棒"背着黑锅。

1983年3月《林海雪原》的作者曲波在接受东北烈士纪念馆馆员，也是《特级侦察英雄杨子荣》一书的作者温野采访时，在回忆中说出了实情："许大马棒没有这个人，是我在小说中虚构的，是按照匪首张德振原型加工塑造的。""张德振疼爱年轻的老婆和十几岁的女儿，走到哪儿带到哪儿。"王希克回忆："他的老婆就成了蝴蝶迷的原型。"

张德振在当年真是一个远近闻名、罪大恶极的大土匪。

1946年4月4日《牡丹江日报》第一版报道："几个月来威胁我牡市安全，进扰牡市近郊，数度侵占桦林、柴河之胡匪高永安、张德振、李开江等匪帮二千余，经我军于十六日起开始全面进剿，大小十余战，赖我全军将士为保卫人民、巩固治安、不惜牺牲，终将顽匪全部歼灭，与自佳木斯南下大军会师柳树河子，克奏全功。除匪首高永安在逃外，其余张德振、李开江以下千余名悉数就缚。"

张德振被俘以后，经过教育并宽大释放，但是他却不思悔改，继续与人民为敌。

1947年10月4日《牡丹江日报》题为《仙洞区二千群众复仇　枪决匪特张德振等　该犯等曾抗击我军杀害群众无数》的报道：

【五林消息】仙洞区各村二千余群众，于上月二十六日上午十时，在仙洞学校大操场联合斗争大坏蛋张德振等六犯。有百余群众诉苦复仇。坏蛋张德振伪康德二年与汉奸赵宝义杀害我抗联同志和老百姓，后因有功于日寇，当了满拓经理兼仙洞村协和会长，掌握全村大权，平时欺压穷人。光复时，当维持会会长，又任中央胡匪上校团长，在桦林及马桥河一带打死我军民很多。后被群众斗争并不向人民低头，有枪不拿出来，被佛塔密村在他家起出匣枪、步枪各2支……以上等该犯，经群众数次斗争讲理，民主政府报以宽大政策进行教育，但他们并无改悔之意，这次在群众激愤下被处枪决。

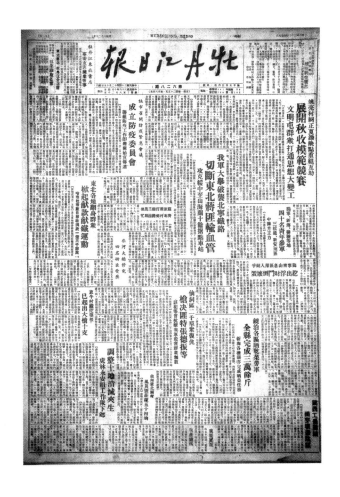

# 小说《林海雪原》"胡彪"的原型
## ——东宁巨匪"吴家三虎"

崔德祥

在小说《林海雪原》和京剧《智取威虎山》中,杨子荣活捉"座山雕"是假扮土匪饲马副官"胡彪"上的山,那是文学和文艺创作,不是历史事实。在牡丹江解放战争期间的剿匪战斗中,真实存在有东宁巨匪"吴家三虎"。"吴"和"胡"两字谐音,应该不是偶然的巧合,"彪"字拆开就是"三虎"。虽然作者曲波同志没有明确的交代,但是,"吴家三虎"很有可能就是"胡彪"的原型。因为,在现实当中,杨子荣就是冒充被我军击毙、死无对证的"吴三虎"的残部,深入威虎山活捉"座山雕"的。

**在牡丹江集中剿匪战役中全军覆没**

当年,牡丹江的匪患猖獗,形势危急。1946年2月,田松支队奉命进驻牡丹江后,牡丹江军分区开展了南路、北路和东路三次集中剿匪战役。

南路剿匪:1946年4月3日《牡丹江日报》第二版报道:2月15日晚至3月4日,历时17天,大小战斗共11次,全面进攻盘据①在鹿道、春阳、镜泊湖、天桥岭一带的郑云峰、马喜山匪部两千余人,除马喜山带残匪数十余人窜逃外,其余敌匪全部被我军消灭,俘敌匪首郑云峰以下官兵640余名。解放居民地32个屯,5万多群众。并打通与间岛的联系,图佳线马莲河至春阳已可通车。

北路剿匪:1946年4月4日《牡丹江日报》第一版报道:3月16日起开始,我军全面进剿几个月来威胁牡市安全,进扰牡市近郊,数度侵占桦林、柴河之

---

① 应为"盘踞"。

胡匪高永安、张德振、李开江等匪帮二千余，经大小十余战，终将顽匪全部歼灭，与自佳木斯南下大军会师柳树河子。除匪首高永安在逃外，其余张德振、李开江以下千余名悉数就缚。自牡市至佳木斯交通已经畅通，从此牡市治安将益臻巩固。

东路剿匪：1946年6月30日《牡丹江日报》第一版报道："东宁绥阳剿匪已获全胜，王志（枝）林匪部全部为我消灭，我军于13日解放东宁后立即扩大战果，肃清附近残匪，即向王匪老窝黑虎（老黑）山进攻。同时间，北上部队亦已赶到。在南北夹击下，将匪全部解决。东宁剿匪战役，至廿一日告一段落，先后毙伤二百余，俘虏二百五十余，投降的四百五十名，溃散回家的四百余。现尚有残部二百余名窜向穆棱境内，我军正继续清缴中。匪首王志（枝）林在逃，吴家三虎则一死（吴三虎被间岛部队击毙），一俘（团长吴振山），一降（参谋长吴振江）。"

**在追剿残匪过程中再次落网**

三次集中剿匪战役结束以后，大股的土匪武装基本被我军消灭了，剩下一些顽固如"座山雕"等的土匪头子，分散潜藏到深山密林，继续与人民为敌，吴大虎和吴二虎就在其中。

1947年2月14日《牡丹江日报》第一版报道：东宁惯匪吴二虎（吴振江）在我军连续清剿下，已走投无路，冻饿不堪。于本月九日率匪四名，携轻机一挺，步枪两支，匪枪两支，向我大渡（肚）川驻军投降。东宁一带之匪患，不日即可肃清。

同时配发短评《惯匪吴二虎投降》，全文是："入冬以来，我军分区主力各部，冒风雪，宿冰地。坚决剿匪，获得重大胜利，大股土匪先后击灭。只落得少数惯匪散匪游窜深山雪里，挨冻挨饿，朝不保夕，不知什么时候就会落入人民战士的铁掌。真是到了穷路末途。吴亚臣冻死荒郊于前，'座山雕'被活捉于后，就是明证。

"我们深信，在我军分区各部，结合民兵自卫队，继续搜缴之下，必能在短期内将境内一切胡子全部肃清，不使一个土匪漏网。我们从已降和被俘土匪口中了解到，今天有许多残匪，所以忍饿受冻、死也不投降的原因，就是上了胡子头的当，胡子头欺骗他们说，投降了就会被杀头。对于我军宽大政策了解不够。因之，在配合我军坚决肃清一切土匪的方针下，还要抓紧事实，扩大宣传。任何土匪只要缴出武器，保证以后再不做坏事，允许其投降，改过自新。

"东宁惯匪吴二虎，现在投降了。这一事实告诉我们：第一，残匪在我军坚决搜缴下，已无法存在，不投降就只有死路一条，何去何从，虽罪大如匪首吴二虎者，也不得不缴械投降，另寻生路。第二，像吴二虎这样的惯匪，只要他缴出武器投降，我军□能允许，□说明我军网开一面，一切土匪的生路，只有投降一条。"

1947年3月24日《牡丹江日报》第一版刊登《吉林省工作队员，活捉巨匪吴大虎》的报道："吉林省政府工作队员李武春、付长春、杜万仁，省政府警卫员唐凤义及车夫韩、林等人，因公去东宁一带，于珲春至东宁的途中，将危害已久、百姓恨入骨髓的中央胡子吴振山——外号'吴大虎'逮捕。下面是吴大虎的罪行及逮捕他的经过：

"吴大虎在解放以后，被蒋委为'中央胡子'第一路军少将参谋长，和伪旅长王枝林召集数万匪徒，肆虐于东宁、老黑山一带。掠夺烧杀，危害百姓。去年秋季，在我民主联军某部的围剿下全部击溃。唯吴大虎与王枝林漏网，仍然在老黑山一带扰乱人民，但总没找到他们的巢穴。东宁一带就是妇女孩子，提起'吴大虎'来，没有一个不痛恨的。

"李武春等六人，由珲春至东宁途中，在关心百姓的询问中，得知吴大虎的罪迹。心中万分痛恨。事偏凑巧，3月9日李等由东宁起身回来，行至距东宁百余里的山林中，那是约在夜里两点钟左右。在森林的前面，忽然发现一个人，因为是深夜，料定不是好人，当即逮捕。经过周密的询问，那个人便供认他就是'吴大虎'的警卫员，并告诉说：'吴大虎'就在白头山的山洞中。李武春等一心为人民除害，不顾一切危险，直奔白头山去。到白头山匪洞前时约在午后两点钟，正值'吴大虎'携枪探出身来，经过一番激战，'吴大虎'便被活捉了，并缴获了手枪、大枪各一支及子弹若干发。"

**接受人民正义的审判就地正法**

人民的敌人终究逃不过人民的审判，1947年5月23日《牡丹江日报》第四版《牡丹江军分区特别军事法庭布告》，内容如下：

查匪首吴振山匪号（吴大虎），年四十三岁，山东省掖县人。"九一八"

事变后,在东宁当警察巡官,后又经商。"八一五"解放后,当中央胡子。去年,策动东宁"五一"暴动,充当王枝林匪部旅参谋长,积极给匪部修枪五六十支。收罗敌伪残余,扩大匪部。该参谋处设大肚川,扰害人民。由于我军追剿,被迫投降两次,我将其宽大释放。该犯仍不知悔改,复结合匪徒占山为营。我派其弟吴二虎(亦为投降之匪首)去劝说,希其真正归顺。而吴大虎竟威胁其二弟,不敢归我,该匪等仍据山待机。由于我军奋勇搜剿迫该匪等三次移设密营,终于今年3月被我生俘。

…………

以上吴、展、郝三犯皆罪大恶极之匪犯,死心塌地,与民为敌,终为我军俘获。其罪恶事实已供认不讳,本庭为维持治安,保障人民之生命财产起见,对此等罪魁,决予严惩不贷。特宣判吴大虎、展聚蒲、郝福廷三犯以极刑。定于五月二十三日,验明正身,绑赴刑场,执行枪决,以儆效尤。

2021年11月29日《牡丹江晨报》B6版

# 英雄杨子荣曲折离奇的身后事

### 崔德祥

2009年，侦察英雄杨子荣被评选为"100位为新中国成立作出突出贡献的英雄模范人物"，杨子荣30岁的短暂人生，一年零五个月的军旅生涯，创造了英雄的伟大奇迹。

著名军旅作家谷办华在长篇纪实小说《英雄杨子荣》的序中说：杨子荣"他的坎坷经历是那么的稀奇，他的战斗故事是那么的神奇，他的家庭遭遇是那么的离奇"。

一

杨子荣因为改名参军，部队上没有人知道他在家里的名叫杨宗贵。从军时间短加上行军和战事紧张，或者有其他什么原因，来不及和领导、战友更多交流，没有人知道他的家乡是哪个县哪个村的，就连曲波也只知道他是胶东人。

同时，家里也不知道他在部队的名字叫杨子荣。在他紧张的侦察战斗中，从没给家里写过信。家里一度传闻他开小差当了土匪，乡里停止了他家的代耕等军属待遇。1952年他的妻子去世后，他的母亲不服，不断到各级政府去申诉。后来，县政府认为证据不足，于1957年和1958年认定他为失踪军人和革命牺牲军人。直到1966年老人家去世时，也不知道儿子参军去了哪里，做了什么。

二

海林是杨子荣曾经战斗的地方，也是他牺牲后长眠的地方，这里的人民群众对英雄有着特殊的深厚感情。在建设杨子荣烈士陵园和筹建纪念馆的过程中，海林成立了杨子荣英雄事迹联合调查小组，踏上了寻访英雄身世、为英雄寻找亲人和家乡的艰辛路程。经过多年不懈努力，终于解开了英雄的身世之谜。

近日，笔者在海林市杨子荣烈士纪念馆查阅了1969年《杨子荣英雄事迹联合调查小组工作总结汇报提纲》，看到了寻访英雄身世和家乡的真实过程。

调查组首先在海林、柴河等杨子荣战斗过的地方，通过走访知情者，了解杨子荣剿匪和牺牲的经过。

5月18日，杨子荣生前所在部队姜副政委，召集曲波、孙大德、刘从礼在北京中国科学院召开了杨子荣同志生前首长与战友座谈会。会上，大家都对海林派专人调查收集杨子荣事迹表示感谢和支持。曲波同志谈了对英雄杨子荣仅有的印象和当时的历史背景。

可贵的是这次会议给调查组提供了陈庆、王日轩、王敬之、王希克、宋希才、史国德、姜得水、魏成友等更多知情人的线索。这些人当中有原二团团长、政委、参谋，有原二团政治部主任、文化干事、宣传干事，还有七连指导员、侦察排战士，都是杨子荣生前并肩战斗的战友。

会上确定了调查方案，同时，决定派出两名杨子荣生前所在部队的同志参加联合调查。

会后，小组分三方面，先后到大连、长春、天津等地历经半月时间全部走访了上述同志，基本掌握了杨子荣生平事迹。

## 三

但是杨子荣的家乡在哪里却谁也不清楚。

6月6日，烟台地革委安排调查小组分别到牟平、荣成、乳山、文营四县开展调查工作。

先是发动。各县先后发出查找英雄家乡的通知达一万多份，同时利用大字报、广播、黑板报等一切宣传工具，进行宣传。并通过学生、教员、职工干部各种会议进行发动，几天之内便家喻户晓、人人皆知，近一个来月便得到了一百多条有关杨子荣家乡的线索。

然后是核实。调查组的同志每天要跑一百多里路，走几个大队进行核实。烟台地革委派来了苗沛云同志参加调查。各县也都指定专人参加调查工作。同时小组又走访了13位杨子荣生前战友，为查找英雄家乡提供了真实线索。

7月5日，经烟台地革委批准，在牟平召开了杨子荣生前战友座谈会，战友们对英雄的家乡进行了回忆，统一了认识：杨子荣1945年9月从牟平参军，当时他爱人送他到牟平，家有母亲，还喂一头小黑毛驴。杨子荣身高1.75米，浓眉、双眼皮、蒜头鼻子、厚嘴唇、轻微的连鬓胡须、高颧骨、尖嘴巴、红脸膛。家庭出身是贫下中农，家在牟平西南七八里路的地方。

根据战友们的回忆与肯定，调查组把工作集中在牟平。从档案中查到在牟平城西南七八里的范围，1945年参军的共有三人，其中杨宗贵烈士系牟平城关公社嵎岬河[①]大队人，1945年9月参军。为了调查杨宗贵烈士情况，分三组七进嵎岬河。通过村民座谈、走访亲友，查出杨宗贵与杨子荣相同的情况共有14点，不同点仅限曲波同志说参军前是民兵而且有战斗。

7月11日又召开第三次杨子荣生前战友回忆座谈会。同时请来杨宗贵的哥哥和妹妹，对杨宗贵的外貌和具体情况一一地进行了审核，战友们一致认为杨宗贵很像杨子荣。

调查组两次去鞍山、丹东、济南调查了杨宗贵的经历，7月20日向姜副政委、曲波同志进行了汇报。两位领导都对杨宗贵的线索很满意，特别是看到杨宗贵小妹杨宗海的照片后，就更加肯定，一致认为杨宗贵烈士就是闯龙潭、入虎穴的杨子荣。

## 四

本来调查杨子荣身世和家乡的工作到此已经取得了可喜收获，可以很好地收官了。但是，在那个特殊年代，一切要有利于抓革命、促生产。曲波同志虽然再三肯定百分之八十像杨子荣，但还是建议目前不要公开认定杨宗贵是杨子荣，等待将来时机成熟。

就这样1969年8月8日，部队派刘科长代表海林和部队到烟台地区革委会做结尾工作，决定杨子荣的家仍然暂定胶东半岛。

1973年，曲波同志找到一张1946年二团纪念"八一"各种模范合影的照片，将胸戴光荣花的杨子荣单独翻印出来，又经放大后，寄给了刚刚建立的海林县杨子荣烈士纪念馆。

1974年秋天，调查组成员关会元拿这张照片去北京让杨子荣的战友辨识，

---

[①] 本文中"嵎岬河"应为"嵎峡河"。

大家异口同声地说："这不是杨排长吗？"同时，这张照片又送到峏岬河村让村子里的老人们指认，老人们都说："这不是宗贵吗？"当照片送到杨宗贵的哥哥杨宗福手中时，他先是泣而无语，过了一会儿，号啕大哭。

1983年，东北烈士纪念馆为撰写出版杨子荣烈士传记，需要公开写明杨子荣的身世和家乡。于是按照当年海林和部队调查的线索，将杨子荣的照片，连同东北烈士纪念馆的公函，寄给牟平县民政局，请他们派人去峏岬河村召开座谈会，进一步认定杨子荣就是杨宗贵，并请几位老村干部和杨宗福写下了证明材料。直到确认无疑，作者才在《杨子荣传》中，写上了英雄的故乡——山东省牟平县城关镇峏岬河村。

1985年3月内部发行的《海林文史资料》第一辑刊登的《侦察英雄杨子荣牺牲前后》讲述了英雄的身世和家乡，只不过两位年轻的作者可能是在听取关会元同志相关报告时，没有认真核实，竟然错写成了"生活中的杨子荣，原名杨荣瑞，生于山东省牟平县于家河村"，以至于后来有人以讹传讹。

1986年10月《牡丹江党史资料》（第二辑）、11月《海林党史资料（1）》，分别刊登了单宝贵、万俊新和崔海靳撰写的《杨子荣传略》，首先正确公开了"杨子荣，原名杨宗贵，山东省牟平县峏岬河子村人"，同时，1986年11月《东北解放战争烈士传（一）》由黑龙江人民出版社正式出版，其中《特级侦察英雄杨子荣》一文也向社会公开了杨子荣烈士的身世和家乡。

至此，算是足以告慰先烈和后人了。

# 《英雄杨子荣》序

## 谷办华

侦察英雄杨子荣的闻名天下,是从曲波同志的长篇小说《林海雪原》问世开始的,其后的电影和现代京剧《智取威虎山》的上演,更使英雄的名字达到了家喻户晓、人口皆碑的境地。在小说、电影、戏剧中,英雄的形象是那么的高大完美,那么的光彩照人。然而实际上,这还只是撷取了英雄生平的一个单元、一个段落进行了艺术的塑造,实际生活中的杨子荣则别有一番天地,他的生前死后的全部充满着传奇色彩。

他的坎坷经历是那么的希奇①。他参军的时候已经二十九岁了,是在日本人投降的那一年的9月18日,是瞒着老母和妻子去报的名。此前的二十九年先是在胶东的一个穷苦人家呱呱落了地,吃糠咽菜长到四岁,便坐在爹爹的箩筐里,跟着全家去闯关东。关东也混不了个肚儿圆,爹娘决定各领一拨人分开活命,爹领姐姐留在丹东,娘领着他和哥哥、弟弟回老家,从此天各一方。母亲要强,决计不让他当睁眼瞎,一边种地、卖针头线脑(当地叫"割零剪")还捎带着要饭,一边省吃俭用供他读了四年私塾。他十三岁那年独自搭船到关东找父亲、姐姐继续求学,两年后便跟着姐姐进厂当童工学缫丝,三年后成了一把缫丝的好手,却又因缫丝业萧条而不得不独自在关东闯荡飘泊②,时间长达八年之久。1943年春天因打了日本监工难以存身,这才逃命回到山东老家。他参加了民兵,积极参与打日本的活动。不久结了婚,妻子给他生了个女儿,半岁后夭折。他慨叹人生之艰辛,憾恨自己之一事无成。

---

①应为"稀奇"。
②应为"漂泊",下同。

## 杨子荣英雄事迹有关问题的考证及其他资料

他的战斗故事是那么的神奇。他1945年9月入伍,中队领导看他胡子拉碴的,比自己的年岁还大,便让他当了炊事员,10月随部队飘洋过海①挺进到了东北。他挑着油桶、炊具跟着部队行军,挑着饭担上阵地送饭,扩军他给宣传,打仗他给支招,过松花江他给找船,三个月后,便加入了中国共产党,当了大队的"扩军模范"。他是1946年3月21日当的战斗班长,当班长第二天便出手不凡,独闯敌寨杏树底村,不费一枪一弹劝使四百多土匪投降,一下子出了名。之后当团侦察班长,后来当侦察排长,打许福,收降吴二虎,智擒姜左撇子,追剿九彪,截马喜山,堵谢文东,活捉座山雕,猛扑郑三炮,牡丹江二团剿匪的每一次重要战斗都与他的心血紧紧相连。他是1947年2月23日在追剿郑三炮的战斗中牺牲的,前后当兵的时间不过一年零五个月,可他用他的青春和热血书写出的战斗故事却是那么的出神入化、惊险神奇。

他的家庭遭遇是那么的离奇。他在部队用的是他的字,没有人知道他的真名叫杨宗贵,也没有人知道他是哪个县哪个村的,光知道是胶东人。他牺牲以后,一直到60年代,部队仍然不知道他的籍贯。他的家乡又不知道他在部队的名字叫杨子荣,且走后一直没有音信,一度轻信传闻,认为他开了小差,当了土匪,在几乎与英雄牺牲、授予称号的同时,故乡停止了对他家的代耕和对他家的所有军属待遇。他的妻子在1952年去世时,是蒙受着不白之冤而去的。他的母亲不服,不断到各级政府去申诉。……他的母亲在1966年去世时,只知道儿子是个失踪、牺牲了的军人。后在英雄牺牲的海林县、英雄生前所在部队及许多有关部门和人员的多方调查核实下,才于1969年前后确认杨子荣就是牟平县嵎峡河村出去当兵的杨宗贵,而最后真正令人信服的确认已经到了1973年。

希奇②的坎坷经历,神奇的战斗故事,离奇的家庭遭遇,正是这一个个"奇"强烈地震撼着我的灵魂,我跌进了一个食不甘味、夜不能寐的境地。

随着采访的深入,我一遍遍地问自己,也问我的采访对象,英雄当兵的时间满打满算才不过一年零五个月,他何以在这么短的时间里成了一个著名的侦察英雄?我在采访了二三十位老人,翻阅了成百万字的材料,积累了半尺多厚

---

① 应为"漂洋过海"。
② 应为"稀奇"。

的采访卡片，有了三四十盘录音磁带之后，我给自己的答案逐渐地清晰起来。

杨子荣之所以在短时间里成为一位著名的英雄，当然离不开党的培养、领导的教育、战友的关心、群众的支持。但就其本身来说，心里时刻装着人民，自觉地为人民的利益奋斗牺牲，是杨子荣之所以成为一个英雄的根本原因。

在故乡，在关东，他到处看到的是富人压迫穷人、穷人受压迫这样一个事实。作为一个穷人，他和受压迫的阶级，和天下所有的穷人有着必然的联系，息息相通，心心相印。穷人翻身是他的幸福，人民受难是他的痛苦。正是有了这种思想感情，他才能够为了人民的利益生死不惧，独闯敌寨杏树底村去劝降。正如他自己在活捉座山雕之后所说："为人民的利益生死不怕，对付敌人就一定神通广大。"这是杨子荣同志的肺腑之言，也是杨子荣同志的精神所在。

丰富的生活阅历，是杨子荣之所以成为侦察英雄的另一个重要原因。他参军前，从小到大，先后在东北生活、飘泊了十几年，关东的人情世故，风俗习惯，河流山川，地冻天寒，他都知道；行会帮派，三教九流，也都有过交往，甚至某些土匪规矩、黑话，也都有所了解。这十几年，他好像一直是在做着一种准备，一种等待，参军后的又一次到东北，则是他一切的人生积累的爆发和升华。他化装侦察，是那样的自如，在熟悉的土地上穿梭，犹如鱼之遨游于大海。更由于经得多，见得广，他往往突出奇招，机智过人。书中所写的活捉姜左撇子的过程，便是一般人所不能想象的。

杨子荣具有幽默诙谐、活泼风趣的特点。他的肚子里有说不完的民间趣闻，道不完的《三国》《水浒》，干部战士在极度疲劳之际，听他说上那么一段，便觉精神愉悦，心情舒畅，谁都愿意和他一起生活、战斗。更由于他总以兄长情、慈母爱关心战友，冬天睡门口挡风，行军后给烧水洗脚，睡觉了给烤鞋补鞋，侦察回来总说谁谁如何如何起了作用，深得战士们爱戴拥护，这也给他的成功创造了坚实的基础。深入虎穴，活捉座山雕，他们只有六人六枪，但杨子荣一经提出这一方案，便得到大家一致同意，这正说明了杨子荣的成功所在。

英雄死了，他什么话都没有说，可他有多少话要说啊！他的忠勇被人误解，他的真正的业绩很少有人知道，他的名扬天下带给母亲、妻子的却只是苦难，九泉之下的他该会是怎样的心酸泪下？

英雄的名字就写在我所在部队的军史上，写在我仰慕英雄、崇拜英雄的心灵上。我觉得我作为一名后人，有责任去为英雄作传，去为英雄呐喊，去为英雄说话。我这样做了，用我的心，我的血，我的一个个不眠的黑夜和黎明。几年的时间过去，我写下了这部长篇纪实小说《英雄杨子荣》，试图使一个真杨子荣的生前死后大白于天下。

这或许有些不合时宜。但又有谁能够说，在物欲横流的今天，不再需要这些精神武器？

是为序。

写在英雄牺牲五十周年时
1997年2月23日

原载于《英雄杨子荣》，解放军文艺出版社1992年4月第1版，2004年2月第2次印刷。

# 《英雄杨子荣》后记

## 谷办华

我接受解放军文艺出版社的委派,开始创作这部作品的时候,侦察英雄杨子荣已经长眠在林海雪原中四十五个年头了。英雄牺牲的时刻,这个世界上还没有我,更不用说去和英雄一起生活和战斗。这样,要创作一部全面反映英雄生前死后的长篇纪实小说,对我这个远离战争硝烟的人来说,并不是一件容易的事。

所幸的是,我要写的主人公杨子荣就是我所在部队的英雄。他的光辉业绩就镌刻在我们军的军史上,与那些发黄的史料一起令后人激动和眩晕。而且,其时,我正是军史组的成员,分工执笔的恰恰是解放战争、抗美援朝部分,这样,我就具有了比别人更多的完成这一创作任务的条件。我从我们军史办自己编辑的《海军支队的战斗历程》中了解到杨子荣参军、成长的这支部队的前前后后,我们手里甚至有牡丹江军区《一九四七年军事工作初步总结》这样的史料,其中详尽地记载了当时部队的建设、练兵、剿匪等史实。

更为可喜的是,与杨子荣一起生活、战斗过的老人们有好多还健在,而且他们就在我的身边。当我把创作这部书的任务向原军副政委姜国政作了汇报时,他立即表示了对我的支持,并将他自己写的和他手中现有的材料提供给我,还分别给原二支队政委李伟、二团团长王敬之、海林县民政局、党史办等领导和单位写信,介绍我所担负的创作任务,并请他们给我提供材料和帮助;他又和原副军长刘成斋一起,热情地帮我召集、组织在干休所里休息的原牡丹江二团的老同志姜振德、王祝金、袁文刚、刘瑞珠、陈强田,还有原牡丹江军区司令刘贤权当时的警卫排长赵轩等在一起座谈,一次言犹未尽,又不厌其烦地三次、四次，又分别一一接受了我的个别采访，给我提供了许许多多当时剿匪的包括杨子荣的故事在内的故事、情节甚至细节。我没有在冬天到过东北，不了解东北的风土人情，他们给我讲"三件宝""三大怪"，讲老百姓家待客小媳妇们涂脂抹粉地站在地上给盛饭；我没有雪地行军的感受，他们说那得左右晃着拔腿，一会儿就大汗淋淋；我不知道冰天雪地怎么吃饭，他们说那窝窝头冻得呀像石头似的，一咬一个印，那就只能放胳肢窝里焐一焐，啃一点儿，或者放火上烧，甚至用刺刀砍成块吃……这些，我都写入了书中。

还有一位对这本书的写作起着决定性的指导作用的老人，这就是杨子荣生前的老团长王敬之。老人知道了我的创作任务，非常激动地表示愿从思想上武装我，愿把他全部的精神遗产传给我，在到现在为止的前后写给我的三十多封信中，一再地说明这个思想和提供素材，又几次当面含泪给我全面、详细地介绍了有关杨子荣和他们二团以及整个牡丹江地区剿匪的情况和故事，累计时间长达十天，我的录音带也多达三四十盘。

我还到北京采访了原二支队的政委李伟、原牡丹江二团的参谋陈庆、七连连长兰绍家等老人，到海林采访了县民政局长关会元和我们部队转业在那里的老人王志河，他们都热情地给我提供了许多活的材料，帮我核实了好多史实。牡丹江军分区政治部、海林市武装部的同志也给了我很多支持和帮助。

四面八方的朋友和老人知道我在创作杨子荣这部书，都纷纷给我写信或提供资料。高波烈士的家人从《解放军报》上看到了我发表的报告文学《谁是杨子荣》之后，给我写来了热情洋溢的信件，并将高波同志在挺进东北之前给家里的信件复印给我，还向我打听高波烈士牺牲的经过，并告诉我，《林海雪原》的电影在他们海阳老家的村子里上演时，当放映员介绍电影中的高波就是这村里出去当兵的高波时，高波烈士的母亲哭得死去活来，电影没演完老人就离开了电影场，哭着回家了。这些都给了我强烈的震撼和灵感。

远在西安的二支队的老同志刘金凯、宫力行还将报刊上有关杨子荣牺牲经过的争论写信告诉我。刘贤权司令的夫人安绍杰则将刘司令的记述牡丹江剿匪前后经过的四本战地日记提供给我，那上面记载之精细令人吃惊，如东北局领导和张闻天同志的指示，对二团全部的连以上干部的评价，剿匪哪天到了什么地方，整个军区的兵力部署、剿匪、生产等详细情况应有尽有，这使我比较全面地了解了整个牡丹江地区剿匪工作的全貌。另外，原牡丹江二团政委王希克在悼念刘贤权司令、杨子荣烈士的文章中所提供的剿匪情况，也给了我很大的帮助。

我深深地感激上面提到的这些老人，尤其是王敬之老人，如果没有他们对我的无尽的支持和帮助，我是无论如何也写不出这部书的。他们，实际上是这部书的真正的作者。

我能完成这部书的另一个有利条件就是英雄牺牲以来，不少的单位和个人写了好多有关英雄事迹的材料和文章，这给我写作本书提供了方便。当然，也因此遇到了不少难题，往往一个事实几种说法，使我无所适从。就连像杨子荣进杏树底村劝降到底是拿着领导的劝降信进去的，还是他临时决定主动进去的这么重要的情节也截然不同；还有材料说杨子荣是特级侦察英雄，可在整个东北战场就没有特级英雄这一说。因为某些原因，即使当事人所说、所写的东西也与事实相去甚远。1961年3月《牡丹江日报》上曾登载孙大德《忆杨子荣同志》的文章，其中讲抓座山雕之前，他们几个助手在匪窝附近的雪洞里蹲着，先打进匪巢的杨子荣一天从匪窝里出来，给他们伸了三个指头，那就是表示再等三天就可内外策应消灭座山雕了，于是他们又在雪洞里蹲了三天，这些与事实相去太远了。诸如此类的情节和史料的存在确实使我的创作遇到了很多难题，好在还有很多的如前边提到的杨子荣的领导和战友都在，他们都以当事人的身份给史料作了合情合理的鉴定和更正。当然，比较起来，英雄牺牲以来所不断涌现的材料、文章对我写作本书所提供的方便和帮助，远比带来的难题要大得多。我衷心地感谢那些材料的征集、撰写者们，尤其像东北烈士纪念馆的同志、海林县党史办、东宁县党史办的同志们，他们编辑或撰写的史料给我提供了很大的帮助，我深深地感谢他们。

我的牟平之行对写作本书也很重要。在牟平期间，我采访了杨子荣入伍时的中队的通信员张仁财老人，知道了好多挺进东北前后杨子荣当炊事员期间的情节和细节；我又到英雄的故乡嵎峡河村采访了当时的村农救会长孙承祺，知道了杨子荣参军以及他家曾一度被误认为"土匪"家属的前前后后。

## 杨子荣英雄事迹有关问题的考证及其他资料

杨子荣的哥哥杨宗福老人坐在他家三代人生老病死的土炕上，一边流泪一边详尽地给我介绍了他家的家世、举家闯关东的情景、杨子荣的经历与为人、杨子荣以及他自己学徒缫丝的苦难，还有他家被误认为"匪属"他的老母、弟妹以及全家所遭受的冷遇、歧视和磨难，我一边听一边记，一边陪着掉泪。我深深地理解这位老人，他的兄弟确实给家里带来的只是眼泪，家人现在没有得到任何照顾。我觉得应该替英雄尽一份责任。从采访的那一年开始，我每年都要给老人邮钱。那年到山东龙口出差，我还专程驱车几百里去看他。我们之间逐渐建立了深厚的感情。我和宗福老人，和老人的儿子克武、孙子金刚，常有书信往来。老人在1997年4月27日的来信中这样写道："……能否（将）全家相片给我一张，想起你来，我好看看你们。你从九一年到现在连年不断给我汇钱，我这个福分享的[①]不少了。我心里真是过意不去，我也不知怎样报答你，你是真正地[②]党的好干部，在这里还得感谢中国共产党。"我在10月6日给他的回信中这样写道："……我自结识你们几年来所做的一切，都是微不足道的，请您不要有什么过意不去，我无非是做了我应该做的事，也是替子荣同志尽了一份情意，一份做弟弟、做丈夫、做儿子的情意。"

在牟平期间对以上老人的采访，使我获得了大量的第一手材料，这对我的写作帮助极大，我对他们充满着感激之情。我还参观了杨子荣入伍集中时的雷神庙，和在雷神庙边上新开辟的杨子荣纪念馆，还得到了牟平县政协有关部门的热情接待和大力支持，在此一并表示谢意。

我在对各方面的人士作了采访之后，我的采访记录卡片逐渐增至有半尺厚。正是有了这些东西做底，我才能比较顺利地完成了这部书的创作。在这里，我可以十分负责地告诉读者朋友，现在奉献给大家的这部书，其主要的故事、情节甚至细节都是真实可信的。至于书写得如何，那只有等读者朋友和评论家们去评论。

解放军文艺出版社副社长黄国荣及原副社长王颖、编辑部主任张俊南、责任编辑王侠，对本书的写作倾注了大量的心血。我十分感谢他们对我的信任，

---

① 应为"得"。
② 应为"的"。

将这一创作任务交给我，并几次对我进行具体指导，使我有机会从塑造英雄的过程中接受英雄精神的洗礼。英雄牺牲已经半个多世纪，今再度出版有关英雄生平和事迹的这样一部文学作品，是对英雄精神的弘扬和对英雄的一个最好的纪念。这也不能不说是出版社领导和编辑的胆识与贡献。

原载于《英雄杨子荣》，解放军文艺出版社1992年4月第1版，2004年2月第2次印刷。

海林市子荣派出所

# 牡丹江军区

1945年8月中旬，抗日联军干部金光侠、陶雨峰等随苏联红军到达牡丹江，组建了东北国民军牡丹江卫戍区司令部。11月上旬，中共中央东北局派李荆璞、谭文邦、张静之等到牡丹江开辟工作，成立了东北国民军牡丹江地区司令部，由东北局直接领导。李荆璞任司令员，金光侠任政委，辖第十四、十五团。12月，李大章任政委，陶雨峰任副司令员兼参谋长，金光侠、谭文邦为副政委，张静之为政治部主任。并相继组建直属第四团、第十七团、警卫团和保安团。

1946年1月，牡丹江地区司令部由新成立的北满军区领导。2月2日到达牡丹江地区的胶东海军支队（田松支队）被编为第二支队，辖第一、第二团及警卫营。3月，直属第四团并到第二支队第一团。4月9日吉黑军区（北满军区）决定牡丹江地区司令部改称牡丹江军区，机关设司令部、政治部、供给部、卫生部。同时，部队整编为3个支队和直属炮兵团。第一支队由第十四、第十五团编成，支队领导由军区首长兼任；第2支队未变，仍辖第一团、第二团和警卫营，司令员田松，政委李伟；第三支队由第十七团和警卫团编成，司令员肖荣华，政委谭文邦。4月23日，牡丹江军区改称绥宁军区，5月，直属炮兵团调归东北民主联军炮兵学校，6月，绥宁军区改为合江军区牡丹江军分区，撤销第二支队，所辖第一、第二团改为独立第一、第二团。9月25日，合江军区牡丹江军分区改称牡丹江军分区，由东北民主联军总部直接领导，司令员刘子奇，政委何伟，刘贤权为副司令员，田松为副司令员兼参谋长，邹衍为政治部主任。10月1日，第三支队划归合江军区组成合江军区第二军分区。1947年1月，奉东北民主联军总部命令，牡丹江军分区独立第一团调给第一纵队，第十四团调给第六纵队。3月，重新组建独立第一团，同时组建独立第三团。7月，独立第二团又调给第一纵队，7月26日，东北民主联军总部决定，牡丹江军分区与合江军区第二军分区合并，改称牡丹江军区，司令员刘子奇，政委何伟，杜国平任参谋长，田松调走。8月3日，军区警卫团改称独立第4团，14日重新组建独立第二团，9月又组建独立第五团。

1948年1月，东北民主联军总部改为东北军区兼东北野战军领导机关，牡丹江军区隶属东北军区。2月，牡丹江军区独立第一、第四团调归独立第八师，4月，独立第三团调给东满朝鲜独立师。

1948年7月，根据地方行政区划的变化，牡丹江军区撤销，所属部队一部分编入松江军区，一部分编入合江军区。

原载于《黑龙江省志·军事志》，黑龙江人民出版社1994年11月第1版，1994年11月第1次印刷。

# 杨子荣英雄侦察连简介

杨子荣英雄侦察连是特级侦察英雄杨子荣生前所在连队。连队从抗日烽火硝烟中走来,前身为1937年8月红军在陕西三原县改编时成立的八路军115师685团3营骑兵侦察组,侦察组共有4名成员,组长为李松柏。侦察组在战斗中不断发展壮大,随部队取得平型关大捷后,奉命挺进鲁西南、苏北地区执行侦察作战任务。1946年8月连队正式成立,编为东北民主联军1纵1师侦察连,随部队挺进东北。1947年7月,杨子荣所在的牡丹江军区2团侦察排编入连队3排。现为陆军某部侦察营武装侦察连。

抗日战争时期,连队先后参加日照、胶县、诸城等百余次战斗,连战连捷,1939年在鲁南兑头沟伏击战中荣立大功一次。解放战争时期,连队参加秀水河子歼灭战、四战四平、辽沈战役、衡宝战役等,屡建奇功。抗美援朝战争中,连队参加了一至四次战役,多次出色完成任务,

"杨子荣英雄侦察连"渗透侦察训练
（张日荣摄影）

做出重要贡献,先后涌现出侦察英雄杨子荣和战斗英雄李占元、张景耀等一大批英模人物。

和平建设时期,连队多次参加"国字号""军字号"大项任务。1986年8月,连队赴滇参加对越作战,共俘敌5名、毙伤敌54名,开辟道路19500米,获取有价值情报25份;1987年12月,被中央军委授予"英雄侦察连"荣誉称

号，党支部被上级评为"先进党支部"。连队先后荣立集体一等功4次，集体二等功9次，集体三等功17次，16次被军以上单位表彰为"基层建设标兵连队""达标先进连队"，党支部先后11次被军以上单位表彰为"先进基层党组织""先进党支部"。

党的十八大以来，连队积极响应强军目标伟大号召，持续开展习近平强军思想"天天见、天天新、天天深"活动，牢记主席嘱托，争取成为杨子荣式的侦察英雄，积极投身练兵备战热潮，在实现强军梦的伟大征程中续写连队新篇章。

"杨子荣英雄侦察连"侦察小队向任务区进发（罗坤摄影）

# 杨子荣排简介

3排是侦察英雄杨子荣生前所在排。1946年7月,杨子荣任牡丹江2团侦察排排长,1947年2月牺牲,因其作战英勇、战功突出,其生前所在侦查排于3月份被牡丹江军区命名为"杨子荣排",7月编为连队3排。成立以来,涌现出战斗英雄李占元、张景耀和全军英模李连春、一等功臣王平忠等英模人物,先后荣立集体二等功1次、三等功7次。

"杨子荣排"在豫南腹地开展极限训练(张日荣摄影)

# 杨子荣烈士陵园简介

杨子荣烈士陵园,是剿匪侦察英雄杨子荣的安葬地。占地面积9.77万平方米。由纪念馆区、烈士墓区、军事展区和植物园区四部分组成,始建于1966年9月,坐落在海林镇东山上。

烈士墓区位于陵园山顶上,正中央矗立着10米高的革命烈士纪念碑。碑后面安葬着杨子荣、马路天、高波和孙大德四位烈士。由纪念馆通往山顶墓区的131级花岗岩甬道台阶,寓意着英雄们奠基的共和国百年基业和杨子荣牺牲时31岁。甬道24个大平台和两侧的苍松翠柏,象征着共和国的基业四季常青和英雄事迹万古流芳;在甬道下端两侧修建"小分队滑雪进山剿匪"和"活捉三代惯匪座山雕"两面刨铜浮雕;广场中间的大型红色五星象征着革命和胜利。

杨子荣烈士陵园革命烈士纪念碑

杨子荣纪念馆位于陵园中央,始建于1975年。纪念馆于2003年进行重建,2019年进行整体维修改扩建,新增412平方米,重新布展,于2019年10月18日正式投入使用,对外开放。新馆建筑面积3172平方米,依着环境造型,呈半地下建筑,造型独特,馆碑相映,浑然一体,达到省内同类馆一流水平。"杨子荣纪念馆"六个大字,由原国防部长迟浩田亲笔题写。纪念馆宽敞宏亮,设有序厅、陈列厅、英雄厅、多媒体演示厅和动感体验厅等部分。陈列厅共设七个部分20个单元。采用专题陈列体系和声、光、电艺术相结合的陈列手段,

杨子荣烈士陵园革命烈士墓碑

以东北剿匪斗争历史为铺垫，以突出杨子荣的业绩为重点，以人们心中的杨子荣为延伸，以弘扬、传承杨子荣精神为结尾，将杨子荣的历史背景、英雄壮举、传奇色彩和英雄土地的沧桑巨变展示给世人。全馆共展出杨子荣烈士遗物和其他文献、实物214件及照片、题词、绘画等254余幅。写真场景"杏树村战斗""活捉座山雕""血洒闹枝沟"；复原景观"曲波书房""杨子荣故居"等；以及彩色雕塑与光电成像技术相结合的新型设计方式，将《智取威虎山》经典片段搬上舞台，真实而艺术地再现了当年牡丹江二团穿林海、跨雪原、剿顽匪的历史画面，活龙活现，栩栩如生，是纪念馆的三大展示亮点，把整个展览推向高潮。展厅以"一颗红星头上戴，革命红旗挂两边"的设计理念，将"红色传承"与"子荣精神"结合起来，突出"传承"主题，利用多种展示形式，将英雄部队、英雄家乡和英雄城市逐一展出。

1993年，由共青团黑龙江省委员会、省民政厅和省文物管理委员会命名为青少年教育基地；1994年9月，被省委、省政府命名为全省爱国主义教育基地；2001年，经国务院批准为全国重点烈士纪念建筑物保护单位；2006年11月，经团中央命名为全国青少年教育基地；2007年4月，被全国旅游景区评定委员会评为"国家ＡＡＡ级旅游景区"，2009年5月21日，被中宣部命名为全国爱国主义教育示范基地，2010年被黑龙江省旅游局等多家单位定为"黑龙江省100个最值得去的地方"，同时杨子荣烈士陵园还入选了《全国红色旅游经典景区名录》，成为中国北方红色旅游经典线上的一个重要景点。

杨子荣烈士陵园每年接待来自祖国四面八方的谒陵群众30余万人，对缅怀先烈、激励后人起到重要作用。纪念馆开馆以来，中央、省、市各级领导，杨子荣生前所在部队的首长、战友及其家乡的党政领导和社会各界人士，怀着对英雄的无比敬仰之情来到这里，以赠言、鲜花，题词、等不同方式，缅怀先烈，寄托哀思。

"越是艰险越向前"的"子荣精神"，激励着一代又一代的海林儿女，创造了一个又一个的发展奇迹，如今，又成为全国人民热情弘扬的精神品质，激励着我们在实现中华民族伟大复兴的征程中奋勇前进。

# 杨子荣纪念馆简介

今日痛饮庆功酒，壮志未酬誓不休……一出戏《智取威虎山》，一部书《林海雪原》，让海林闻名遐迩，家喻户晓。杨子荣纪念馆始建于1975年，位于黑龙江省海林市子荣街1号杨子荣烈士陵园中央，建筑面积3172平方米，是宣扬和弘扬"双百英模"杨子荣成就的专题纪念馆，依托环境造型，呈半地下建筑，馆碑相映，浑然一体，达到省内同类馆一流水平。"杨子荣纪念馆"六个大字，由国防部原部长迟浩田亲笔题写。

纪念馆宽敞明亮，设有序厅、陈列厅、英雄厅、多媒体演示厅和动感体验厅等部分。采用专题陈列体系和声、光、电艺术相结合的陈列手段，以东北剿匪斗争历史为铺垫，以突出杨子荣的业绩为重点，以人们心中的杨子荣为延伸，以弘扬、传承杨子荣英雄主义精神为结尾，将杨子荣的历史背景、英雄壮举、传奇色彩和英雄土地的沧桑巨变展示给世人。全馆共展出杨子荣烈士遗物和其他文献、实物214件及照片、题词、绘画等260余幅。

写真场景"杏树村战斗""活捉座山雕""血洒闹枝沟"，复原景观"曲波书房""杨子荣故居"，以及彩色雕塑与光电成像技术相结合的新型设计方式，将《智取威虎山》经典片段搬上舞台，VR滑雪体验真实而艺术地再现了当年牡丹江二团穿林海、跨雪原、剿顽匪的历史画面，是纪念馆的三大展示亮点，把整个展览推向高潮。展厅以"一颗红星头上戴，革命红旗挂两边"的设计理念，将"红色传承"与"英雄事迹"结合起来，突出"传承"主题，利用多种展示形式，将英雄部队、英雄家乡和英雄城市逐一展出。

杨子荣纪念馆是全国爱国主义教育基地、全国重点烈士纪念建筑物保护单位、全国青少年教育基地、国家ＡＡＡ级旅游景区、全省关心下一代教育基地、省中小学生研学实践教育基地、省哲学社会科学普及基地、首批新时代文明实践省级示范点，还被黑龙江省旅游局等多家单位定为"黑龙江省100个最值得去的地方",同时还入选了《全国红色旅游经典景区名录》,成为中国北方红色旅游经典线上的一个重要景点。先后成功接待了中央、省、市各级领导,杨子荣生前所在部队的首长、战友及其家乡的党政领导和社会各界人士,杨子荣纪念馆通过阵地服务、志愿服务、宣讲报告等方式,组织各类主题教育活动,在追忆峥嵘岁月的同时,继承和发扬"越是艰险越向前"的杨子荣英雄主义精神。

  海林是一座英雄的城市,革命的踪迹遍布全市,杨子荣英雄主义精神影响着一代又一代人,不断克服困难,奋勇向前,追寻先辈足迹,传承红色基因,铭记历史,勇毅前行。

杨子荣雕像

# 牟平杨子荣纪念馆简介

张凌波

侦察英雄杨子荣是全国著名英雄人物,其英雄事迹享誉大江南北。2009年,在迎接新中国成立60周年之际,经中央批准,中宣部、中组部等部门联合组织开展了全国"双百"人物评选,作为为民族独立和人民解放英勇牺牲的革命先烈,杨子荣当之无愧地入选"100位为新中国成立作出突出贡献的英雄模范人物"。牟平,是英雄的故乡。为了让英雄精神永远激励牟平人民开拓进取,牟平区委、区政府决定在英雄故里建设杨子荣纪念馆。

杨子荣纪念馆位于杨子荣的家乡嵎峡河村东山,总占地面积215亩,主要包括纪念馆、纪念广场、追思大道和纪念林、纪念碑林5个部分,预算总投资在5000万元以上。2011年11月5日,杨子荣纪念馆举行了奠基仪式。此后,在杨子荣纪念馆建设中,我们坚持高标准规划、高品位设计、高质量建设,按照区委"建设一处纪念馆,新增一处爱国主义教育基地,新添一处旅游景点"的要求,充分整合区内红色旅游资源,全力打造高标准的杨子荣纪念馆,使其真正成为牟平区红色旅游景点建设的亮点工程。2013年4月2日,杨子荣纪念馆开馆和山东省国防教育基地揭牌仪式举行,社会各界900多人出席。

来到杨子荣纪念馆,山脚下是一座小广场,广场东面的高台上,是一块巨型理石,正面镌刻着中央军委原副主席迟浩田将军题写的"杨子荣纪念馆"馆名,这六个红色大字,铿锵有力,充分体现了英雄的气魄和将军的情怀。馆名刻石后即追思大道,向东拾阶而上,道路两侧,青松翠柏,庄严肃穆;再往前行,是一座杨子荣的巨幅铜像:黑色的大理石像基上,杨子荣巍然屹立,英雄身穿大衣,头戴棉军帽,左手微微握拳,右手按在腰间的匣子枪上,两道炯炯有神的目光注视着前方。

绕过铜像，沿追思大道继续前行不远，就来到了纪念馆前的大广场，广场近似半圆形，被弧形馆舍紧紧抱在怀中。

杨子荣纪念馆馆舍坐东面西，总体呈弧形，主体建筑分上下两层，总建筑面积4628.6平方米，基本陈列包括序厅和"光辉的历程——牟平革命史陈列""大智大勇，一代英豪——杨子荣事迹陈列"三部分，合计展区面积3488平方米，设置有电子语音导览、电子投影仪、电子触摸屏，并设多媒体播放厅一处、多功能展厅一处。

序厅设在纪念馆一楼正中的大厅里，这是一个圆形开放式的空间。大厅中央，是一座超写实的雕塑：猎猎有声的披风，子弹上膛的手枪，余热犹存的烟斗，翻开的图书，永远点燃的油灯，构成了一座永恒的历史丰碑。这一切，仿佛在告诉人们，她的主人刚刚离去。这些跟随着英雄穿林海、跨雪原、入匪巢、剿顽匪的普通用品，让我们睹物思人，备感亲切，细腻地表达了我们对英雄的缅怀和敬仰；大厅的柱子上，五星金光闪闪，一根金色丝绦垂下，丝绦下面是部分领导同志和革命老前辈为英雄杨子荣的题词；大厅的后墙上，错落有致地悬挂着一块块小型刊版，这是牟平革命的英雄谱，上面镌刻着3885名牟平籍英烈的英名。

走进纪念馆展厅，迎面墙上是一幅巨幅主题油画，在巍巍昆仑山和高耸的牟平抗日烈士纪念塔的衬托下，"一一·四"暴动、雷神庙战斗、攻克水道据点、参军支前、深山剿匪、活捉"座山雕"……牟平革命史的这一个个重要节点，永远地定格在观众的心里。

"光辉的历程——牟平革命史陈列"是纪念馆陈列的第一部分，分为"星火燎原——土地革命战争时期""烽烟初起——抗日战争时期（上）""峥嵘岁月——抗日战争时期（下）""中流砥柱——解放战争时期""革命烈士名录"等5个大单元16个小单元，采用通史式陈列方式，以时间为序，以史实为迹，利用文物、照片、地图、文字等各种形式，全面反映了牟平地区自1932年有了第一个共产党员到1949年中华人民共和国成立这17年艰难曲折、波澜壮阔的光辉历史，展示了牟平人民在中国共产党领导下，在各个历史阶段中取得的辉煌业绩，用事实说明了"没有共产党就没有新中国"这个颠扑不破的真理。陈列共复制"一一·四"暴动和雷神庙战斗场景2处，选用各种历史照片近

200幅，地图、表格多张，各类文字说明2.5万余字，展出征集和复制的各类革命文物近200件。

在牟平革命史陈列的序厅里，迎面是一座小型雕塑，几名战士手持钢枪，冲锋向前，人物造型生动，呼之欲出，极具冲击力。走过序厅，在第一单元的对面，有三个"一一·四"暴动战士的塑像，他们手持长枪，目视前方，时刻准备着参加战斗。这组塑像，既是序厅雕塑的延续，又通过裸露的空间呼应了下一单元的场景。

雷神庙战斗是牟平区革命史上最重要的一场战斗，以打响胶东抗战第一枪而永垂青史。陈列复原了雷神庙战斗的场景：在被焚烧了的庙舍内，我抗日救国军第三军战士依然坚守庙舍，顽强地抵抗着日军的疯狂进攻。惊心动魄的场景，配合着投影仪投影的战斗画面和播放的枪声、呼喊声，不禁让人们又回到那如火如荼的战争年代……

牟平革命史陈列，全面地展示了牟平革命史的历程，图版、文字、文物有机结合，声、光、电巧妙配合，给人以身临其境的感觉，在潜移默化中达到了革命传统教育的目的。

"大智大勇，一代英豪——杨子荣事迹陈列"虽然是纪念馆陈列的第二部分，却是一出压轴好戏。陈列分为"关内关外——出身雇农本质好，走上革命路一条""参军渡海——明知征途有艰险，越是艰险越向前""林海剿匪——时刻听从党召唤，千难万险只等闲""雪原捐躯——一颗红心似火焰，洒尽热血写春秋""身世昭然——急令飞雪化春水，迎来春色换人间"5个大单元27个小单元，采用连环画式陈列方式，展示了杨子荣从出生到牺牲的30年传奇人生，重点突出了杨子荣生命最后两年的剿匪经历和在敬爱的周总理的关怀下，军地联手寻找杨子荣家乡的感人故事。陈列制作了巨型浮雕1块，复原场景"杏树村劝降"1处，选用各种历史照片150余幅，各类文字说明1.5万余字，设置展柜11个，展台3个，展出征集、复制的各类文物展品近百件。

"大智大勇，一代英豪——杨子荣事迹陈列"的序厅，设置了1块巨型浮雕"侦察英雄杨子荣"，浮雕采用高度写意的手法，将杨子荣参军入伍、英勇作战、杏树村劝降、光荣入党、化装侦察、深山剿匪、智擒"座山雕"等故事片段穿插在一起，画面简洁生动，辅以锻铜般的质感，给人以极大的震撼。

在陈列的中部，复原了杨子荣"杏树村劝降"的场景。场景中，远处被围墙包围着的村落里冒着一股股的硝烟，村外丢弃着被破坏了的鹿砦，一队队土匪垂头丧气地举着手从村里走出；近处是洁白的雪地，衬托着高大挺拔的白桦树，杨子荣和战友们站在一旁，注视着投降的土匪，脸上透露出胜利的喜悦。

在陈列的结尾部分，有一张巨幅剧照，那是京剧《智取威虎山》的剧照，那是一张曾风靡全国的剧照，那是一张影响了整整一代人的剧照。在剧照中，一轮红日冉冉升起，杨子荣打虎上山，精神焕发，"穿林海跨雪原气冲霄汉，抒豪情寄壮志面对群山，愿红旗五洲四海齐招展，哪怕是火海刀山也扑上前。我恨不得急令飞雪化春水，迎来春色换人间……"那熟悉的旋律又回响在耳畔。

今天，我们学习杨子荣，就是要学习他"共产党员时刻听从党召唤，专拣重担挑在肩"的担当精神，学习他"明知征途有艰险，越是艰险越向前"的大无畏精神，学习他"刀丛剑树也要闯，甘洒热血写春秋"的不怕牺牲精神，学习他"砸碎千年铁锁链，开出万代幸福泉"的开拓创新精神，为推动烟台东部新区加速崛起，创造牟平人民幸福美好的新生活而不懈努力。

作者系烟台市牟平区博物馆副馆长。

# 山东省烟台市牟平区文化街道嵎峡河村简介

嵎峡河村,位于城区南侧,地处山丘。明初于姓由海阳司马庄迁此定居,后刘姓由文登鸭儿湾迁至。因村东有一水流,初名于家河,后更名嵎峡河并取为村名。全村共478户,1250人,党员35人,土地总面积4.5平方千米,耕地2200亩,山地面积2400亩。嵎峡河村是杨子荣的故乡,杨子荣原名杨宗贵,1917年出生于此,作为家喻户晓的战斗英雄,杨子荣在东北剿匪期间"独闹杏树村""智取威虎山",身经百战,屡建奇功,先后被授予"特级侦察英雄""战斗英雄"等光荣称号,其生前所在的排被命名为"杨子荣排",2009年被评为全国"双百"人物。

浩气英名——杨子荣英雄事迹文史资料选辑

钢板刻字油印本(封皮题字：王云七三年七月于东京城)

# 英雄杨子荣事迹简介

毛主席说："成千成万的先烈，为着人民的利益，在我们的前头英勇地牺牲了，让我们高举起他们的旗帜，踏着他们的血迹前进吧！"

抗日战争胜利后，伟大的中国人民解放军在毛主席和中国共产党领导下，南征北战，横枪跃马，在东北战场上打老蒋，灭土匪，为保卫胜利果实，巩固东北根据地，立下了不朽的功勋。在毛泽东思想哺育下，千千万万革命英雄，在枪林弹雨中不断涌现，而闯龙潭，入虎穴，生擒三代恶匪"座山雕"的杨子荣同志，就是无数英雄中的杰出代表。他以对敌人的刻骨仇恨，对人民的赤胆忠心，谱写了一曲壮丽的凯歌，响彻茫茫的林海雪原，激荡在巍峨的威虎山旁，鼓舞我们永远奔驰在社会主义大道上。

杨子荣同志是山东胶东半岛人，一九一七年出生在一个雇农家庭。在饥寒交迫的困苦中，十三岁的杨子荣便到缫丝厂当季节性的童工，担负着煮茧、搬运等最脏最累的劳动。生产旺季一过，便被踢出柜房，到处做短工，或流浪街头。到了十七八岁，杨子荣为了生活便流浪关东，在日本帝国主义占领下的东北做大木头、开山洞、扛大包、当劳工，历尽了颠沛流离之苦。资本家的剥削，工头的再剥削，把头的克扣与勒索，在青年的杨子荣心中，对这些剥削阶级的吸血鬼留下了刻骨的仇恨。一直到二十一二岁，杨子荣仍然一无所有、两手空空，又回到了胶东半岛老家，从此，他便被束缚在地主恶霸的土地上，时而租地种，时而当雇工。这些残酷的剥削与压榨，使杨子荣对万恶的旧社会深恶痛绝，从而也锻炼了他对阶级敌人斗争的反抗性格。

日本侵入山东，铁蹄践踏了杨子荣的家乡——胶东。胶东人民在伟大领袖毛主席人民战争的光辉思想指引下，挥戈杀敌，武装抗战，建立了农村根据地，大大激发了杨子荣的民族觉悟与阶级觉悟，他满怀阶级深仇和民族大恨，参加了根据地的民兵队伍①，积极地从事减租减息、反霸斗争，巩固根据地，建立抗日民主政权，在敌人的据点周围和敌人蚕食线上，配合八路军主力部队消灭日寇，铲除汉奸，坚持抗日游击战争。当时地富分子讽刺杨子荣说："你这个人守点本分吧！你闯了丝房闯关东，闯了关东，又闯民兵，还是正经地扛你的活，当你的长工吧！"杨子荣对地富分子横眉冷对，利口不饶，他说："穷人守本分，肥了你们地主；不干民兵，就得亡国灭种；我们民兵跟着八路军打胶东，打完胶东打山东，就是要消灭你们的□□□东洋小鬼狗杂种。"

地主的狗腿子也跟着地主讽刺杨子荣，他们说："你下关东，下关东！赚了一身破袄两手空，你弄了多少钱回来！"

杨子荣胸脯一拍，毅然地说："我一个大钱没赚，但看准了两条线！"

地富分子便追问："两条线？是红线，是黑线？拿出来看看。"

杨子荣傲然挺胸："红线就是我们天下穷人是一家；黑线，就是你们天下富人是一个妈，日本鬼子是你们干亲家！咱就走着瞧吧！"

刚劲的话语，驳得地主哑口无言，可见杨子荣在当民兵的时候就已是一个对日寇汉奸不留情，对阶级敌人针锋相对的战士。

有一次，夜间，日寇将我们上万群众逼困在一座大山里，敌人环山点火，遍地打枪，预示第二天敌人就要大屠杀。我八路军便组织群众观察情况，由于敌人重兵围困，火网密布，突破点一时还未找到。此时，杨子荣同志只身孤胆，身入险地，来了个龙身揭鳞，虎口拔牙，从敌群火网里，捉来一个伪军营的军需副官，弄清了敌人的虚实，抓住了敌人的弱点，获得了我军主力保护群众大突围的全胜。

大反攻前夕，杨子荣同志参加了八路军胶东军区海军支队。这支新编不久的海军支队，是具有高度政治觉悟和丰富斗争经验的老兵团的干部和战士，根据地的党员、民兵和村干部，根据地培养的优秀中学生组织起来的。杨子荣同

---

①《杨子荣英雄事迹联合调查小组工作总结汇报题纲》："杨宗贵与杨子荣的情况的相同点14个，不同点仅限曲波同志说是民兵而且有战斗。""按曲波同志的回忆，杨子荣同志入伍前当民兵时有过许多动人事例，而从我们在山东调查的杨宗贵这个线索来看有些出入。为了更加完美革命英雄形象，为了加强当前备战教育，在曲波同志定稿的时候，把杨子荣当民兵的情况加了上去。"

志也在这个时候走进了人民解放军这个毛泽东思想的大学校。我军这个毛泽东思想的大学校,是锤炼数千万名革命战士的大熔炉,培养了许许多多革命战士,也培养了杨子荣同志。在党的教育下,他的政治觉悟迅速提高,他向同志们说:"从前我有个问题想错了,现在我才明白,不但天下地主是一个妈,天下穷人是一家,而且民族敌人、阶级敌人成了压在中国人民头上的'三座大山'。我们不但要打日本救中国,还要推翻'三座大山',干共产主义。我老杨现在才算心明了,眼亮了,天下的地主、恶霸、帝国主义、官僚资产阶级都是我们的仇人,天下的工人、农民、劳动人民都是我们的亲人。"

杨子荣在人民军队里不断提高了自己的政治觉悟,从一个朴实的农民,变成了具有解放全人类伟大胸怀的共产主义战士。

他入党时,兴奋地把大枪一闯,坚定地说:"我老杨这条枪,我老杨这身力气,一定要在伟大领袖毛主席和中国共产党的领导下,和阶级兄弟一起,打出一个共产主义社会来,把阶级剥削的根子挖净,使它永不发芽!把阶级压迫的种子灭绝,使它断子断孙!"

短短的两句闪耀着毛泽东思想光辉的语言,道出了这个普通的革命战士的崇高的革命理想;道出了这个未来的侦察英雄对无产阶级革命事业深厚的感情。

抗战胜利后,独夫民贼蒋介石,发动全面内战,在美帝国主义的援助下,蒋介石把几十万精锐王牌军,分陆、海、空三路运到东北,并派了大量的特务党棍,组织起伪满官吏、警察宪兵、地主恶霸、惯匪、流氓大烟鬼几十万土匪武装,妄图达到他们独霸东北,恢复他在全国反动统治的狼子野心。

内战危机迫在眉睫,东北向何处去?在这革命的危急关头,伟大领袖毛主席及时揭露了美蒋反动派的反革命阴谋,向东北军民发出了《建立巩固的东北根据地》的伟大号召,为东北军民的革命斗争指出了最光辉的方向。

杨子荣同志所在的部队,由山东赴东北作战,于一九四五年十月在胶东半岛的龙口上船,到了辽东半岛的庄河登陆,登陆后,立即沿东满一路剿匪北上,战经凤城、宽甸、桓仁、通化、盘石、口前、白旗、舒兰、朝阳、榆树、五常、孙大骡子、小山子,沿途历经了千难万险,消灭了大量的地主武装和土匪,于一九四六年春节前到达牡丹江地区海林镇,被编为牡丹江军分区二团,担负肃清土匪、发动群众、实行土地改革、建立巩固的东北根据地的光荣任务。

当时流窜在北满一带的土匪不是平常的敌人，都是伪满官吏、警察宪兵、地主恶霸、惯匪、流氓大烟鬼，罪大恶极、血债累累，是人民的死敌，他们都经蒋介石、熊世辉、杜聿明封官加委，上至国民党的司令，下至旅、团、营、连长。这批凶恶的匪徒，垂死挣扎，在国民党特务操纵下，实行"党务特务化，军事匪帮化"，反动能量大，凶残、狡猾、毒辣，杀人不眨眼，来无影，去无踪，疯狂地进行烧杀掠夺，破坏土改，威胁人民的生命安全。当时土改干部、革命群众被暗杀，村庄被洗劫的悲惨事件接连出现。

杨子荣所在部队——牡丹江军区二团，和兄弟部队一道，在严寒的牡丹江地区先后围剿国民党土匪武装谢文东、马喜山、李德林、张德振、李开江、高永安等数十股的土匪武装。

可是，大股土匪被消灭之后，剩下的土匪骨干，窜踞深山老林，妄图负隅顽抗，伺机卷土重来。他们中间都是杀人不眨眼的魔鬼、盘山虎、地头蛇，时时威胁根据地的巩固和人民的生命安全。当时如果用大部队清剿，等于用拳头打跳蚤，用鱼网捞毛虾。二团的指战员，在伟大领袖毛主席人民战争的思想指导下，便组织了剿匪小分队，深入人烟稀少的林海雪原，依靠革命群众的支持，和这些凶恶的残匪进行了顽强的斗争。杨子荣同志在毛主席革命路线指引下，在人民军队的培养下，迅速成为一个出色的战斗英雄，人人敬佩的侦察英雄，并担任了班长、侦察排长、团直属党支部委员等职。在实行小分队的作战中，杨子荣和他率领的侦察排，一直是小分队的骨干，边侦、边打、侦打结合，发扬了独胆作战的英雄气概与胆略。小分队既是战斗队，又是侦察队，又是群众工作队。由于他们依靠群众的大力支持，从四六年五月至四七年春，不到一年的时间里，身经大小百余战。

杨子荣同志经过阶级斗争的大风大浪的锤炼，他深深懂得：要翻身，要解放，只有跟着救星毛主席，紧握手中枪，和敌人干到底。

他有高度的阶级斗争觉悟，自觉为共产主义事业奋斗到底的无产阶级世界观。正像他当年讲的："没有党领导的革命战争，我老杨短不了还是个扛活的长工，毛主席说：枪杆子里面出政权！他老人家的话说到我心坎里去了！我老杨虽是个普通的侦察兵，我干的事业是为穷人夺政权打天下。"

在二团连续不断的战斗中，最狡猾的恶匪"座山雕"支队司令所属的匪帮，已被歼灭了二十余股；最后轮到直捣"座山雕"的老巢。二团组织若干支小分队，从四面八方严密控制了大碯子①山的各处要点隘口，可是茫茫的林海雪原，"座山雕"这个极端狡猾的恶匪在哪一点呢？他剩下一百三十余名最凶恶的匪徒，是被迫聚堆呢，还是如同既往实行他们盗窃战斗而分散呢？此时，英雄杨子荣献策：打进匪穴，察清敌情，里应外合，实行智取，将"座山雕"最后歼灭。二团首长和同志们相信这个身经百战的侦察英雄，一定完成任务。可是对付三代惯匪"座山雕"，又都为他捏了一把汗。杨子荣为了解除大家的担心说："不下水，一辈子也不会游泳，不扬帆一辈子也不会撑船，党培养我多年，请党相信我为人民事业的赤胆忠心，我一定克服万难，战胜'座山雕'"。

经过首长对各小分队实行了严密的部署，预见可能出现的三种情况，确定针对这三种情况的三种打法。这一切更增加了他必胜的信心。在首长的帮助下，杨子荣做好了"伪装敌人，打入匪穴"的准备。首长说："子荣同志，大胆谨慎！"杨子荣老练地回答说："首长，部队部署严整，战士斗志旺盛，现在单看我杨子荣了！"说罢，他便带着六个同样扮成敌人的侦察员，在隆冬的深夜，进入无边无际的林海雪原。他以无产阶级的大勇大智，直奔匪穴，通过了"座山雕"分派在外围的几股匪股。每察清一股，他便派六个侦察员向部队报告，自己却向"座山雕"的老巢英勇挺进。历经千辛万苦，终于打进了匪窟见到了三代惯匪"座山雕"。这个老匪，对杨子荣实行了最狡猾的十几种方式的考查，但也无济于事。杨子荣凭着无比的勇敢和智谋，巧妙地战胜了"座山雕"，调动了"座山雕"，指挥了"座山雕"，牵着"座山雕"鼻子走，彻底查明了"座山雕"的内情。最后可以说"座山雕"的老巢成了杨子荣的天下。正月十三，他送出一张皮卷②情报，"敌分成五股，盘踞大拉子③山，共一百三十余人④，老巢只有二十五个最凶恶的匪首。正月十五日，酒席上动手"，并标定了五股敌人的位置。正月十五之夜，各小分队一起出动，同时袭击五股恶匪，一举歼

---

①应为"大砬子"。
②原文如此。
③应为"大砬子"。
④无从考证。

灭，杨子荣和六名在林海雪原中埋伏半个月的侦察员为内应力量，捣毁了"座山雕"的老巢。子荣同志亲手生擒了三代恶匪"座山雕"，胜利地完成了任务。战后，杨子荣同志荣立三大功，他所领导的侦察排集体一大功，每人一大功。

四七年二月二十九日，《东北日报》第一版大字标题登载了杨子荣同志的英雄事迹：

以少胜多创造范例

战斗模范杨子荣等活捉匪首"座山雕"

捣毁匪巢贼匪全部落网

智擒"座山雕"胜利归来时，同志们让杨子荣介绍战斗经验，他只谦虚地讲了一句话："为人民生死不顾，对付敌人一定要神通广大。"

然而，智取威虎山，生擒"座山雕"，只是杨子荣在牡丹江北一带执行剿匪任务中一百余次大小战斗的一个突出战例。

当杨子荣还是牡丹江二团三营七连班长时，就屡立战功。一九四六年四月一天拂晓，二团包围了匪首李开江、高永安匪部聚集在柞木台子南沟（板源）的七百余名土匪。据守在南北环山的一片开扩地中间的村子里。他们大都是有名的炮手，弹药充足，工事坚固，村前的一片开扩地，形成了军事上的天然屏障，作战地势利敌弊我。

"杨子荣浑身是胆，满怀计谋，从无畏惧，从无忧虑。"这是当年牡丹江二团干部战士赞扬英雄，常常听到的一句熟话。

在柞木台南沟的战斗中，在我猛烈的火力打击下，大部分匪兵已经动摇，村中的老百姓也纷纷劝说匪兵放下武器，但凶恶的匪首及其亲信骨干，仍不交枪，用枪逼迫匪兵抵抗。杨子荣同志带着他的班战斗在最前哨。看到敌人这种情况，乘敌纷乱之机，杨子荣带一个小组，从阵地西侧跃进，在我军火力掩护下，顶着枪林弹雨大喊："我是八路军代表。"勇猛神速地跃入村中，豪然挺立在大群敌人面前。这突如其来的"天兵神将"，使匪徒们个个惊慌万状，目瞪口呆，在匪首的威逼下，才用刺刀逼上去，有的喊道："你是什么人？"杨子荣毫无惧色，哈哈大笑，说道："我是八路军派来的代表，我们二团已经把你们包围了，你们跑不了啦，缴枪投降是唯一的出路，再敢放一枪，我们十六门大炮就把你们全部消灭了！"顿时匪军大乱，杨子荣见时机成熟，便发动当地群众向匪首施加压力，继续进行强有力的政治攻势。土匪失去指挥，战斗力瓦解了，杨子荣便呼喊林中的群众，向匪兵施加压力逼其交枪，使村中人民的生命财产不受炮火的破坏。

杨子荣站在敌匪中间，居高临下，滔滔不绝地宣传。在我军强大的政治和军事的压力下，土匪举起了白旗，七百余名土匪全部投降。战斗后，杨子荣被团部调去任侦察排长之职。

一九四六年五月十日，据当地群众反映，亚布力后堵以北集结一部分土匪，杨子荣和他所率领的侦察排，不过三日就侦察到准确可靠的情报。得知"亚布力亮子河一带，集结的惯匪许福、许禄、许祯、许祥兄弟，前几天有个化（装）成卖蜂蜜的人被接上了山"。由于杨子荣准确的情报，我二团采取了一个远距离奔袭，将敌全部歼灭，被俘土匪六百余名，活捉许家四兄弟和那个化装卖蜂蜜的人，此人是杜聿明亲派牡丹江地区统一匪股指挥的一个大特务——赵吉元。

在牡丹江东宁一带有个惯匪因左手打枪，故得匪号"姜左撇子"，被国民党封为匪首大队长，他实行盗寇战术，避免与我军主力作战，远距离大逃窜。我军不给他喘息的机会，被二团追至东宁人烟稀少的地带。狂风呼啸，大雪纷飞，盖住了土匪的踪迹，在这紧急关头，杨子荣毫不畏怯，接受团首长的命令，率领他的侦察排，冒着大风雪，在百里无人烟的地方，追寻敌踪。他们在群众的帮助下，找到一个村落，摸到村口，土匪已把村子封锁得水泄不通，杨子荣在风雪的掩护下，摸准敌人换哨的活动规律，只身进入村内，查明了敌情和武器装备。出村时，杨子荣还抓住一个放哨的匪徒，缴了他的枪，愚蠢的敌人还以为是自己人说："别闹！"没想到他已经做了俘虏，只好乖乖地跟杨子荣和侦察排连夜步行七十里，赶回八路军司令部。团首长根据杨子荣侦察的情报命令部队迎着风雪连夜出击。刚刚回来的杨子荣又自当向导，参加了战斗。这次战斗，将敌一举歼灭，活捉了惯匪"姜左撇子"，为人民除了一大害。

团首长称赞杨子荣"他超人的吃苦耐劳，真是钢铸铁打"。杨子荣回答说："'世上无难事，只怕有心人。'我杨子荣有胆有心，心里想到毛主席，浑身上下有力气，我就变成钢骨铁筋！想到战斗的胜利是我们的，就没有克服不了的困难。"平时杨子荣爱唱《三大纪律，八项注意》，更爱唱《东方红》和《毛主席是舵手，我们跟着走》①这几支歌，时刻以毛泽东思想作为自己前进的力

---

①原文如此。

量源泉，在革命的征途上永往直前。

一九四五年十二月底，二团在五常县附近活捉匪首宋××司令消灭匪徒六百余人。根据当时的敌情通报和匪首宋司令的交待情况，部队包围了固守在小山子镇的五百余敌。战斗打响后，敌人的反革命气焰很旺、火力极盛，二连伤亡很大。杨子荣觉得其中有诈，便主动接受了侦察任务，在人民群众的掩护下，钻进了敌人的心脏，很快就摸到了真实情况，原来那个死不改悔的恶匪宋司令所讲的五百土匪实际上是一千二百之敌。而在部队实行包围的开进途中，敌匪又增援了五百人，这样村子里有一千七百之敌了。敌情变化，一举全歼已不可能，只能打个击溃战，所以部队立即主动转移，重新部署后再打，避免一次消耗战，后来部队实行小分队剿匪，杨子荣出色的政治侦察所起的作用，就更为显著了。

我们从杨子荣身上看到了一个坚决执行、认真实践毛主席这一指示的共产党员光辉形象和崇高品质，在从南满打到北满的战斗征途上，他就扩军三十余名，荣获团扩军模范的光荣称号。杨子荣没接到消灭"座山雕"任务时，就曾在"座山雕"经常为非作歹的地区活动很长时间，访贫问苦，依靠当地群众，在山里山外的老贫农、种地户的支持下，掌握了"座山雕"的活动规律。由于他们依靠群众，准确地侦察，二团先后消灭"座山雕"匪徒部下二十六七股，真可以说："无侦不准，无打不中。"活捉"座山雕"大胜归来，民兵们要他介绍战斗经验，他自谦地说："没有群众的支持，我老杨几十个也不成。"平凡的话，却道破了一条可贵的真理——"群众是真正的英雄"。

杨子荣同志在人民群众中的一举一动、一言一行，都深刻地留在人民群众的脑海里。

当时牡丹江二团驻在海林镇，杨子荣和他所领导的侦察排驻共和村（亦在镇内）。为了帮助农会培养民兵，他常拿着最爱读的《论持久战》这本红宝书给民兵讲形势、讲任务、讲政治、讲军事。共和村的民兵排刚刚建立时，对敌斗争经验不足，一遇到难情，民兵、农会干部就都下去请教他。杨子荣总是虚心听完反映的情况，然后耐心细致、由浅入深地启发诱导向他请教的人，他常提醒民兵们注意阶级敌人的活动，时刻准备用鲜血和生命保卫胜利果实，民兵们从心眼里热爱这个杨排长。共和村当时有叫李有忠和关庆的富农分子，当土地改革的急风暴雨到来的时候，他俩满脸堆笑地把一小部分房子和土地交给了农会，说是"开明""献田"。这时许多人产生了麻痹和轻敌思想，致使农会工作一度出了不少漏洞。杨子荣发觉后，手里拿着《中国社会各阶级分析》这本毛主席的书，对农会干部和民兵讲："地主老财面善心恶，是吃人不露牙的豺狼，非把他们打倒不可，别看他们把这点东西献出来了，这是他反革命的两面手法，他们的心没有死，还在恨我们，不要觉得胜利了，敌人翻不了天，就大意了。"他的话，提醒了共和村的群众，从那就纠正了轻敌和忽视严重阶级斗争的思想。后来从李有忠家里搜出了一支手枪和一支长枪，他两个弟弟因为是破坏土改的土匪狗特务，也被民兵抓住了。事实教育了群众，群众更加爱戴和敬佩杨子荣了，过后杨子荣对民兵说："不把地主老财打倒，要是叫他们翻了把，那可就扁担勾子眼皮上——长长了（来不及的意思）①。"

"老杨同志敌情观念强，脑子里时刻装着敌人，他对敌人恨之入骨，对革命忠心耿耿，高度负责，对阶级兄弟关心备至。"海林镇民兵、村干部这样夸奖杨子荣。杨子荣那时白天黑夜地执行任务，夜里还不忘围着镇内四个农会住地查敌情，暗暗保护农会干部的安全。四六年的一天半夜，几个土匪围住了海林镇农会主席贾润福的屋子，杨子荣冒着生命危险，赶跑了土匪，当即把贾润福从屋里唤出来，严肃地说："我们现在成立了农会，也开始分田分地，这仅仅是开始，麻痹一点就有受二遍罪的可能，全村人都盼着你们领着跟毛主席革命到底，可是阶级敌人恨之入骨，你们千万可要提高警惕啊！"杨子荣深深懂得，忘记阶级斗争，丧失无产阶级专政，就要千百万人头落地这条真理，而他又用这条真理通过阶级斗争的现实，去启发和教育群众。当时共和村的民兵、农会干部，在他的帮助下，对敌斗争的经验逐步丰富起来了。

一次部队转移离开海林，杨子荣把毛主席的红宝书《抗日战争胜利后的时局和我们的方针》送给民兵孙玉琢，并再三叮咛说："这本书留给你们，里边有任务，你们民兵照着干就行了。"孙玉琢同志回顾当时的情景说："没有革命的理论要取得革命的胜利是不可能的，没有杨子荣留下的革命宝书播下革命的火种，我们当时不知要走多少弯路，对敌斗争不知要吃多少亏。"杨子荣就是这样，无限热爱人民群众，为了革命，为了斗争的胜利，舍生忘死，吃苦耐

---

① 原文如此。

劳地保护人民，朝气蓬勃地带领群众，向阶级敌人进行顽强的战斗。

团部一成立侦察排，杨子荣同志就当了第一任侦察排长，一直就是有名的战斗英雄，他所领导的侦察排也一直是受人民群众所爱戴的英雄战斗集体，这与杨子荣善于用毛泽东思想带兵是分不开的。

新兵一到排，他首先给新兵讲明白，穷人为什么穷，富人为什么富，革命战士要爱谁、恨谁，为什么要跟着毛主席、共产党当兵打仗，并常组织全排到人民群众中访贫问苦，其实这就是一堂生动的两个阶级斗争课。新战士刚到排里，第一支歌杨子荣教《毛主席是舵手，我们跟着走》[①]。

他常对战士们讲："你是真正的无产阶级，就拿起枪杆子和敌人干。"在他的帮助下，当时许多新同志都很朴实地说："排长，我们一定听你的话！"杨子荣同志立即回答说："要听党和毛主席的话，党叫干啥就干啥，我们都是来自四面八方，为了一个共同目标要互相帮助。"在他的帮助和诱导下，这些纯朴的新战士，一个个都很快地成长为坚定的无产阶级革命战士。

杨子荣平日里始终关心别人比关心自己多，天热的时候他总背着水壶，自己渴了不喝，单等同志们缺水的时候让别人喝，林海雪原钻进去就几天出不来，他凭个人的经验，自己分得的干粮省着吃，把节约下的给别人吃。在同志们的心目中，杨子荣心中只有革命，只有同志们，唯独没有他自己。

他艰苦朴素，永葆劳动人民本色的革命作风是十分突出的，他只用毛巾的两头，一条毛巾要用上二至三年才肯换一条。发下的衣服，他要等同志们调换得差不多了才留下，而留下的都是不合身、半旧的了。他脚上的那双鞋子不知换了多少同志，破了就自己动手缝补。战士们也学习他的样子，去关心别的同志和群众。

每逢部队的住址有了变化，杨子荣首先要做的是检查群众纪律，真是一丝不苟，丝毫不差。一次有个战士借老乡一个旧碗有了裂纹，他没有批评战士，偷偷地用自己仅有的五角钱买了一个新的还给了群众。当时侦察排的群众纪律、群众关系搞得非常出色，深受当地群众的拥护、爱戴。

杨子荣就是这样一个时刻遵守党的指示，遵照毛主席的话去做，群众拥护、战士们敬佩的人民的好儿子、党的好干部。

①原文如此。

一九四七年阴历二月初三，就是在正月十六日生擒"座山雕"后十七天，杨子荣同志侦悉了"座山雕"匪部漏网的最后一股，这些匪徒中有三个最凶恶的首脑，一是恶匪大盗郑三炮，一是经济部长刘维章，一是工队营长丁焕章（丁疤拉眼子），盘踞在海林县梨树沟以北大碇子山严密林中的黑牛背。小分队立即连夜奔袭，杨子荣和他的侦察排一马当先，杨子荣同志战斗在最前列。上午十点钟，小分队直捣匪巢，杨子荣同志第一个堵住土匪山门，凶恶的匪徒拒不缴枪，垂死挣扎，更凶更狂，当即与我方展开肉搏战，①杨子荣同志在力杀数敌之后，身中三枪，仍然继续指挥战斗，将敌人全部消灭。

北满的二月，严寒酷冷，子荣同志流血过多，他看到了全歼最后一股残敌匪首，在茫茫的林海里，在洁白的雪原上，含着胜利的微笑和战友永别。杨子荣为人民解放事业，英勇地献出了自己宝贵的生命，享年三十岁。

二月初五，牡丹江二团干部战士和当地人民群众，在海林镇，朝鲜族中学广场为英雄开了追悼大会。人们怀着悲切的心情，肃立在英雄灵前致哀，团首长失去了一个好同志，战士失去了好排长，乡亲失去了自己的亲人，会场内外军民，无论男女老幼，无一不落泪哭泣。

军区首长，就在追悼大会上，宣读了军区的命令：命名杨子荣所领导的侦察排为"杨子荣排"。随着首长宣读命令的声浪，全体军民发出了震天动地的呼喊："踏着烈士的血迹前进！""杨子荣精神不死！""化悲痛为力量！""中国人民解放军万岁！""中国共产党万岁！""伟大领袖毛主席万岁！万岁！万万岁！"

杨子荣的一生，是革命的一生、战斗的一生，是胸怀朝阳心向党，满怀仇恨杀敌的一生。他虽死犹生，永远活在人民的心中。他像林海雪原峰顶上的一株四季常青的松柏，屹立在人民的心头上，永远被人民敬佩、称颂、学习、流传。

为了纪念杨子荣同志，海林县人民怀着崇敬的心情在海林镇近郊，松柏青

---

① 《杨子荣英雄事迹联合调查小组工作总结汇报题纲》："曲波同志还把杨子荣攻打刘维章、丁焕章、郑三炮等土匪的战斗中，英勇壮烈牺牲的场面加了上去。通过这场肉搏的描写，就更加充分体现了杨子荣最敢于刺刀见红的一不怕苦、二不怕死的革命英雄气概，同时也纠正了某些人误认为杨子荣在智取威虎山时就牺牲了模糊印象。"

翠的东山上，建立了革命烈士陵园，用花岗岩竖起了高达十米的纪念碑，上刻着"革命烈士纪念碑"七个大字，英雄杨子荣同志的遗体安葬在纪念碑后面。海林镇第一小学改名为子荣小学，杨子荣这一英雄的名字永远刻在人们心中。他的光辉业绩，永远鼓舞我们胜利前进！

革命烈士永垂不朽！

海林市子荣小学

附 录

书法《穿林海跨雪原　越是艰险越向前》
作者／宋雷

## 存 目

- 杨子荣 / 单宝贵　方俊新　崔海靳（《牡丹江党史资料（第二辑）》1986年）
- 侦察英雄杨子荣 / 关会元　封官龙（《海林地方党史史话》）
- 杨子荣智擒座山雕纪实 / 关会元　封官龙
- 英雄杨子荣——杨子荣的生前死后 / 谷办华（解放军文艺出版社1992年4月第1版）
- 特级侦察英雄杨子荣 / 温野（黑龙江人民出版社2017年9月第1版）
- "田松支队"剿匪记 / 田松　李伟
- 兵分两路　南北进剿 / 安绍杰（《刘贤权将军》）
- 东北剿匪斗争的发展概况和主要进程（《中国人民解放军历史资料丛书——剿匪斗争·东北地区》）
- 牡丹江地区剿匪 / 王元年　时戈　白玉武　冯连举（《东北解放战争锄奸剿匪史》）
- 杨子荣智取"座山雕"（《东北解放战争锄奸剿匪史》）
- 清剿残匪，深挖匪根 / 梁尔东（《黑龙江解放战争史》）
- 忆侦察英雄杨子荣——王希克同志为纪念杨子荣牺牲四十周年而作（原载《海林党史资料》3）
- 《杨子荣——越是艰险越向前》/ 胥得意　陶凯（中国青年出版社2022年6月第1版）
- 《光辉的历程——记胶东军区海军支队》/ 中共威海市委党史研究室（中国国际广播出版社2007年3月第1版第1次印刷）

- 《杨子荣传记》/ 王班（黄海数字出版社2015年7月第1版第1次印刷）
- 《全国"双百"人物杨子荣纪念文集》/ 烟台市牟平区档案馆、中共烟台市牟平区委党史研究室、烟台市牟平区史志工作办公室（黄海数字出版社2013年4月第1版第1次印刷）
- 《闯关东的侦察英雄——杨子荣纪念文集》/ 姜秀福、单仁忠、尹开亮（中国文史出版社2008年10月第1版第1次印刷）

# 《海林地名志》选录

## 海林市地名志编纂委员会

133页：

**张广才岭** [Zhāngguǎngcái Lǐng]

张广才岭，满语"塞齐窝集穆鲁"，汉译"地势开阔、河源处森林茂密的山梁"之意。又满语"遮根猜阿林"，汉译"吉祥如意的山"之意。传说东北地区解除禁令之后，大批汉族人从山东、河北等地来到东北谋生，移民张广才在"塞齐窝集穆鲁"的驿道旁开了一个小店，为来往行人在此住宿、打尖，遂称此岭为张广才岭。清末命名，名称沿用至今。

该山脉位于黑龙江省东南部，属于长白山向北延伸的支脉。南起吉林省敦化县，北与小兴安岭南麓相对，西到阿城市，东至牡丹江岸。主脉从海林市西南端入境，至市境北端出境进入方正、林口县境。在本市境内为西南至东北走向，延伸260千米，平均海拔800米。支脉山峰叠嶂起伏，险壑奇巅，多呈垂直状伸到河流两岸。地处中纬度，气候冬暖夏凉，雨量充沛，年降雨量520～540毫米。动植物资源丰富，盛产红松、黄菠萝、水曲柳、胡桃楸等木材和长白参、塔芪等珍贵药材。所产黑豆、草莓、山葡萄远近闻名。多种珍禽异兽栖息于林区，被列为国家保护的野生动物有东北虎、梅花鹿、猞猁、豹、紫貂等。该岭东麓是海浪河、头道河、二道河、三道河等河流的发源地。春花夏瀑，秋叶冬雪，林海浩瀚，山川壮丽，是个天然的风景区。山区建有世界上最大的东北虎繁养基地、东北最大的黑熊饲养基地，还建有中国雪乡风景区、"八一"高山滑雪场、海浪河漂流、威虎山影视城、俄罗斯风情园等数十处旅游景区、景点。

139页：

### 威虎山 [Wēihǔ Shān]

威虎山，原名"大夹皮沟山"，作家曲波著名小说《林海雪原》借用吉林省敦化市西部的"威虎岭"之名，称"大夹皮沟山"为"威虎山"，逐渐成习。1967年，海林林业局正式定名威虎山。

该山位于柴河镇阳光村西南10千米大小夹皮沟之间、海林林业局夹皮沟经营林场东3千米处，头道河上游。属于张广才岭山脉，是夹皮沟最大的山峰，海拔784米，长5千米，宽0.784千米。山上生长天然红松、云杉、冷杉、色树、桦树等树木。山中、下部地势平缓开阔，地形隐蔽，两侧山沟可进可退，易守难攻。山顶处有"座山雕棚（小说中的"威虎厅"）遗址，在旁边立一岩石刻有"威虎山"三个大字。1947年春，牡丹江军区二团剿匪侦察英雄杨子荣带领小分队，将被国民党委任的"东北先遣军第二纵队第二支队司令"、出身三代惯匪世家、匪号为"座山雕"的张乐山以下25名匪徒，在这里全部活捉。

172页：

### 夹皮沟 [Jiápí Gōu]

解放前，有人曾在两山夹一沟处下夹子捕捉野兽得名夹皮沟。1958年，海林林业局开发森林资源时命名夹皮沟。

该山沟位于柴河镇西部，海林林业局夹皮沟经营林场址西南3千米处。所在山脉张广才岭，呈西北—东南走向，沟长13000米，宽80米，相对高差200米。沟内树木为天然针阔叶混交林。沟内建有环山旅游木栈道、木屋等景点，有自行车环形车道。

168页：

### 蛤蟆塘 [Háma Táng]

因山沟蛤蟆多得名蛤蟆塘。当地人根据山沟地貌特征称之蛤蟆塘，何时得名已无确切记载。该山沟位于海林镇北部，海林水泥厂北1千米，模范二队东北2千米处。所在山张广才岭，呈东—西走向，沟长7917米，宽854米，相对高差220米。此沟四周是农田和山林，水泥厂青年点农田路通往此沟。

## 杨子荣沟 [Yángzǐróng Gōu]

杨子荣沟，原名为"老二段"。因该沟后堵是解放战争时期东北剿匪侦察英雄杨子荣牺牲地，为纪念杨子荣烈士，1966年柴河林业局将"老二段"更名为杨子荣沟。

该山沟位于柴河镇西北部，柴河林业局黑牛背林场址北部，与黑牛背闹枝沟口相连，与黑牛背北沟底相接。所在山脉张广才岭呈东南—西北走向，沟长4150米，宽180米，相对高差260米。山沟狭长，地势落差较大。柴河林业局正在此沟建设红色旅游景点。

## 闹枝沟 [Nàozhī Gōu]

闹枝沟，满语为"闹遮"，意为拳头，闹枝沟含有宽而短的谷地之意。此河以山沟得名。清末命名，名称沿用至今。

闹枝沟位于二道河子镇西部。发源于柴河林业局新兴林场北山，由南往北流向，于新兴林场处流入二道河。全长25千米，河面平均宽10米，水深0.2米，流域面积230平方千米，系二道河左岸的一级支流，属地上常年外流河。

# 版权说明

在编撰此书的过程中,我们尽最大努力联系了部分文章作者的版权继承人,商定了给付稿酬的标准和方式,并取得了出版授权。但是,由于有些文章年代久远,加之出版时间紧迫,个别作者没有联系上,希望作者或作者的版权继承人看到此书后及时和海林市杨子荣精神研究会取得联系,我们将按照相关规定和实际情况,及时沟通确定给付相应稿酬的标准和方式。

地　　址:黑龙江省海林市市委党校二楼(海林市杨子荣精神研究会)

联系电话:0453-7222515

手　　机:15046301211

# 后　　记

　　杨子荣是解放战争时期林海雪原剿匪斗争中的战斗模范，他以非凡的智慧、坚定的革命信念，在剿匪斗争中取得了卓越成就。为了更好地学习宣传杨子荣的英雄事迹，弘扬杨子荣的革命英雄主义精神，2020年10月海林市成立了杨子荣精神研究会。研究会成立以来，我们面向社会收集整理了大量有关林海雪原剿匪斗争和杨子荣英雄事迹的文史资料，初步建成了较为全面的资料库，分别在海林和牡丹江市设置了固定展室，举办了"学习杨子荣英雄事迹，弘杨子荣精神专题展览"。

　　通过学习这些文史资料，我们逐步加深了对杨子荣及其革命精神的认识。杨子荣经过中华优秀传统文化的启蒙、闯荡关东的磨砺、革命军队的教育和人民战争的淬炼，形成了"不怕流血牺牲"的英雄品质：他是吃苦在前、忠心耿耿的共产党员；他是有勇有谋、一马当先的侦察排长；他是谦虚谨慎、关心战友的老杨同志。杨子荣是解放战争期间，东北战场上千百剿匪英烈的突出代表，是林海雪原剿匪斗争精神的集中写照。这种精神的本质是革命英雄主义精神，其核心表述是"越是艰险越向前"。杨子荣所代表的林海雪原剿匪斗争精神应该包含四个方面的内涵：一是对党忠诚、坚定不移；二是机智勇敢、勇于担当；三是不畏艰险、敢为人先；四是奋不顾身、勇于牺牲。

　　调查整理并形成杨子荣英雄事迹材料前后大概有三个阶段：一是20世纪60年代末期，海林县和杨子荣生前所在部队成立联合调查组，经过大量的走访，确认了杨子荣的家乡及其本人，同时形成了最初的杨子荣英雄事迹材料。二是20世纪80年代中期，在修写地方党史的过程中，经过实地回访、深入回忆，形成了若干不同版本的杨子荣英雄事迹材料和传记文章。三是进入20世纪90年代，经过相关党史和军史专家更为理性和客观的梳理，正式把杨子荣英雄事迹写进军史和解放军烈士传。在这50多年中，形成了大量的有关林海雪原剿匪斗争和杨子荣英雄事迹的调查、回忆等文献资料，及时地收集、整理、保存这些珍贵的文献资料是一项越来越重要的工作。于是我们经过三年多的收集整理，不断完善，编辑形成了《浩气英名——杨子荣英雄事迹文史资料选辑》。这本书基本按照杨子荣英雄事迹资料、杨子荣英雄事迹的调查和回忆文章、杨子荣英雄事迹有关背景资料、杨子荣英雄事迹有关问题的考证及其他资料、附录等五个部分编排的，第一次把当年《牡丹江日报》的相关报道作为重要的文史资料集中整理并出版。

《浩气英名——杨子荣英雄事迹文史资料选辑》的编写秉承真实性与全面性的原则，尽量保持了文史资料的原貌，只对个别十分明显问题进行了注释。由于资料庞杂，加上编者能力和水平所限，编排得不一定完全恰当合理，还望广大读者特别是文史方面的专家学者批评指正。需要强调的是，由于特定时期的局限、年代久远记忆模糊等原因，不同材料之间的内容和观点存在许多分歧，我们尽量不做过多干预，保留原有面貌，留待广大读者和专家学者深入考证辨析。

在庆祝中华人民共和国成立 75 周年、纪念人民政协成立 75 周年之际，在各级领导和社会各方面的关怀帮助下，《浩气英名——杨子荣英雄事迹文史资料选辑》一书终于正式出版了，海林市杨子荣精神研究会向所有关心支持这项工作的朋友表示衷心的感谢。

海林市杨子荣精神研究会

2024 年 9 月